國家出版基金項目
NATIONAL PUBLICATION FOUNDATION

陝西出版資金資助項目

「十二五」國家重點圖書出版規劃項目

關學文庫·關學文獻整理系列

總主編 劉學智 方光華

呂柟集·涇野子內篇

[明] 呂柟 著

趙瑞民 點校整理

西北大學出版社

《呂柟集·涇野子內篇》清光緒七年刻本

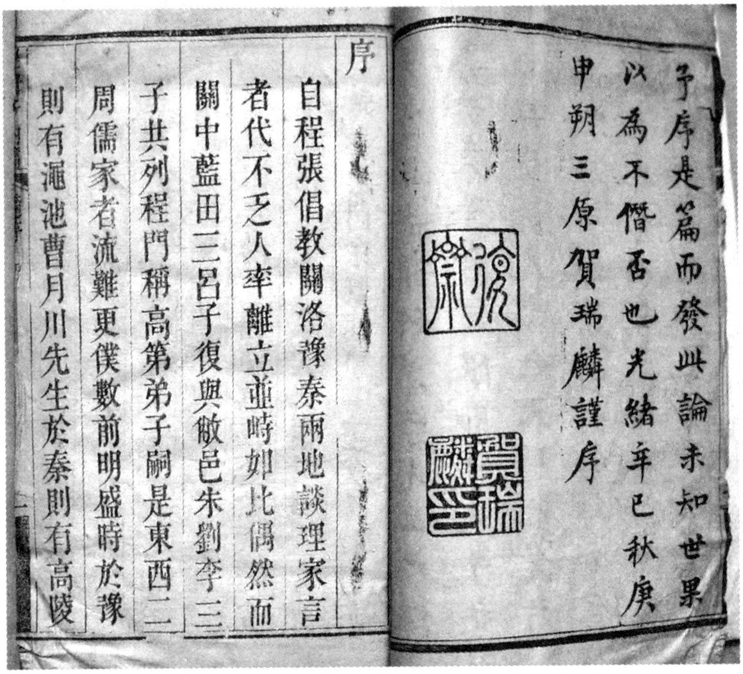
予序是篇而發此論未知世果
以爲不僭否也光緒辛巳秋庚
申朔三原賀瑞麟謹序

序

自程張倡教關洛豫秦兩地談理家言
者代不乏人率離立並峙如比偶然而
關中藍田三呂子復與敝邑朱劉李三
子共列程門稱高第弟子嗣是東西二
周儒家者流雖更僕數前明盛時於豫
則有澠池曹月川先生於秦則有高陵

《呂柟集·涇野子内篇》清光緒七年刻本

總序

張載（一〇二〇—一〇七七），字子厚，宋鳳翔府郿縣（今陝西眉縣）人，祖籍大梁，宋仁宗嘉祐二年（一〇五七）進士。張載出身於官宦之家。祖父張復在宋真宗時官至給事中、集賢院學士，死後贈司空。父親張迪在宋仁宗時官至殿中丞、知涪州事，贈尚書都官郎中。張迪死後，張載與全家遂僑居於鳳翔府郿縣横渠鎮之南。因他曾在此聚徒講學，世稱「横渠先生」。他的學術思想在學術史上被稱爲「横渠之學」，他所代表的學派被後人稱爲「關學」。張載與程顥、程頤同爲北宋理學的創始人。可以説，關學是由張載創立并於宋元明清以至民國初年，一直在關中地區傳衍的地域性理學學派，亦稱「關中理學」。

關學基本文獻整理與相關研究不僅是中國思想學術史的重要課題，也是體現中國思想文化傳承與創新的重要舉措。關學文庫關學文獻整理系列以繼承、弘揚和創新中華文化爲宗旨，以文獻整理的系統性、全面性爲特點，是我國第一部對上起於北宋、下迄於清末民初，綿延八百餘年的關中理學的基本文獻資料進行整理的大型叢書。這項重點文化工程的完成，對於完整呈現關學的歷史面貌、發展脈絡和鮮明特色，彰顯關學精神，推動傳統文化創造性轉化、創新性發展無疑具有重要意義。因爲文庫關學文獻整理系列的各部分均有整理者具體的前言介紹和點校説明，我這裏僅就關學、關學與程朱理學的關係、關學的思想特質、關學文庫關學文獻整理系列的整體構成與學術價值等談幾點意見，以供讀者參考。

一、作爲理學重要構成部分的關學

衆所周知，宋明理學是中國儒學發展的新形態與新階段，一般被稱爲新儒學。但在新儒學中，構成較爲複雜。比較典型的則是程朱理學與陸王心學。南宋學者吕本中較早提到「關學」這一概念。南宋朱熹、吕祖謙編選的近思録較早地梳理了北宋理學發展的統緒，關學是作爲理學的重要一支來作介紹的。朱熹在伊洛淵源録中，將張載的「關學」與周敦頤的「濂學」、二程（程顥、程頤）的「洛學」并列加以考察。明初宋濂、王禕等人纂修元史，將宋代理學概括爲「濂洛關閩」四大派别，其中雖有地域文化的特色，但它們的思想内涵及其影響并不限於某個地域，而成爲中國思想文化史上重要的一頁，即宋代理學。

根據洛學代表人物程顥、程頤以及閩學代表人物朱熹對張載關學思想的理解、評價和吸收，張載創始的關學本質上當是理學，而且是影響全國的思想文化學派。過去，我們在編寫中國思想通史第四卷、宋明理學史上册的時候，在關學學術旨歸和歷史作用上曾作過探討，但是也不能不顧及古代學術史考鏡源流的基本看法。

需要注意的是，張載後學，如藍田吕氏等，在張載去世後多歸二程門下，如果拘泥門戶之見，似乎張載關學發展有所中斷，但學術思想的傳承往往較學者的理解和判斷複雜得多。關學，如同其他學術形態一樣，也是一個源遠流長、不斷推陳出新的形態。關學沒有中斷過，它不斷與程朱理學、陸王心學融合。明清時期以至民初，關學的學術基本是朱子學、陽明學的傳入及與張載關學的融會過程。因此，由宋至清末民初的關學，實際是中國理學的重要組成部分，它是一個動態的且具有包容性和創新性的概念，它開啓了清初王船山學術的先河。

關學文庫關學文獻整理系列所遴選的作品，結合學術史已有研究成果，如宋元學案、明儒學案、關學編及關學續編、關學宗傳等，均是關中理學的典型代表，上起北宋張載，下至晚清的劉光蕡、民國初期的牛兆濂，能够反映關中理學的發展源流及其學術内容的豐富性、深刻性。與歷史上的關中叢書相比，這套文庫文獻整理更加豐富醇純，是對前賢整理文獻思想與實踐的進一步繼承與發展，其學術意義不言而喻。

二、張載關學與程朱理學的關係

佛教傳入中土後，有所謂「三教合一」說，主張儒、道、釋融合滲透，或稱三教「會通」。唐朝初期可以看到三教并舉的文化現象。當歷史演進到北宋時期，由於書院建立，學術思想有了更多自由交流的場所，從而促進了學人的獨立思考，使他們對儒家經學箋注主義提出了懷疑，呼喚新思想的出現，於是理學應時而生。理學主體是儒學，兼采佛、道思想，研究如何將它們融合爲一個整體，這是一個重要的課題。從理學產生時起，不同時代有不同的理學學派。譬如，在「三教融合」過程中，如何理解「氣」與「理」（「理」的問題是迴避不開的，華嚴宗的「理事説」早在唐代就有很大影響）的關係？理學如何捍衛儒學早期關於人性善惡的基本觀點，又不致只在「善」與「惡」的對立中打圈子？如何理解宇宙？宇宙與社會及個人有何關係？君子、士大夫怎麽做才能維護自身的價值和尊嚴，又能堅持修齊治平的準則？這些都是中國思想史中宇宙觀與人生觀的大問題。對這些問題的研究和認識，不可能一開始就有一個統一的看法，需要在思想文化演進的歷史進程中逐步加以解決。宋代理學的產生及不同學派的存在，就是上述思想文化發展歷史的寫照，因而理學在實質上是中國思想文化的傳承創新，具有重要的歷史意義。

張載關學、二程洛學、南宋時朱熹閩學各有自己的特色。作爲理學的創建者之一，張載胸懷「爲天地立心，爲生民立命，爲往聖繼絕學，爲萬世開太平」的學術抱負，在對儒學學説進行傳承發展中做出了重要的理論貢獻。北宋時期，學者們重視對易的研究。易富於哲理性，張載通過對易的解説，闡述對宇宙和人生的見解，積極發揮禮記、論語、孟子等書中的義理，并融合佛、道，將儒家的思想提升到一個新的高度。

張載與洛學的代表人物程顥、程頤等人曾有過密切的學術交往，彼此或多或少在學術思想上相互產生過一定的影響。宋仁宗嘉祐元年（一〇五六），張載來到京師汴京，講授易學，曾與程顥一起終日切磋學術，探討學問（參見二程集河南程氏遺書卷二上）。張載是二程之父程珦的表弟，爲二程表叔，二程對張載的人品和學術非常敬重。通過與二程的切磋與交流，張載對自成一家之言的學術思想充滿自信：「吾道自足，何事旁求！」（呂大臨橫渠先生行狀）

因爲張載與程顥、程頤之間爲親屬關係，在學術上有密切的交往，關學後傳不拘門戶，如呂氏三兄弟呂大忠、呂大鈞、呂大臨，蘇昞、范育、薛昌朝以及种師道、游師雄、潘拯、李復、田腴、邵彦明、張舜民等，在張載去世後一些人投到二程門下，繼續研究學術，也因此關學的學術地位在學術史上常常有意無意地受到貶低甚至質疑（包括程門弟子的貶低和質疑）。事實上，在理學發展史上，張載以其關學卓然成家，具有鮮明的特點和理論建樹，這是不能否定的。反過來，張載的一些觀點和思想也影響了二程的思想體系，對後來的程朱學說及閩學的形成也有重要的啓迪意義，這也是客觀的事實。

張載依據易建立自己的思想體系，但是，在基本點上和易的原有內容并不完全相同。他提出「太虛即氣」的觀點，認爲沒有超越「氣」之上的「太極」或「理」世界，换言之，「氣」不是被人創造出的產物。又由此推論出天下萬物由「氣」聚而成，物毁氣散，復歸於虛空（或「太虛」）。在氣聚、氣散即物成物毁的運行過程中，纔顯示出事物的條理性。張載說：「太虛不能無氣，氣不能不聚而爲萬物，萬物不能不散而爲太虛，循是出入，是皆不得已而然也。」（正蒙卷一）他用這個觀點去看萬物的成毁。這些觀點極大地影響了清初大思想家王船山。

張載在西銘中說：「乾稱父，坤稱母。予兹藐焉，乃混然中處。故天地之塞，吾其體；天地之帥，吾其性。民，吾同胞；物，吾與也。」天地是萬物和人的父母，人是天地間藐小的一物。天、地、人三者共處於宇宙之中。由於三者都是氣聚之物，天地之性就是人之性，所以人類是我的同胞，萬物是我的朋友，歸根到底，萬物與人類的本性是一致的。進而認爲，人們「尊高年，所以長其長；慈孤弱，所以幼其幼。聖，其合德；賢，其秀也。凡天下疲癃殘疾、惸獨鰥寡，皆吾兄弟之顛連而無告者也」。這裏所表述的是一種高尚的人道主義精神境界。

二程思想與張載有别，他們通過對張載氣本論的取捨和改造，又吸收佛教的有關思想，建構了「萬理歸於一理」的理論體系。在人性論方面，二程在張載人性論的基礎上進一步深化了孟子的性善論。二程贊同張載將人性分爲「天地之性」和「氣質之性」。但二程認爲「天地之性」是天理在人性中的體現，未受任何損害和扭曲，因而是至善無瑕的；「氣質之性」是氣化而生的，也叫「才」，它由氣稟決定，稟清氣則爲善，稟濁氣則爲惡，正因爲氣質之性不可避免地受到了「氣」的侵蝕而出現「氣之偏」，因而具有惡的因素。在二程看來，善與惡的對立，實際上是「天理」與「人欲」的對立。

朱熹將張載氣本論進行改造，把有關「氣」的學說納入他的天理論體系中。朱熹接受「氣」生萬物的思想，但與張載的氣本論不同，朱熹不再將「理」看成是「氣」的屬性，而是「氣」的本原。天理與萬事萬物是一種怎樣的關係？朱熹關於「理一分殊」的理論回答了這一問題。他認爲：「太極只是個極好至善的道理。人人有一太極，物物有一太極。」又說：「太極非是別爲一物，即陰陽而在陰陽，即五行而在五行，即萬物而在萬物，只是一個理而已。」（朱子語類卷九四）「理一分殊」理論包括一理攝萬理與萬理歸一理兩個方面，這與張載思想有別。

總之，宋明理學反映出儒、道、釋三者融合所達到的理論高度。這一思想的融合完成於兩宋時期。張載開創的關學爲此做出了重要的學術貢獻。正如清初思想家王船山所說：「張子之學，上承孔孟之志，下救來茲之失，如皎日麗天，無幽不燭，聖人復起，未有能易焉者也。」（張子正蒙注序論）船山之學繼承發揚了張載學說，又有新的創造。

三、關學的特色

關學既有深邃的理論，又重視經世致用。這可以概括爲以下幾個方面：

首先，學風篤實，注重踐履。黃宗羲指出：「關學世有淵源，皆以躬行禮教爲本。」（明儒學案師說）躬行禮教、學風樸質是關學的顯著特徵。受張載的影響，其弟子藍田「三呂」也「務爲實踐之學，取古禮，繹其義，陳其數，而力行之」（宋元學案呂范諸儒學案），特別是呂大臨。明代呂柟其行亦「一準之以禮」（關學編）。清代的關學學者王心敬、李元春、賀瑞麟等人，依然守禮不輟。

其次，崇尚氣節，敦善厚行。關學學者大都注意砥礪操行，敦厚士風，具有不阿權貴、不苟於世的特點。張載曾兩次被薦入京，但當發現自己的政治理想難以實現時，毅然辭官，回歸鄉里，教授弟子。明代楊爵、呂柟、馮從吾等均敢於仗義執言，即使觸犯龍顏，被判入獄，依舊不改初衷，體現了大義凜然的獨立人格和卓異的精神風貌。清代關學大儒李顒，在皇權面前錚錚鐵骨，操志高潔。這些關學學者「窮則獨善其身，達則兼善天下」，體現出「富貴不能淫，貧賤不能移，威武不能屈」的「大丈夫」氣節。

最後，求真求實，開放會通。關學學者大多不主一家，具有比較寬廣的學術胸懷。張載善於吸收新的自然科學成果，不斷充實豐富自己的儒學理論。他注意對物理、氣象、生物等自然現象做客觀的觀察和合理的解釋，具有科學精神。後世關學學者韓邦奇、王徵等都重視自然科學。三原學派的代表人物王恕以治易入仕，晚年精研儒家經典，強調用心求學，用心考證，求疏通之解，形成了有獨立主見的治國理政觀念。關學學者堅持傳統，但并不拘泥於傳統，能够因時而化，不斷地融合會通學術思想，具有鮮明的開放性和包容性特徵。由張載到「三呂」、呂柟、馮從吾、李顒等，這種融會貫通的學術精神得到不斷承傳和弘揚。

四、關學文庫關學文獻整理系列的整體構成與學術價值

關學文獻遺存豐厚，但是長期以來沒有得到應有的保護和整理，除少量著作如正蒙、涇野先生五經說、少墟集、元儒考略等在清代收入四庫全書之外，大量的著作仍以綫裝書或手抄本的形式散存於陝西、北京、上海等地的圖書館或民間，其中有的已成孤本（如韓邦奇的禹貢詳略、李因篤的受祺堂文集家藏抄本），有的已殘缺不全（如南大吉集收入的瑞泉集殘本，現重慶圖書館存有原書，國家圖書館僅存膠片；收入的南大吉詩文，搜自西北大學圖書館藏周雅續）。即使晚近的劉光蕡、牛兆濂等人的著述，其流傳亦稀世罕見。二十世紀七十年代以來，中華書局出版了張載集，并將藍田呂氏遺著輯校、關學編、正蒙合校集釋、涇野子內篇、二曲集等收入理學叢書陸續出版，這些僅是關學文獻的很少一部分。全方位系統梳理關學學術文獻仍係空白。

關學典籍的收集與整理，是關學學術研究的重要基礎。這次關學文庫文獻的整理與編纂者在全國范圍的圖書館和民間廣泛搜集資料，一是搶救性發掘整理了一批關學文獻，二是對一些文獻以新發現的版本進行比對校勘、輯佚補充，從而使關學文庫關學文獻整理系列成爲目前最能反映關學學術史面貌，對關學研究具有基礎性作用的文獻集成。關學文獻整理系列圖書共涉及關學重要學人二十九人，編訂文獻二十六部，計一千八百六十餘萬字。這些文獻分別是：張子全書、

藍田呂氏集、李復集、元代關學三家集、王恕集、薛敬之張舜典集、馬理集、呂柟集涇野經學文集、呂柟集涇野子內篇、呂柟集涇野先生文集、韓邦奇集、南大吉集、楊爵集、馮從吾集、王徵集、王建常集、王弘撰集、李顒集、李柏集、李因篤集、王心敬集、李元春集、賀瑞麟集、劉光蕡集、牛兆濂集以及關學史文獻輯校等。其中的韓邦奇集、南大吉集、李柏集、李因篤集、牛兆濂集屬于搶救性整理；李復、王恕、薛敬之、呂柟、馬理、楊爵、王建常、王弘撰、王心敬、李元春、賀瑞麟等學人文獻屬于首次系統整理出版；張子全書、藍田呂氏集、李顒集、劉光蕡集、關學史文獻輯校是在進一步輯佚完善的基礎上整理出版的。總之，關學文獻整理的系統性和全面性得到了體現。

關學文庫文獻整理力圖突出全面性、系統性和深度整理的特點。就全面性和系統性而言，就是保證關學史上重要學人的文獻資料不被遺漏，這裏所選的二十九位學人，都是關學史上較爲重要的和代表了關學發展某一環節的學人。其中如張載、藍田「三呂」、馬理、呂柟、楊爵、馮從吾、王弘撰、李顒、李柏等人的著作集，是迄今文獻收集最爲齊全的。同時對於有關關學史的文獻也進行了全面系統的搜集和整理，如關學史文獻輯校，不僅重新點校整理了馮從吾的關學編，收録和點校整理了王心敬、李元春、賀瑞麟以及由劉光蕡、柏景偉重加整理校勘的關學續編，還首次點校整理了清末民初張驥的關學宗傳，并從諸多史書中輯録了一些零散的關學史資料，使之成爲目前能全面反映關學史面貌的文獻輯校本。關學文庫關學文獻整理系列，以豐富的關學史文獻，證明了「關學之源流初終，條貫秩然」，關學有其自身發展演變的歷史。就深度整理來說，關學文獻整理系列遵循古籍整理的傳統做法，采用繁體字、竪排版，標點、校勘，并對專用名詞做下劃綫處理。其目的不僅在於使整理與編纂者在文獻整理中提高自身的學術素養，同時也爲以後文獻研究者提供方便，推動關學研究深入開展，這也是關學文庫關學文獻整理系列圖書出版的重要目的。

關學文庫係「十二五」國家重點圖書出版規劃項目，國家出版基金項目、陝西出版資金資助項目，得到了中共陝西省委、陝西省人民政府、國家新聞出版廣電總局以及陝西省新聞出版廣電局的大力支持。文庫的組織、編輯、審定和出版工作在編輯出版委員會領導下進行，日常工作由陝西省人民政府參事室（陝西省文史研究館）和西北大學出版社負責。本文庫歷時五年編纂完成，凝結着全體參與者的智慧和心血。總主編劉學智、方光華教授，項目總負責徐曄、馬來同志統籌全書，精心組織，陝西師範大學、西北大學、西北政法大學、中國人民大學、華東師範大學、鄭州大學等十餘所院校的數十位專家學者協力攻關，精益求精，體現出深沉厚重的歷史使命感和復興民族文化的責任感；他們孜孜矻矻，持之以恒，任勞任怨，樂於奉獻，以古人爲己之學相互勉勵，在整理研究古代文獻的同時，不斷錘煉學識，砥礪德行，努力追求樸實的學風和嚴謹的學術品格。出版社組織專業編輯、外審專家通力合作，希望盡最大可能提高本文庫的學術品質。作爲文庫編輯出版委員會主任，我謹向大家卓有成效的工作表示衷心的感謝。由於時間緊迫、經驗不足等原因，文獻整理中存在的疏漏差錯難以完全避免。希望讀者朋友們在閱讀使用時加以批評指正，以便日後進一步修訂，努力使文庫文獻整理更加完善。

張豈之

二〇一五年一月八日

于西北大學中國思想文化研究所

前言

呂柟，字仲木，號涇野，陝西高陵縣人，生于明成化十五年（一四七九年），卒于嘉靖二十一年（一五四二年）。他是明代著名的理學家。

正德三年（一五〇八年），呂柟舉進士第一，授翰林院修撰。正德年間，兩度引退，居家讀書講學。嘉靖初年復起，因議禮被下詔獄，不久被謫貶到解州任判官。在解州時，他建立了解梁書院，政事之餘，便在此講學。嘉靖六年（一五二七年），陞南京宗人府經歷。在南京先後任吏部考功司郎中、尚寶寺卿、太常寺少卿，在柳灣精舍、鷲峯東所等處講學，是他學術活動的鼎盛期，影響很大。黃宗羲稱他「九載南都，與湛甘泉、鄒東廓共主講席，東南學者盡出其門」（明儒學案卷八）。還說他的「講席幾與陽明氏中分其盛，一時篤行自好之士多出先生之門」（明儒學案卷首師說）。後來任北京國子監祭酒一年多，仕至南京禮部右侍郎。

呂柟在明代理學家中以躬行實踐、踐履篤實著稱，他的學術主旨就是「尚行」。對這一點，當時人已有評論，鄒守益（東廓）寫給呂柟弟子的贈王克孝云：「學之敝也，口耳晦之也。子之師以躬行倡之，庶其有彰乎！」（鄒東廓集卷一）萬曆時馮從吾撰關學編，總結呂柟的學術思想特點爲「重躬行，不事口耳」（卷四）。

躬行實踐的一大特點，就是「不爲玄虛高遠之論」（關學編卷四），不故作驚人語，能實事求是，正視現實。內篇卷七載：

伊川舟將覆，無怖色。人或問之，曰：「心存誠敬爾。」同舟一人曰：「不若誠敬都忘卻好。」先生曰：「此意思皆高，然不如指揮櫂人、柁人，使順風也。」

呂柟所謂躬行實踐，當然是理學家修齊治平理論的實踐，因而首先是指箇人的道德實踐。他自己在這方面作了表率，他的舉動「一切準之以禮」，「數十年未嘗有偷語惰容」（關學編卷四），「出處言動無一不規於道，極之心術隱微，無髮可疑，卓然閔、冉之徒無疑也」（明儒學案卷首師說）。他告誡學生，一言一行都要以理學家所講求的道德規範爲準則，「事事不放過」（明儒學案卷八）。內篇卷九載：

> 先生謂大器曰：「汝與曹、汪二生同飲食，舉盂、起止亦須不忘道理。『君子無終食之間違仁』，正謂此。」

呂柟認爲箇人的生活作風是衡量其學問道德的標準，如果說的是一套，做的又是一套，就不是真學問、真道德，這樣的人就不可信從。他說：

> 汝輩今日在此講論，不消拘拘於經史上。即如今日用應接上下或言語、衣服都是學。故當時曾子、子夏講論時，常說今日某人行冠禮差，又說某人行喪禮差，一一在這上面考究。今人說及此，便以爲粗迹了。此等處講得既明，卻就要下手去做。若有一等人，所講者是一樣，看他穿的衣服、住的房屋又是一樣，這便不可信他。若所講者如此，著的衣服、住的房屋也是如此，這箇人一向這等去，何患不成。（內篇卷十四）

他認爲書本上的知識和道理，衹有通過實踐才能掌握。內篇卷七載：

> 問：「五經四書熟後，再看何書？」先生曰：「行後方能熟，雖不治他書可也。」

由宋迄明，談天理講道學的人往往是空談多，實行少，呂柟卻致力于事事實踐，變假道學爲真道學，因而爲衆所矚目，備受贊揚。

呂柟在講學中涉及「性與天道」等理論問題時，同樣注重躬行，注重人事。

在「理氣論」上，呂柟強調「理氣不可分」，如說：

> 理氣非二物，若無此氣，理卻安在何處？（內篇卷十三）

朱子謂氣以成形而理亦賦，還未盡善。天與人以陰陽五行之氣，理便在裏邊了，說箇「亦」字不得。（內篇卷十六）

在物質與精神、事物與規律的關係上，能有這樣的認識，比之宋代的理學家還是有所前進的。

在人性論上，他認爲，「天地之性，善而已，亦只在氣質之性中」（張子抄釋卷一）。「蓋性在何處尋？只在氣上求」（內篇卷十二）。他把性和理都落實在氣中，亦卽氣質之性中。他要求學生時時事事注意克去私欲，逐漸變化氣質。他說：

學者真積力久，自有所得，不可旦夕期效。今人氣質不是貞元會合的，或有禀得木多的，或有禀得土重濁的，及胎生之後，有聞有見，被那習俗流入漸染，皆成私欲，不是一朝一夕，如何一時去得盡？須是「必有事焉而勿忘」，「學而時習之」，久之習俗始去，貞元始復，豈一朝一夕所能到？（內篇卷二十七）

這正是「事事不放過」的踐履篤實精神。

在認識論上，呂柟針對張載「見聞之知，乃物交而知，非德性所知；德性所知，不萌於聞見」（正蒙大心）的說法，正確地指出：

德行與聞見相通。（內篇卷八）

張子曰：「德性所知，非聞見小知而已。」此言固是，亦太高了。比如伏羲是開辟以來第一箇聖人，他亦不曾廢聞見，仰則觀象於天，俯則觀法於地，觀鳥獸之文與地之宜。但遠取諸物，必近取諸身。（內篇卷二十七）

張載的錯誤所在就是廢棄聞見，根本否認感性直觀在更高層次認識上的意義。

對於「德行之知」與「聞見之知」的關係，呂柟還有進一步的闡發：

心盡亦由多見多聞中來，但不溺於見聞則知矣。（張子抄釋卷一）

德性之知亦或假見闻，但不恃焉耳。舜、孔亦思見闻。（二程子抄釋卷六）

指出「德行與聞見相通」,「德行之知」是以「聞見之知」爲基礎,但又「不溺於見聞」,而是從中提煉、升華,達到新的認識,這是對張載認識論思想的改造和發展,是站在巨人肩上取得的成就。這一創獲,正得益於他的躬行實踐的學風。

呂柟的學術淵源來自河津薛瑄,曾問學於薛瑄的三傳弟子薛敬之,所以明儒學案列呂柟於河東學案。薛瑄開創的河東學派「悃愊無華」,以躬行實踐爲主,薛敬之繼承了這一傳統,他們的作風無疑影響了呂柟。

呂柟是關中人,關中是理學發源地之一,宋儒張載在這裏開創了關學一派。在明代,關中的理學形成三原學派,學風與河東學派相近。呂柟尤與三原馬理相友善,在太學同窗數載,出仕後書信往還不絕。黄宗羲說:「關學世有淵源,皆以躬行禮教爲本,而涇野先生實集其大成。」(明儒學案卷首師說)

明代中葉以降,王學是最大的一股思潮。王學興起,空談心性不務實事的人愈來愈多。呂柟意欲扭轉風氣,挽狂瀾於既倒,倡導躬行實踐,培養學生做成真道學,希望「他日治一邑一郡,則必有此意方好,庶不負今日之所講矣」(內篇卷十)。這種注重實踐,強調經世致用的思想,在當時是進步的,對今天亦不乏有益的啟示。

呂柟的著作很多(詳見本書附録呂柟著述知見録),集中反映其理學思想的有五經說、四書因問、宋四子抄釋、涇野子內篇等數種。五經說、四書因問和宋四子抄釋在體例上卽依傍他書,自以因文釋義居多,很難全面反映呂柟的理學思想。內篇一書,基本上包括了呂柟各箇時期的講學語録,并依講學先後的順次編排,便於我們分析其思想發展的過程。講學涉及的范圍十分廣泛,語録的內容因而很豐富,不但比其他幾種著作更爲全面、詳盡地反映了呂柟的理學思想,還如實地記録了呂柟講學時與弟子的問答情狀。我們從中可以看到呂柟講學中所用的很多成功的教育方法,諸如因人施教、注重啟發、尊重學生、師生相互問難討論等等。該書在明代已受到學者重視。馮從吾修訂內篇,易名爲涇野先生語録,序云:「涇野先生語録,言言皆自躬行心得中流出,最透悟,最精實,可與西銘、正蒙并傳不朽。」(載雍正陝西通志卷七十四)嗣後黄宗羲編明儒學案,敘呂柟學術思想,所引呂柟言論全部是內篇中的語録。清代關中學者賀瑞麟也說:「先生著書不下數十種，而惟內篇最著。」（見附録二咸豐四年補刻序）相信涇野子內篇的整理出版，有助於對呂柟的學術思想、教育思想的研究，爲繁榮我國的學術研究做一點貢獻。

整理內篇是筆者在西北大學讀碩士學位時的課題，後在山西大學工作時完成，曾得到兩校師友的許多幫助，在搜求版本時得到王明根先生的大力協助，謹致謝忱。

趙瑞民

一九八七年十一月

以上的內容是我多年前寫的，因學殖荒落，迄無進益，故一仍其舊。

這次爲關學文庫重理涇野子內篇，諸多瑣事干擾，無法重起爐竈，衹好襲用舊作，改正個別點校錯誤，整體面貌與中華書局印本並無二致，讀者諒之。當年所作附録數種，曾費不少心力，因而不忍捨棄，或可對研究呂柟的生平和思想有所幫助，是所至禱。

趙瑞民

二〇一四年八月九日

點校說明

涇野子内篇的版本，所見有明刻本一種，無刊刻序跋，卷末有呂昀萬曆十五年編門人録。清乾隆四年，高陵縣集資重刻，對原書體式作了一些變動，將記録者姓名移於每卷之末，一卷中數人的記録不再區别；删除了不少可資考據的記録年月；并删去了數條語録，有的涉及所謂違礙，有的則難以推斷删除時的用心。四庫全書收入的就是乾隆四年刻本，鈔本中沒有多少校勘的成果，反而删去了所有記録人姓名。嘉慶三年、咸豐四年，高陵縣兩次補刻乾隆四年書板，從傳世的印本看，補的部分既少，校訂亦甚疏略。光緒七年，高陵縣再次集資重刻，卽以乾隆四年刻本爲底本，校勘則得失參半，整體上看尚不如乾隆本。據此可知，明刻本之外，乾隆本是最重要的一箇版本。

這次整理涇野子内篇，以明刻本爲底本，通校西北大學圖書館所藏乾隆本，并參校了四庫全書鈔本（四庫全書珍本五集影印文淵閣四庫全書本）和嘉慶、咸豐兩種補刻本及光緒刻本。凡改正明本之處均出校。光緒本與乾隆本相同，則校勘記中僅採乾隆本。

涇野子内篇是語録體著作，并非精心結撰，文中所引前人著作往往不準確，爲醒目起見，標點時都加了引號，如卷十一：

孟子曰：「仁義禮智根於心，其生色也睟面盎背，四體不言而喻。」

孟子盡心上原文爲：

仁義禮智根於心，其生色也睟然，見於面，盎於背，施於四體，四體不言而喻。

引文如無大出入，不違原意，基本上都如此處理。

點校中的錯誤，請批評指正。

目録

附録

序

門人進賢章詔著

夫君子之立言，以明道也，然必以立德爲本，而言斯可傳也。詔嘗慨夫世之立論者亦多矣，乃或德之不立，而徒爲新奇高遠之談，則言雖工弗傳也，雖傳弗遠，尚安望其道之明哉！

蓋自濂、洛、關、閩之後，堯、舜「精一執中」之傳湮，孔、顔、曾、孟之道不講於天下久矣。吾師涇野先生振起關中，方其盛年已大魁天下，列職翰林，納誨經筵，中間多見忤於時。是故先後立朝不逾五稔，而家食者數年，與羣弟子講學於雲槐精舍，於東林書屋，樂其教者有紀録焉。嘉靖初，以言官薦召用，又以言謫判解州，興解梁書院之教，及與王端溪公往復問答，而門人邱東魯、王光祖輩皆有録焉。戊子春，起仕南曹，至今尚寶，四方學者多從之，講道於柳灣，於鷲峯東所。詔不敏，幸分半席於門下，爰與新安胡友大器、金壇王友標洎諸同門者數百人，日聞至教，親炙既久，各紀録之。日積月累，不啻數十萬言，一皆道德之精微，身心之至要，爲學之大方，經世之大務，與夫天地鬼神之奥，古今人物之辯，巨細精粗之畢舉，聖賢王道之具昭。程子曰「談經論道則有之，鮮有及治體者」，「如有用我，正心以正身，正身以正朝廷」之數言者，非先生之謂乎！況所言論，皆因一時門人士友之問，即隨以答，初豈有意於文！惟至理中涵，出言爲訓，多擴前賢所未發，於學者深有力。疑者開之使釋，蔽者通之使明，難者處之以易，過不及者引抑之於中，曲成而不遺，中正而不艱，廣大而有倫〔一〕。易曰：「修辭立其誠，所以居業也。」先生之言，一以至誠爲本，以躬行爲急，以憂世爲心，鑿鑿乎皆身有之，非徒言者。故善觀先生者，不於其言，而於其德也，此之謂合一之道也。

〔一〕「倫」字原作「論」，據乾隆本改。

諸録既備，諸生及門雖甚久，鮮得全見。今年秋，詔偕大器諸友叩請數四，乃得徧觀而莊誦之，竊仰嘆曰：「聖賢道統之傳，盡在是矣。」間嘗與程友默、張友重光、王友縉、陳友昌積輩數子參互校閲，大器諸友欲謀刻之，以公於天下後世，而先生之志則甚不欲傳也。然先生之心每惓惓然，欲天下之人同歸於善道斯慰也，世有至寶，豈能終韞而不爲傳世之器哉！矧不惟是，五經四書洎諸子史，皆有以闡明之，精義奥旨有釋，是皆足傳於世，不在語録中。若夫先生之道德文章，完名茂實，則固天下人能知之，天下士夫有公論在，汙不至阿其所好也。

嘉靖十一年歲次壬辰十二月吉日，書於蕪湖舟中。

序二

門人泰和陳昌積著

昌積讀夫子語録，至「拳拳立誠居敬」之訓，曰：「嗚呼！是可以觀躬行矣。」夫立教者，未始不先其亹亹者也，然行質而言華，厥亦本末之理。孔子上聖，猶傷其行之不逮也，乃曰：「文，吾猶人，而躬行未有得。」斯固未易一二與淺學論也。鄒魯尚矣。宋興，二程紹學濂溪，志士比介，惟尹、游、楊、劉稍能以躬行痟痳其師，以故曠然發矇，所詣甚偉。其他諸人，質有張弛，覺有早暮，不免求扶於言綸，於是有所謂答問者矣。然他日竟厭之也，且曰：「賢輩在此，只學某話說。」噫！其故可知也。

子年十七八，既夢見明道、東萊，升階質疑。夫世殊若此，所居如彼，而獲夢見，何也？蓋志至夢赴，自然之應。程子曰：「孔子夢周公，則聖人存誠處。信以傳信，又何惑焉！」今天下談子之學，或云粹行不貳，甚似明道；或云擇地蹈之，志在並生。頃，昌積事子於鷲峯也，則見其被服歠飲，談默容止，與衆酬物，細忽渺窈咸兢兢，所以爲學而日焜燿寵茂也，可不謂內明外莊，鞠躬君子哉！

至授門人，則各因其資質所近，才力所盈縮而裁成焉，非不默傳，艱其人也。昌積來學也晚，意念悼忽。嘗從章宣之侍子，子因問仁體，兩人對各泛常。子久乃言曰：「宣之質甚篤實，但過計科第；陳生質稍穎，恨大驚露。故吾正好不遑恤其他。宣之仁體也，聰明睿知；守之以愚，陳生之仁體也，盍各省諸？」兩人如教而往踐焉，則頗令彼此之身咸免不祥，且損內疚矣。昌積愚乃然，而況賢者躬行大較，此又彰彰著明也。

於是更從諸同志備録，凡門人所問子答，及六經括釋，並口授門人指要，萃爲帙，欲一究諸根本，惡覩世俗闒於大較，猥持揚浮長短之說，競勝自遂哉！後有同志，自省覽焉。

嘉靖十二年歲次癸巳仲春望前三日書。

序三

門人歙縣程默著

默凡再稟學涇門，於鷲峯東所得諸語録讀之。讀已，乃載拜稽首，爲之説曰：是紀也，其紀夫子之所言乎！夫子之言，平正通達，會道之精，根諸行者也，豈特言乎！抑紀夫子之行，純懿端恪，立道之極，宣諸言者也，豈特行乎！夫言行，一道也。言者，心之聲也；行者，心之爲也；心者，道之藴也。心與道一，則言卽行，行卽言，可以差殊觀哉！是故言行一致，則舉邇也而遠寓焉，舉卑也而高寓焉，不離夫人倫日用之常，而天地鬼神之奥盡焉。是爲言行合一之學，是所以爲道也。

是道也，孔子嘗教諸門人矣，故曰「吾無行而不與二三子者」，是爲孔氏之教也。而諸門人有若子貢者，且曰：「夫子之文章，可得而聞也；夫子之言性與天道，不可得而聞也。」又曰：「夫子不言，則小子何述焉？」是岐精粗、離言行而二之者也。夫文章之顯設，其非性命之微乎！力行之敦篤，其非言教之精乎！一貫之喻，孔子所以成賜也，故又曰：「天何言哉！四時行焉，百物生焉，天何言哉！」夫天則「不言而信」，道之出也；「默而成之」，人所以進於道，蓋將擬天也。爲學而至孔氏，則一天矣，又何待於擬哉！賜也能求言於行，求性命於文章，則亦其庶幾乎！

是録也，其孔氏之傳乎！其夫子傳孔氏以教人乎！若曰特以語言求，其亦賜氏之得聞文者乎！今之學，多事言而遺行，事虚而遺實。病更荒於賜也，紀録者其亦有憂世之心乎！是爲序。

嘉靖癸巳春三月望日謹序。

涇野子內篇卷之一

門人解梁王光祖編
門人白水廉介　錄

雲槐精舍語第一　正德年中語

介問觀書。先生曰：「其上以我觀書，其次以書觀我，其次以書觀書。」「何謂也？」曰：「其上，行有餘力而學文，可以作聖；其次，體聖人言，可以作賢；其次，恣記誦之博，無身心之實。誤天下蒼生者，皆以書觀書者也。」

濟寧李繼祖學於雲槐精舍，問士焉。先生曰：「士有五貴。天地之氣，生物則均也，獨厚於人。是故不爲草木鳥獸，爲人，一貴；不爲夷狄，爲中國人，二貴；不爲中國人之女，爲中國人之男，三貴；不爲中國男之農工商賈而爲士，四貴；夫爲士則上可以爲堯、舜、周、孔，下可以爲顏、曾、思、孟，五貴。」繼祖曰：「自今敢不自貴，以卽鳥獸乎！」

周生問治亂之故。先生曰：「中人而與君子爲友，則爲君子；中人而與小人爲友，則爲小人。世多中人，不擇友，故治日少，亂日多。」

先生曰：「唐詩惟張九齡、元結可觀也。杜子美雖有憂國愛民之意，乃溺於辭而不反。」

先生常喜讀王虎谷題楊震四知詩，云：「若教暮夜無金饋，方信先生待物誠。」以爲得務本之意。

何子仲默曰：「今之談道者，猶作文之無益也。」先生曰：「言於是行於是者有矣，不言於是行於是者，未之有也。且舍是而不言，忘言則不能，亂言則不敢。」

用問鬼神。先生曰：「三代下知鬼神而敬事之者，其邵堯夫乎！故其言曰：『思慮未起，鬼神莫知；不由乎我，更由乎誰？』於戲！此君子之所以慎其獨也。」

詩問嵇康、阮籍。先生曰：「其庶乎節矣，君子不如是之廢也。忍親棄禮以避禍，知義命者不爲也，故文中子曰：『道不足而器有餘。』」

勳問邵堯夫。先生曰：「隱而不僻，樂而不流，其學聖人而未大者乎？前定之數，又何其不憚煩也。」

先生謂九川子曰：「吾於漢文得四罪焉，前有張禹、楊雄，後有馬融、胡廣；吾於唐詩得四賢焉，前有韓休、張九齡，後有張巡、元結。」九川子曰：「漢文之罪者無杜欽、谷永，唐詩之賢者無杜甫、韓愈邪？」曰：「欽、永雖可罪，其文淺，故其責小；甫、愈雖可賢，其詩溺，故其道微。」

陳詔問：「自漢以來詩亡，何謂也？」先生曰：「觀風之官不設而風亡，王道廢而雅亡，諂道興而頌亡。」「李白、杜甫何如？」曰：「二子應博學宏辭科則可矣，於詩則未也。然而君子猶有取焉者，辭有近乎史者也。」「潘岳、劉琨、江淹、鮑照、二陸、三謝、沈、宋如之何？」曰：「亂世之作也，宜勿有於世矣。」問曹植、王粲、劉楨、阮籍。曰：「其漢之衰乎！然而塗斯人之耳目者，則自是耳。」問韋孟、蘇武、陶潛。曰：「賴有此歟！其鶴鳴、蓼莪、考槃之亞乎！故君子不知風不足以成俗，不知雅不足以立政，不知頌不足以敦化。」

劉子靜齋問爲治。先生曰：「社學習琢句，而廢灑掃禮樂之節，大學習程文，而廢正心修身之道，欲天下之治，未見其有日也。」

夏子于中言：「歲貢士當官，不及例貢士也。例貢士壯，授之以政則多興；歲貢士老，授之以政則多廢也。」曰：「異哉！子奚不即選商賈乎？且今之所謂興政者，多取於逢迎；今之所謂廢政者，多病於簿書，如其如是，而後政也使歲貢士，不塞之以例貢士，則其仕皆年壯而志強，而又濟之以詩書，顧不美哉！如歲貢士，爲學官者簡其賢者、能者、廉者、勤者，以參有司而用之，彼有不思敏於教而良於政者，非人也。」

路子苦其子之讀書也，約熟一書與一衣焉。先生曰：「此利之也。夫教之以義，而以利誘之，其不汨於利者幾希。如其子能百卷也，又將何以與之乎？ 其不信莫大焉。不信以利，非所以誨其子也。」路子悔而改之。

子言問爲國之患。先生曰：「莫大乎四逆。」「何也？」曰：「退賢進不肖則逆，罰功賞倖則逆，棄介尚和則逆，賤義貴利則逆。國有一逆則弱，有二逆則昧，有三逆則亂，有四逆則亡。」

有仕於京者，繼母且死，乃謀奔喪。而祭，先繼母乎？先先母乎？先生曰：「喪不葬，不祭，又何先後之問耶？且子父存乎？」曰：「父存。」曰：「父存，雖喪亦主之矣，而況於祭耶？子有哭號而已，不得而餘謀也。」

霄問：「管晏孰優？」先生曰：「平仲之功不及夷吾，夷吾之德不及平仲。平仲而遇桓公，某知其優於夷吾也。」

臥碑有里選之實，監規有賢良方正之意。提學考文而不問臥碑，司成撥歷而不問監規，欲得真材以成治，不亦難乎！

叔用問：「尹和靖記程正叔語曰：『凡學者，學處患難貧賤也，若富貴榮達，卽不須學。』如何？」先生曰：「此或其偏辭也。夫富貴榮達而不學，鮮不斯淫矣。」

先生謂崔叟曰：「天下有道，諸司崇禮；天下無道，諸司崇法。天地和，伏生之輩壽；天地不和，顔子之輩夭。」

士問：「孟子哀曠安宅舍正路者何？」先生曰：「仲尼以夕死爲可，子輿以偷生爲哀。死也猶弗死也，生也猶弗生也。」

介爲王者仁心自然論，來獻焉。先生曰：「此宋太祖之假仁，史氏之諛言也，介惡得又從而申之乎？」介曰：「何？」曰：「宋祖之封韓通，豈其真仁乎？」

孫世其問申鑒。先生曰：「荀仲豫，其董子之儔乎！其文質直而真切。」

張伊問謚法。先生曰：「後世可謂大易矣，其胡能沮勸耶！故凡爲翰林者，累官至師保，皆謚『文』，他官雖或經天緯地弗論焉；凡爲將領者，累官至侯伯，皆謚『武』，他官雖或運籌決策不論焉。不有後日之公論，則王安石、朱元晦之皆『文公』也，誰其辨之哉！」

曲沃楊泉曰：「友有娶妻於他縣者，女在途而友之母死，如之何？」先生曰：「女奔喪而不返，夫則居廬，終喪而婚，禮也。今子之友奚爲也？」曰：「婦居喪於室，夫居廬於墓。」曰：「善哉！可與幾禮矣。」

子謂九功曰：「耕田不深無高稼，治學不深無端行。」

先生謂叔鉞曰：「見善而不惡，則或有爲之之時矣；見善而惡，則無爲之之時矣。見惡而不好，則或有去之之時矣；見惡而好，期無去之之時矣。故君子以取初心焉。」

王子曰：「凡山之下，皆水道也。故山之土石層壘，洪水過而累之耳。」先生曰：「王子求形不求意矣。夫『立地〔一〕之道曰柔與剛』，故西北之山入地不窮其底，東南之水接天不見其際。抑如王子之言也，天之星辰日月，豈天河過而累之乎？」

學者有畏嫉於俗，而欲爲內方外圓之行者，以問。先生曰：「夫內方外圓者，大賢以上事也，初學而然，爲人喪已甚矣。夫內方外圓者，乃德盛後見之，亦非聖人有意於內之方、外之圓也。」學者改之。

先生謂子言曰：「漢匡衡治詩，足以說王化矣，而其身不免於贓敗。聖學之廢，豈獨今日哉！故君子貴行不貴言。」

爵問今之使四方不辱君命者。先生曰：「其惟黃忠宣公乎！交趾百餘年而不叛，皆忠宣公之政也。使於北虜有楊善，惜乎福也，未死建文之難耳。」

權用問閭閻之苦，風俗之害。先生曰：「里老之不選德，小學之不選師，鄉飲之不選賢，欲以安民而善俗，吾未見其有日也。」「何其已細乎？」曰：「平天下亦猶是也。」

西安之地，秋稅畝一斗，夏稅五升。及其久也，秋地沽而不售，皆歸貧人，夏地皆歸富人。有司以布折稅者，夏匹布石有二斗，秋止折半，於是貧富滋相懸，先生遇二司輒言之。門人曰：「夫子不屬事，此言何也？」曰：「苟得貧富均，又何屬事之爲辭！且昔者王端毅公在南直隸也，調停官糧民糧之偏，令官糧抵斗實收，而民糧加耗以補之，南人至於今頌之。

〔一〕「地」字原作「也」，據乾隆本改。

又安知二司者無王公之徒邪？大抵買田，夏秋稅均過割可也。」

正德七八年間，皇儲未立，盜起而群臣憂。言官屢請，弗建也。先生曰：「是執政者之過耳。」霄曰：「何謂也？」曰：「祖宗法：親王居十王府邸，俟儲立而後行。」

霄問何子仲默。先生曰：「其詩有漢魏之風，是可取也。其文襲六朝之體，不可取也。然而其人則美矣。」問李獻吉。曰：「爲曹、劉、鮑、謝之業，而欲兼程、張之學，可謂『係小子失丈夫』矣。」問康德涵。曰：「漢馬遷之材也，其學之博猶未逮耳。」問馬伯循。曰：「見善而能聚，見惡而能勸，其志遠哉！」問張仲修。曰：「直而敏，足以同政矣。」

先生曰：「利刃雖割易缺，利口雖辯易沮，君子養德以爲貴。」

詩問周禮。先生曰：「即孔子之答諸弟子耳。」「何謂也？」曰：「天以一氣化生萬物，聖人以一貫曲成羣賢，王者以一理分統眾職，其義一也。夫周禮行，天下無窮民。」

先生謂詩曰：「漢光武，至富貴也；嚴子陵，至貧賤也。後世論光武猶有貶，論嚴子陵無不褒，故君子貴立志。」

詩問：「逍遙遊不亦樂乎？」先生曰：「不然。周惡夫堯德之大也，托爲藐姑射之四子以小之耳，故曰學鳩、斥鴳笑鯤鵬，朝菌、蟪蛄笑靈椿。其忿嫉孰甚焉！不然，彼宜甘心洴澼絖矣，奚羨夫鬻不龜手之方，以獲裂地之封哉！大言不能蓋其情，其是之謂歟？若夫疏水則樂在其中，簞瓢則不改其樂，斯孔、顏之逍遙遊也。」

夏子曰：「今之不知時務而好談經者，皆腐儒也。」先生曰：「六經盡時務也，第讀經者弗知耳。如其知經也，必不敢背經矣。」

雲槐精舍語第二　正德年中語

門人渭南張伊録

君子習文不如習行，習行不如習心。習心以忠信，而文行在其中矣。

李子論樂。先生曰：「書不云乎：『德惟善政，政在養民。』九韶之舞，九德之歌，皆以此耳。故鳳凰儀、鳥獸舞，後於時雍風動也。」曰：「杜夔、周朴、祖孝孫如何？」曰：「末之哉！昔者予之幼穉也，偕羣兒吹蔥葉，擊瓦礫以嬉戲，今憶其樂，雖虞廷鳴球柷敔莫過焉。夫民方詛怨，而三子拳拳於金石絫黍之講，若由君子觀之，皆欺君耳。」曰：「賈誼請興禮樂，文帝未遑，史氏譏之何也？」曰：「此史氏之不學也。夫文帝未遑，卒成富庶之政。武帝用李延年、司馬相如，雖赤鴈、天馬、芝房亦造樂歌，海内益耗，可鑒已。」

吳季札、曹子臧、魯叔肸，周之伯夷叔齊也。夏侯令女之材爲近之。

先王制服止於五者，義也；先王制刑止於五者，仁也。不義則情不能行，不仁則性不能盡。仁義者，先王處死生之道也。

詩問：「史約之作，何謂也？」先生曰：「尚書、春秋，上世之經也，志詳而事畧，不兼其傳，大賢不能達其故；秦紀、漢書以下，後世之史也，事詳而志畧，不裁其蕪，白首不能舉其悉。」

印問止盗。曰：「建官惟賢。」問禦夷。曰：「涖事惟能。」「何謂也？」曰：「官賢則民安而盗寢，事能則政舉而遠人格。」

孫世其問：「一貫何似？」先生曰：「讀易及春秋可見矣。」「然則忠恕之説非歟？」曰：「易與春秋言忠恕。」「何也？」曰：「『天地變化草木蕃』，卦爻變化仁義行，褒貶變化綱紀立。」

叔用問政。先生曰：「養民以限田，舉民以四科，簡民以府兵，教民以六行；君用程顥，臣輔漢文，可以行政矣。」「程顥、漢文皆亡矣，柰之何？」曰：「主上之資類堯舜，豈惟漢文乎？臣下之賢有顔孟，豈惟程顥乎？故有不妨賢之執政，則程顥至；有不逢惡之執政，則漢文興。」

季聰問：「巷伯『刺幽王，寺人傷於讒而作』者何？」先生曰：「讒至是則無人之可容矣。故節南山、正月、十月之交，見幽王用人之失也；雨無正、小旻，見用謀之失也。故小宛雖百姓亦懼其禍矣，是皆本於讒也。故小弁，讒及妻子也；巧言，讒及大夫也；何人斯，讒及公卿也；巷伯，讒及寺人也。故谷風以下言其亂。」

伊問：「昔者，堯請致天下於許由，有諸？」先生曰：「此莊周自大之言也。堯之仁知如此，其神天也；舜之孝弟如彼，其聖賢也。堯猶家試之以九男二女，國試之以五典百揆，積二十八載而後禪，聖人之傳天下若是重也。許由而讓天下，可謂棄碩果於鷦鷯，投玉食於偃鼠，則亦不仁且知矣。」

濤問：「仲尼不毀譽者何？」先生曰：「昔者，夫子嘗曰：『傳兩喜兩怒之言，天下之難者也。夫兩喜必多溢美之言，兩怒必多溢惡之言。』『故法言曰：傳其情，無傳其溢言，則幾乎全。』夫子耳順者也，其奚毀譽哉！」

顓問：「孟子屢期齊梁之君之王，則司馬氏疑孟、李氏常語、鄭氏折衷譏孟子忍心忘周，無君臣之義者，果然乎哉？且孟子嘗卑管仲晏嬰，彼管晏又何嘗廢周也。」先生曰：「不然。凡孟子之所謂王，主救民而言，如其救民也，王自歸之。三氏所謂王，主篡位而言，如其篡位也，民亦叛之，又安有所謂王乎！且管晏之時，楚獨稱王，天下猶諸侯也。故管晏以其君霸。孟子之時，韓趙魏大夫也，已爲王，況諸侯乎！故孟子以其君王。管晏時可尊王而不尊，孟子時當興王而不能，故孟子卑管晏而稱文王。」

格天存乎信，建功存乎仁，使力存乎度，敬上存乎忠，慈下存乎公。

孫憲副用吉嘗謂言官曰：「諸公未得百寮之實，輒因毀譽以劾人，何也？」言官曰：「若緘默，人則以爲曠職耳。」孫子曰：「朝廷作養人材，官至二司亦難矣。未實而逐之去，以爲盡職也，去者不亦冤乎？」以告。先生曰：「盍語之曰：『所言之是非大小，關在己之得失高下。』彼將知懼而不肯計恩讐矣。」

先生謂介曰：「非盡性不足以事親，盡性所以至命也。非執禮不足以事君，執禮所以從義也。」介曰：「何？」曰：「昔者，仲尼謂葉公子高曰：『天下有大戒二：命也，義也。子之事父，命也，不可解於心；臣之事君，義也，無適而非君也，無所逃於天地之間。故事親者，不擇地而安之，孝之至也；事君者，不擇事而安之，忠之盛也。』」

先生謂：「韓退之有美才焉，惜乎未見大道，故其文爾難也。」薛生曰：「王仲淹何如？」曰：「其在韓子之上乎，又何比擬之多邪！若曰所居而變，所言而通，其董仲舒、諸葛孔明、程伯淳乎！三子者，求、予之所不逮也。」

雷問明。先生曰：「窮理而已矣。」問公。曰：「循理而已矣。故由理則爲君子，不由理則爲小人。」「何謂也？」曰：「形也者，氣也；氣也者，理也。不能於理，卽不能於氣。」

求安莫如治病，求善莫如治過。病去則體安，過去則行善。今之中庸之論，皆鄉愿之徒之爲也。是以君子深嫉焉，爲其假聖言以妨賢而病國也。

壐問：「君子之所樂如何？」先生曰：「君子有五樂，皆三樂之緒也。一曰方正自遂，爲國作紀；二曰履經奉典，爲國作士；三曰廉淑別慝，爲國作官；四曰教行政安，爲國作民；五曰垂勳昭親，爲國作風。」

文王之後，視民如傷者，其惟我太祖乎！進善如不及，懲惡如去毒。

詩問詩。先生曰：「詩之亡久矣。三代之詩，或感於物，或緣於政，或有懷而興，其辭典可教也，其情邇可詠也。後漢以來，設題目，苦思慮，蓋其所短，侈其所長，悅人耳目，迷人心志。詩終不可以詠，不可以教，詩之亡久矣。必不得已，其民間之歌謠乎，猶有風乎爾。」

先生謂霄曰：「吾未見甘貧者也，居翰林而見何子粹夫焉，一布袍六七年。」

霄問周茂叔。先生曰：「有德人也。方黃叔度，則又有言矣。」問程伯淳。曰：「如其師。」問正叔。曰：「伯淳之弟也。」問朱元晦。曰：「博學篤志，切問近思而已矣。」問張子厚。曰：「方伯淳則不足，方元晦則有餘。伯淳已近乎化，元晦亦幾於大。張子之化十三，其大十九。」問陸子靜。曰：「斯其人聰明遠見若浮於元晦，但其力行實未至耳。」

先生曰：「罪莫大於妨賢，惡莫極於非聖。」陳詔曰：「不有不忠之罪大乎？不有不孝之惡極乎？」曰：「惟其妨賢，而後天下之爲不忠者衆；惟其非聖，而後天下之爲不孝者廣。故罪惡止於身者小，及於天下者大。」

蜀人朱季連言：「鴟賊猖獗四年矣，不如立其酋長，令自撫之也。」先生曰：「果若此，後有效者如唐田承嗣、宋李繼遷，疇克禦之乎？」曰：「既立之，後復誅之，奚爲不可？」曰：「今且不能誅，況於倒太阿而授之柄乎！」

先生謂秦子曰：「始廉而終汙者，其廉亦謂之汙，利也；始公而終私者，其公亦謂之私，名也；始剛而終懦者，其剛亦謂之懦，血氣也。不爲利驅，不爲名動，不爲血氣使，終始其道，動與天合者，君子也。」

繼祖問：「宋齊梁陳之不振者何？」先生曰：「鮑、謝、江、孔、徐、庾、沈、謝爲之也。」曰：「數子詩且文。」曰：「茲其所以不振也，其志與道可悲矣。使天下隨風而靡者其誰乎？且其反君事讎，正與後世馮道等，又何足與論詩與文哉！」

涇野子內篇卷之二

雲槐精舍語第三

門人高陵權世用録

先生遊雲槐，謂高壐曰：「學者有三多，有四寡。」壐曰：「何謂也？」曰：「寡言則行力，寡動則靜深，寡交則業專，寡欲則理明，是謂四寡。多學則德積，多思則幾研，多就吉人則爲之也易，是謂三多。」

先生曰：「晚唐之文浮於靡，晚宋之文浮於俚，以修聖人之道，皆難也。」子言曰：「初唐、初宋之文可以入聖乎？」曰：「子未習魏徵乎？導君如盂水。子未習程顥乎？待士如扣鐘。」「然則程子何以譏魏子主事讐乎？」曰：「功過不相掩。」

西里子曰：「子貢貨殖，夫子以爲不受命。顔子簞瓢，夫子賢之。師夫子者，必皆不食以死乎？」陳子曰：「豈以子貢既足而又求富耶？」先生曰：「亦觀其心耳。若子貢貨殖以給父母妻子之養，而非猗頓、計然之意，雖炎帝神農不禁也。若顔子簞瓢，少動其心而改其樂，雖餓且死，孔子弗賢也。」

劉子論建文、永樂之人材，而稱解縉〔一〕、楊士奇之爲傑也。先生曰：「夫人材論於太平之時則貴文，論於禦侮之際則貴武，論於獄訟錢穀則貴廉，論於危國亡世則貴節。夫建文、永樂之間，西安之張紞、泰和之周是修、真寧之景清、貴池之許觀，其傑乎！解、楊其愧諸！」曰：「齊泰、李迪、黄子澄、方孝孺之死甚烈，此亦非傑邪？」曰：「致建文之亡則可罪，死

〔一〕「縉」下原有「紳」字，據四庫本刪。

建文之難則可録。」

先生曰：「端居暗室，終年而不外想者，斯其人可以入市朝。」

渭川周子問異端。先生曰：「古之異端猶可闢也，今之異端不可闢也。古之異端猶異類也，今之異端則同類也。挾術數者，世稱才儒；　閑詩賦者，世稱雅儒；　記雜醜者，世稱博儒；　趨時而競勢者，世稱通儒；　談玄者，世稱高儒；　臨事含糊淹滯者，世稱老儒；　蹈襲性命之言者，世稱理儒。斯非皆爲孔子之書者乎？然誤天下蒼生者，皆此異端也，老佛其細諸！」

詩問：「山巨源進賢不言，死而後，天子出其奏於朝。王仲淹與其密，不與其仁者何？」先生曰：「出處，君子之大節也。巨源初與嵇康稱魏〔一〕七賢，其志壯矣。比晉取魏，反面事之，位至吏部，雖放達者亦喪。斯叔夜之絶交也，奚其仁！」

先生曰：「今之戲譜者，皆好名嗜利之徒也。」何子柏齋曰：「奚至是乎？」曰：「既欲諂乎俗，又欲獻其敏。獻敏則欲有聞，諂俗則思固位。誤天下蒼生者，皆此夫也。」

先生曰：「君子修存，小人修亡；　君子修壽，小人修夭。」

介問：「唐蕃將代漢將如何？」先生曰：「此明皇之惑〔二〕於太真也，故祿山肆行無忌耳。詩刺幽王之致〔三〕其亂，曰：『豔妻煽方處。』」

先生曰：「陳壽之志、范甯之春秋，皆思過半矣。故王仲淹取其志。」陳詔曰：「王充、張衡之文何如？」曰：「不足

〔一〕「稱魏」原作「魏稱」，據乾隆本乙。
〔二〕「惑」字原作「感」，據乾隆本改。
〔三〕「致」字原作「敗」，據乾隆本改。

稱也，其志則微夫。」

庚午之冬，戚黨百戶魏榮自京過涇野，言：「東方之盜，今大猖獗，稱王矣。往年各邊如榮輩請襲，替於司馬門者數百人，若給以戎馬，畧示賞罰，今當盪定久矣。乃用京兵，京兵素役於宦寺，而不知簡，是委羊虎口耳，尋見其滋蔓也。」先生甚壯之。越二年，盜賊徧天下，始徵邊師而民力殫。先生曰：「嗚呼！以大司馬之見不及一士卒，宜數年天下之未定也。」

先生曰：「孟軻、董仲舒之後，得道之深者，其惟隋王通乎！若在孔門，當雍、商之間矣。」介曰：「續詩續書，人咎其僭經；中說，人咎其擬論語者何？」曰：「詩書不續，何以見後世之衰，爲來告邪？若中說，多發前人之奥，其行則王子之志也，其文則薛收、姚義之筆也，可盡議乎！」

大仁廢勇，大義廢利，大禮廢文，大智廢謀，大信廢盟，大化廢教，大德廢言，大孝廢命，大忠廢諫。九廢者，聖人之所以異於人也。

介問：「魏相白去副封，可以防奸乎？」先生曰：「惜乎未探其本也。并封事而去之，則三代矣。」曰：「其如世變之難何？」曰：「高帝、文景之世，雖有對策，尚未封事也。距此方數十年耳，去之則何有！且相因許史而白去副封，宜乎其不知本也。然其論兵論災異，則猶有皇矣、康誥之風焉。」又曰：「自漢以後，封事亦不可無。」

介問：「學孔子自何人始？」先生曰：「自顔子始。」「學顔子自何人始？」曰：「自程伯淳始。」「學伯淳自何人始？」曰：「自尹彦明始。故知孔子者莫如顔子，知程子者莫如尹子。」

先生曰：「林慮馬敬臣，某之畏友也。弘而正，益之以信，斯可與窮理；溫而恭，益之以義，斯可與盡性；明而審，益之以果，斯可與知命。」

秦子西澗曰：「爲政專治豪強，則貧弱安矣。」先生曰：「有意爲此，亦非政體。詩云：『王道如砥，其直如矢。』」康子對山曰：「至公之言也。」

子實問：「寺人之害奈何？」先生曰：「洪武之世如周文武，其寺人皆庶常吉士矣，故莫聞其名也；永樂之世如漢文武，其寺人皆賢良方正矣，故莫稱其事也。正統以後有蟒衣，自王振始也；成化以後有玉帶，自汪直始也。王振內竊絲綸之命，汪直外操撫按之權，是三楊、陳、王輩之罪也。」

先生謂伯需曰：「某少事周垣曲，其灑掃應對之節，可得而聞矣；童事樊河陰，其勤勵儉約之風，可得而聞矣；弱事高龍灣、和獲嘉，其溫恭慈祥之懿、仁厚無爲之度，可得而聞矣；壯事孫大行，其嚴毅持正之矩、博大英鋭之範，可得而聞矣。然今皆未能有一存焉，如之何其勿思也！」

先生曰：「孔廟從祀之外，亦由仕路乎！」薛生曰：「何也？」曰：「汲黯、丙吉、蘇武、黃憲、陳寔、郭泰、諸葛亮、宋璟、韓休、尹焞而不祀，馬融、楊雄而祀，何也？」曰：「數子無著述。」曰：「七十子之祀者，亦有不知其名者，著述安存乎？夫祀也，紀德則人務實，紀言則人務名。世之治亂所係也，其可苟乎！」

先生曰：「志在榮身者，未必能榮其身；志在榮名者，未必能榮其名。故君子以正心爲本，務實爲要。」

仁者可親，義者可畏。可親則爲善者衆，可畏則爲惡者孤。

世其問：「朱子一封事數萬言，何其已富乎？」先生曰：「必若此焉，老師宿儒讀之，亦欠伸思睡矣，況幼沖之主哉！然則道之不行，亦在我者之過乎！」

詩問：「格物者何？」先生曰：「其亦程子主一之説乎！」「何謂也？」曰：「如目有視面，視膝、視足及淫視、勿視之不同也，格而知之，以必行耳。言動諸物皆然也。故大學舊本以修身知本爲知至也。」「朱子所補格物之章非歟？」曰：「未嘗亡也，又何補之有！且如其補，爲所謂當世不能究其辭，累世不能殫其用也。」「然則朱子必以『格致誠正』告君者何？」曰：「此邵堯夫所謂『生薑樹上結』也，道之所以不行乎！夫不審其宜而驟語之，雖耆儒猶或病焉，於幼沖之主難矣哉！易有『納牖』、『遇巷』，孟子有好貨色之對，其亦未之格邪！」

崔子洹野曰：「今有擬經爲言者，人皆譏其非。」先生曰：「擬經而言，必擬經而行矣。如其行之戾經也，人之譏也宜矣。且今爲詩者擬李杜，爲文者擬韓柳，人不以爲非也，擬經而譏何哉！易不云乎：『擬議以成其變化。』」

欲蔽仁，利蔽義。何以去欲？無物。何以去利？無我。無我然後能正物，無物然後能正我。故仁義者，君子之所以參天地也。

先生見竹林七賢圖，嘆曰：「在國無君，在家無親，在前無魏，在後無晉，在朝無政，在鄉無俗者，七子也。」

董仲舒，漢之醇儒也，其初有功於孔子之道者乎！孟軻之後，邪說又息，孔子之道大明於世，自董子始。

先生謂桑子曰：「古之聖人，說禮樂者莫如孔子，故曰『人而不仁如禮樂何』，又曰『禮云樂云，玉帛鐘鼓云乎哉』。然則玉帛鐘鼓亦有廢之而用者，有用之而廢者。故世治矣，無此不足爲損；世亂矣，有此不足爲益。故君子探其本。」

忠信哉，斯司馬君實也！兼之以張子厚之禮，而王道備矣。西里子曰：「吾閱人衆矣，多言術詐可以籠民而獲上，謂忠信者無用之本也，而子獨言之何？」先生曰：「嗟乎！茲世之所以可憂也。夫忠信之行有三：一曰寂然不動，感而遂通；二曰知禮必爲；三曰樸實無聞。一焉者，聖也；二焉者，賢也；三焉者，愚也。不愚不聖又弗賢焉，某不知之矣。」

霄問：「史約之始伏羲者何？」先生曰：「聖人之好古者莫如孔子，然係易則自伏羲以下，删詩書則自唐虞以下，其上莫言也。故伏羲之前不得而詳，伏羲之後不得而畧。」

先生謂陳詔曰：「唐詩不廢，天下不治；漢文不興，天下不平。」詔曰：「何謂也？」曰：「漢文質而簡，措之則易行；唐詩虛而靡，有之則奚用！故興漢文則人敦行，誰不周勃、汲黯哉！貴唐詩則人滋邪，誰不呂溫、元稹哉！」

霄問：「通鑑帝魏，綱目帝蜀，史約則主漢而平書征伐〔一〕云者何？」先生曰：「凡一統則稱帝。帝魏自中原而言，帝蜀自接漢而言，皆偏辭也。平書其實乎！猶戰國之例，赧王歿，雖東周君不得稱帝也。」曰：「王莽已一統，不存新紀者何？」曰：「建武元年，帝孺子始弒於臨涇，又何新紀之先存！」

〔一〕「伐」字原作「代」，據乾隆本改。

言問：「鄭子産及申屠嘉同師伯昏瞀人，子産耻嘉之兀也，每出入不與並。嘉遂以形骸之外耻子産，嘉其德充歟？」先生曰：「嘉其德充〔二〕則弗兀矣。夫子産不耻其同門而耻其出入，是舍門而出入也，師其何如哉！是嘉非子産之友，瞀人非子産之師，茲莊周之誕乎！」

先生謂舜謨曰：「君子正其體，而後觀衣裳之章；奠其室，而後觀山藻之飾。志不足而榮華其言，難以適治矣。王仲淹謂陸機文：『予不信也，不然何父子兄弟皆不保乎！』嗚呼！道不足而攻文者，可以戒矣。」

東林書院語第四

門人高陵權世用録

用問：「鎮守之害，使人不能聊生，何也？」先生曰：「此非知制勅者之過邪！故不爲作欺人勅，則朝廷奚遣？故不爲作欺〔三〕人勅，則鎮守奚害？彼鎮守者，又何足道哉！」

伊問：「書終於秦誓者何？」先生曰：「秦誓其可以作聖乎！夫人不患於有過，患於有過不知悔而改也。悔而改之，雖秦穆也，堯舜皆可爲矣。故書以二典始，以秦誓終。」

先生謂子言曰：「詩有三教：風言乎其俗也，雅言乎其政也，頌言乎其德也。故讀風而知俗之美惡，取捨之教立矣；讀雅而知政之正變，興廢之教立矣；讀頌而知德之淺深，幾微之教立矣。故賢而後能知風，聖而後能知雅，神而後能知頌。故德以善政，政以善俗。」

李繼祖問：「吏而登仕，勞而進官，王仲淹以爲秦之餘酷者何？」先生曰：「選材而仕，猶或僨事；度德而官，猶或

〔二〕「充」字原作「克」，據乾隆本改。
〔三〕「欺」字原作「斯」，據四庫本、嘉慶補刻本改。

病國。材德不據，而以吏與勞焉，多見其棄民也。三代間寧有是乎！」

叔用曰：「尹彦明，程門之高弟也，爲母而誦金剛者則何居？」先生曰：「斯其母平日之所嗜也，然亦夫子學仁之誤乎！過此則舜之順親矣。」

胡子有其友死，訪哭道焉。先生曰：「夫子不云乎：『哭諸寢門之外。』」曰：「爲位乎？」曰：「爲位。」曰：「奠乎？」曰：「奠。」曰：「禮乎？」曰：「禮不可以奠之實也。夫奠，其實哭乎！」

先生謂叔用曰：「師友之功誠大也。渭南薛公之學，某以爲所自得也。嘗遇於長安僧舍而叩焉，公曰：『敬之以蘭州周蕙爲師，陝州陳雲逵爲友。』夫周有朱壽昌之行，陳有程正叔之志，乃然後知薛子之學矣。擇師選友，其可易乎！」

先生謂介曰：「予聞諸思庵薛子曰：『介庵李錦，關西之豪傑也。甘貧守道，好學至死不倦。』今亡矣夫！夫薛子其亦見介庵而興起者乎！」

介問程門之高弟。先生曰：「其尹彦明乎？」曰：「不有游、楊乎？」曰：「游、楊粗。」曰：「游、楊之精近於禪。」曰：「此其所以粗也。」曰：「尹在朱門當何賢？」曰：「雖朱元晦且讓焉，況其門人乎！」「尹在孔門則何若？」曰：「其學顔子而未大者乎！」

客有言滇南之田浮於水上者，可盜而移也。馬子谿田曰：「其猶學之無本，有浮名而爲物誘者乎！」先生曰：「此謂『致知在格物』。」

先生謂薛生曰，「河津薛德溫先生直内方外，果敢自取，可謂得魯齋許子之傳矣。蒲州衛述先生學於河津先生，忠信無詭，可透金石，可謂不愧乃師矣。予聞諸蒲州王紳先生云。」

門人問避禍。先生曰：「徙義。」問謀生。曰：「安命。」又問焉。曰：「非義之禍，君子不避；非命之生，君子不謀。」

官問：「友三益者何？」先生曰：「友多聞不如友諒，友諒不如友直，故夫子以友直爲首。」

楊明久之妻死，其子之服未祥也，其繼妻又欲死。有爲楊子謀者，欲爲其子先娶也。揚子惑而問焉。先生曰：「此大倫也。使汝子無知則可，如其有知也，不歸怨於子乎？君子宅身，一曰義，二曰命，禍福不與焉。嘗聞『教子以義方』，子是之舉，亦爲『納之於邪』矣。」

權用問：「文之不明者何？」先生曰：「行之不篤也久矣。」「何謂也？」曰：「學之不講也久矣。安得講學之人，與之論行乎？安得篤行之人，與之論文乎？」

三過而不改者，是爲玩過；三禍而不懼者，是爲樂禍。斯其人終不可與入堯舜之道也。

先生謂馬子谿田曰：「外曾祖宋公之德，某未之今見也。某聞諸長老曰，公之爲書生也，采薪養親，面無戚容。教授瀋府，瀋王語默稟度焉，曰：『真吾師也。』及其垂歿也，墓位當絕穴，子弟請易之，公曰：『玉兄弟四人，當誰易也？』卒定焉。此與曾子易簀亦近哉！」馬子曰：「理聞王太師端毅公評西安人物矣，比宋公於漢毛萇、伏生。」

霄問曰：「堯視天下重於己子，然乎？」先生曰：「然。昔堯以天下之故，捐二女於虞舜，若試之而不登庸焉，二女爲虛歸矣。及舜既可用也，又廢乎丹朱。當是時也，視天下重，視二女九男輕。」「然則孟子何以言『幼吾幼，以及人之幼』？」曰：「推恩之仁，篤近而及遠；博愛之仁，舍小而謀大。」

李立卿曰：「陳白沙幾乎崇效天，薛文清幾乎卑法地矣。」先生曰：「智崇亦由禮卑，禮卑亦由智崇。易曰：『一陰一陽之謂道。』夫二子之道，某未之能習也，然而嘗聞其大節矣。白沙狂而未足，文清狷而有餘。由孔子言之，皆可以入道。始學者如趨焉，文清其正矣。」

涇野子内篇卷之三

東林書屋語第五

門人高陵吉士録

鄭子闓問：「禮：庶子爲所生母練冠、麻衣、縓緣，爲父後者無服。父死，始爲其母緦。今亦斬衰何？」先生曰：「由父視之，有妻妾也。由子視之，知其母，不敢知其妾也。生身之恩莫大焉，而不三年，非所以存其子也。故孟子曰：『雖加一日愈於已。』且繼母、慈母、養母皆三年，生母而不三年何居？父命他妾養己者，比於父之他妾生己者，不既輕矣乎？生母無服，雖聖人之制亦可改也。」「繼母者何？」曰：「子夏曰：『其配父與因母同。』孝子不敢殊也。」「慈母者何？」曰：「子夏曰：『貴父之命也。』貴父之命卽同母，不亦重乎！」「且孔子又何以非魯昭公之練冠也？」曰：「孔子又不云乎：『子生三年，然後免於父母之懷。』夫慈母固有三年之懷矣，不然不生，不然不長，不然不知有父也。」「養母者何？」曰：「吾母不以其子爲子也，吾斯出；養母不以其子爲子也，吾斯入。吾母既不三年，養母又不三年，天下豈有無母之子哉！」

先生謂祖學曰：「君子之事君也，格其心，不耀其寵，時其諫，弗謀其身。」「請聞焉。」曰：「昔者，蘧伯玉謂顔闔曰：『形莫若就，心莫若和。』『就不欲入，和不欲出。形就而入，爲顛爲滅，爲崩爲蹶。心和而出，爲聲爲名，爲妖爲孽。』其知此夫！」

鸞問：「『乾元者，始而亨者也』以下者何？」先生曰：「言四德一理也。是故或别而言之，以盡其用，或合而言之，以著其體。是故乾元始亨，言亨卽元也，其利貞，卽乾元之性情也。故乾始，卽能以美利利天下，則亨、利、貞者，非乾元之外又有物也。故『剛健中正純粹精』之七言以贊此也，六爻以明此也。故聖人『乘六龍以御天』，『通其變，使民不倦』，雲雨之比，亶其然乎！」

先生謂周官曰：「先君子臨喪，必能圖其終；臨祭，必能格其神；臨訟，必能辯其疑；臨諳，必能知其故；臨患，必能圖其安。予當事不能酬，必責予曰：『汝所讀書奚在邪！』故馬谿田謂先君子『不言而躬行』。」

琉問文。先生曰：「治左氏。」周官問文。曰：「治尚書。」原勳問文。曰：「治孟子。」權用曰：「何謂也？」曰：「琉俚而不則，官易而不典，勳博而不暢。」

子閶問：「父卒，嫡孫爲祖父母，祖卒，爲曾高祖父母斬衰者何？」先生曰：「父祖子孫一體也。祖喪其子，則孫喪其父也。故祖卒，曾祖曾孫猶父子也。曾祖卒，高祖玄孫猶父子也。」

伊問：「秦鞅何以開阡陌也？」先生曰：「墾棄地以盡地利，聽買賣以盡人力，定永業以絕歸授耳。」曰：「可乎？」曰：「廢先王之法，惡乎可也！」「然則始皇又何以令黔首自實田也？」曰：「井田既廢，民多兼并，故舍田稅人，地數未盈，其稅又備。」曰：「可乎？」曰：「是逐民也。」「或耕豪民之田，見稅十五者何？」「輸田主也。」曰：「可乎？」曰：「里有公侯之貴，此之謂也。」

霄問：「仲止之冠也，渭陽公不爲主以應賓，而子代之者何？」先生曰：「吾父告諸廟，使某習禮於君子，敢不執其勞！」「古者筮日於廟，所卦者執卦，以視主人。今以大統曆選日何？」曰：「制也。」「帷房設洗，陳服皆如禮矣，乃不用爵弁服、皮弁，而儒弁、襴衫，絲弁、皂衫者何？」曰：「亦由夫制也。古可因者則從古，古可革者則從今。」「古冠者見於母，母拜之。今四拜於母，母坐受者何？」曰：「子雖黄耇台背，不可無親也。母而拜子，古之不可從者也。」

達問：「勾踐之事吳也，用大夫種之謀，以己女女吳王，大夫女女吳大夫，士女女吳士，復納美女於太宰嚭，撫越十四年而遂滅吳。董子所謂『先詐力而後仁義』者也，孟子比諸太王，不亦過乎？」先生曰：「勾踐固非太王之儔矣。然其憤檇李之敗而棲會稽也，葬死問傷，養生弔憂，送往迎來，去惡補不足，免者醫，病者救，怨曠者有罰。國人三請戰而後興師，可謂知辱自憤，近於知矣。當是時也，有如此君者乎！故秦穆公五霸之亞也，孔子以其悔過，可以入聖也，録其書以終堯舜。越勾踐，諸侯之末也，孟子以其知恥，足以入智也，取其志以並湯文。聖賢樂善棄過之心如此夫！」

東林書院語第六

門人高陵崔官録

劉子曰：「晚宋羣臣遇難皆避去，太后下詔切責，至以『無顔見先帝於地下』爲言。及論守節，而獨稱李復侍郎一人。然則宋人材何以寡乎？」先生曰：「死難之士，安石輩皆逐之於前矣，避難之士皆至矣，又何以責其不死乎！故張敬夫曰：『伏〔一〕節死義之士，當於直言敢諫中求之。』」

官問：「婚有六禮，今用納幣、請期、親迎者何？」先生曰：「納吉、納徵、納采實未嘗亡也，但行之苟簡耳。」問納幣。曰：「昔文中謂『婚娶論財，夷虜之道』，今天下皆論財。欲興桃夭肅雝之化，不亦難乎！無惑乎治日之少也。」

先生謂九川子曰：「汝帖不若絳帖之爾真也。夫書入木石，即失厥初。得三遺七，取形去神者，皆汝帖也。夫書存，意尚可考，跡在世，亦可辯。故三代之書，聖世之書也，其文典；兩漢之書，治世之書也，其文樸；秦始渝古，變國之書也，其文奇；魏始通元，苟國之書也，其文淺；晉、宋、齊、梁、陳、隋，亂國之書也，其文冶而捷；後魏、北齊、後周諸胡，盜國之書也，其文粗而厲。唐衰矣，其文淫於晉；宋虚矣，其文蕪於元。」九川子曰：「果哉！唐雖篆亦俗，漢雖隸亦古，世變趨下如此夫！」

官問：「程子曰：『露者星月之氣所爲，故夜陰則無露。』」先生曰：「不然，亦地氣耳。夫當春夏之時，地氣之升也，重則爲雲爲雨，不重則不爲雲雨而爲露。當秋冬之時，地氣之升也，重則爲雲爲雪，不重則不爲雲雪而爲霜。其究則亦天之氣感

〔一〕「伏」字乾隆本、光緒本作「仗」，亦可通。按：宋史張栻傳作「伏」。

之耳。如以爲星月之氣而爲露也，冬夜豈無星月乎？奚不露！夫天之露霜，猶人之語默也，子亦求之己而已矣。」

官問：「孔子奚不論日月、雨雹？」先生曰：「昔在子路問事神，夫子且不對曰『未能事人』？夫聖人論人如此其亟也，人猶舍而求之渺茫。如聖人而論日月、雨雹也，後之流弊不可勝言矣。然其言人卽言天也，言天卽言人也。故春秋紀日蝕、雨雹、水旱、霜雪，皆爲言乎人。」

洙問外想難絕。先生曰：「心無主，則客邪交侮矣。」又曰：「以其可想，換其不可想。」「何以有主也？」曰：「禮義浸灌耳。比其久也，心與理一，雖有客邪，不能入矣。今有言讀書非力行者，以予言之，背過四書六經，真力行之士也。蓋非心好義理，則六經四書不能入胸中矣。洙無獨玄談而不苦學。」

官問：「揚子雲曰：『通天地人之理，謂之學。』」先生曰：「子雲焉知學！」「何謂也？」曰：「蒼蒼者豈天理，茫茫者豈地理哉！」「惡乎學？」曰：「通人則通天地。」

有督糧參政，治嚴而令刻。過涇野草堂，先生謂之曰：「昔者糧額之初定也，西安南有灃、滂、滈、潏，北有鄭、白二渠，其地稱陸海焉，故其額甚重也。今官設而職廢，渠存而水渴，然而有司者猶以額徵焉，如之何民不逃且盜也！」於是有何副使道亨者，聞而奏於朝，以修豐潤王御史諸渠。比水行，而遠近強弱之用又弗平。先生曰：「果哉，興利不如用人！」

勳問：「王仲淹謂『杜如晦若逢明王，於萬民其猶天乎』則何如？」先生曰：「如晦且不能正太宗之閨門，況其他乎！父子、君臣各止其所，豈小之乎哉！仲淹亦邇譽矣。」

官問：「『君子不教子』，周公則撻伯禽，孔子則訓伯魚。周公、孔子非歟？」先生曰：「此孟子因責善之事而說之激也。古之聖人自胎姙〔一〕及食食、能言，已教之矣。子之不教是愈疎，不慈也。故教則可，責善則不可。」「責善非教歟？」曰：「教有養之之道，責善有服之之道。若周公之撻伯禽，則爲成王也。」

〔一〕「姙」字原作「任」，據乾隆本改。

涇野子內篇卷之四

端溪問答第七

門人解梁丘東魯録

端溪子問：「桃李冬華，『春王正月大雨雹』，暑月冷雨，十月或雷鳴者何？」涇野子曰：「人事有順有逆，則天道有常有變。然亦有不盡然者，其氣數之錯乎！」

問：「夏月甚炎，而井水寒，陰在下也；冬月甚寒，而井水溫，陽在下也。一寒一溫，其二氣之升降乎？」曰：「人呼吸亦然。故學者精義以致用。」

問：「恆情：聞人有善則忌之，聞人有過則附會之。慶平生人有小能細行卽責之，其或有背負己者，則但付之一嘆息，實未嘗畜之胸中。比其悔也，反德之。不知此心可進否？」曰：「纔說不留之胸中尚差，此上更有好路途也。」

問：「中國與四夷，雖風氣有以限之，然亦自然之勢。故藩臬孰與京師，郡縣孰與藩臬，村落孰與城市！故聖人在中國，則海不揚波，四夷向風，亦如天地之化，無遠弗屆耳，而又何勢之云？」曰：「揆文教，振武威，亦可玩也。」

問：「凡天下明生於晦，動生於靜，華采生於素，巨生於細，終生於始，理固有然者矣。是故聖人抱朴守一，與天地同化。愚病不能韜晦己耳。」曰：「韜晦亦小事耳。」

問：「人之吉凶，凡以善惡而已。故吉人而罹災，是曰反常；凶人而獲福，是曰不祥。然君子之爲善，則豈以是爲忻戚哉！今不然，聞鴉噪則以爲凶爲憂；聞鵲噪，則以爲吉爲善。嗚呼！其亦異乎！」曰：「『定而后能靜，靜而后能安。』凡天下之道，只貴『知止』。能『知止』，聞鴉噪亦不憂，聞鵲噪亦不喜。」

問：「言行，士夫第一義。孔子曰：『言必信，行必果。』孟子又曰：『言不必信，行不必果。』將安取衷哉？」曰：「皆是也。孔子以必，爲小人；孟子以不必，爲大人。」

問：「天下古今莫難者相知，尤莫難者相信。夫以聖莫如周公，有何不足信者，何必至風雷之變，然後釋也？則夫不如公者可知矣。吁！是宜眼底紛紛者衆也。故人知不如自知，人信不如自信。」曰：「惟『赤舄几几』好觀。若常人，雖微風輕雷亦駭然矣。」

問：「天地一元十二會，一年十二月，一日十二時。統而言之，不過六陰六陽迭相循環。然陽中未始無陰，陰中未始無陽。學者觀於陰陽之間，亦可以進德矣。」曰：「孔子斟酌四代禮樂亦此意。故曰『變則通』，又曰『通乎晝夜之道而知』。」

問：「千古聖賢心事與天地萬物萬事之理，無不賴文字以傳。所謂文字，如六經四書之類是也。故嘗竊料人固不可專靠書冊，舍書冊亦豈所以爲學邪？」曰：「顧觀之者如何耳。四方上下、山川草木，皆書冊也，要之有所歸耳。」

問：「動物感人，莫如音樂。嘗見世之所謂戲子扮岳飛、秦檜故事，坐客往往泣下，而況先王之雅歌者與！故天保以上，采薇以下，關雎、鹿鳴、棠棣，伐木、蓼莪之章，苟時復詠歌，亦未必無補於德性。」曰：「於田夫野老之前，扮岳飛、秦檜卽泣下沾襟，若歌采薇、關雎等詩，雖千百遍恐亦不欲聞也。是故世變不同，人品亦異，教君子小人亦異術。」

問：「漢文帝卻千里馬與晉武帝焚雉頭裘，事雖不同，要之皆可爲貴異物喜奢侈者之戒。然文帝有一賈生不能用，惜矣！」曰：「文帝之見與賈生不同，恐文帝非賈生所能及也。」

問：「孔子『食於有喪者之側未嘗飽』與所謂『是日哭則不歌』，未嘗不嘆聖人心地只是一片自然。『至誠惻怛』四字，作聖之基也。孟子亦曰：『哭死而哀，非爲生。』嗚呼！風俗日漓，禮教日壞，往往臨喪不哀，甚至父母之喪，亦恬然如平時也。」曰：「習俗成，雖賢者亦改其初心。有道者宜振之耳。」

問：「韶音作而鳳儀與春秋成而麟出，恐是聖人至德太和有以動之耳，非以音樂之和，書成之故也。」曰：「音樂卽至德。獲麟，麟之不幸也，故絕筆焉，其義深矣。」

問：「常情：玩生於所忽，敬生於所尊。今日只把堯、舜、禹、湯、文、武、周公、孔子與顏、曾、思、孟、周、程、張、朱，只如見在當時，與我相參，恐其益不小。故羹牆見堯，蚤夜思舜。若但以爲古人書吾且讀之，未免作輟相半。如千里得家書，何嘗不喜？而欲求所謂恭敬如對面父兄，難矣。」曰：「此亦是一半功夫。若解後，更須要他箇堯與舜在面前也，蓋自不能已矣。」

問：「老子有言，『不見可欲則心不亂』，然則必見可欲而亂乎？夫使吾心有主，其能亂乎？必若吾夫子所謂非禮勿視聽者，然後爲無弊。」曰：「人於非禮，耳目雖勿視聽，而心中不忘，則亦亂耳。」

問：「家難而國易，固然。家之難化，莫如婦人，雖怨，吉之道也。至於『婦子嘻嘻』，非所以肅内範也，故曰『終吝』。其必防之於未然乎！故曰：『閑有家，志未變也。』治國基之矣。」曰：「防亦未盡。纔言防，便骨肉間隔。大要其身正與行道耳。」

問：「呂刑可以示用法者，酒誥可以示嗜酒者，二典、三謨可以示望治堯舜者，禹貢可以示治水者，湯誓可以示創業者，伊訓、顧命可以示守成者，大誥、多方可以示化服梗叛者。故致用莫大乎書也。」曰：「事雖有異，道無不通。只酒誥，豈不可以望堯舜者哉！」

問：「長江之上，大海之濱，風波之險可畏也。至於風恬浪息，漁人出沒其間，鷗鳥飛鳴其中，若相狎而玩者。何也？水忘機也，漁人、鷗鳥亦忘機也。若乃吾人之宅心，宜若平且易焉已矣。而反有不可測者，則其爲風波之險莫大焉。此莊生所謂『險於山川』者也。是故機心忘，而後可以進德矣。」曰：「只看如何平易，平易一差，恐靡然矣。」

問：「孟子所謂『勿忘勿助』，只是說自然而已。蓋忘則涉於無情，助則出於有意也。」曰：「『勿忘』亦非自然，蓋自強也。功夫全在此。」

問：「天下萬事精於勤，荒於嬉，如張東海以草書名一世，亦自苦心中來。向使移此心以學道，其何精奧之不造乎！」曰：「豈惟草書哉，雖詩與文亦然。若苟有所志，雖草書亦無妨。」

問：「『天得一以清，地得一以寧』，王侯得一以守其國。夫所謂『一』，非理乎？所謂理，非太極乎？然後知老子得易之體也。」曰：「老子未知易之用，焉知易之體！」

問：「凡人必有堅忍不拔之操，而後可以立俊偉光明之業。故君子莫大乎堅忍也。」曰：「堅忍固善，然亦是細事耳。」

問：「皇極經世見邵子格物窮理之學，然其視子雲之太玄，不亦遠乎！所謂補湊云者，或者以程子不學其數爲宜矣，藉口一何妄乎！」曰：「太玄固於世教遠矣，經世恐亦太淺近可疑。」

問：「今之所謂僧，非墨子流乎？所謂道，非老氏流乎？故孟子於夷之斷曰『二本』，孔子於夷俟斷曰『老而不死爲賊』。善斷二氏之病者，莫如孔孟也。」曰：「孔孟斷二氏於未害之前，故難。今所見者，蓋流弊也。」

問：「物有氣化，有形化。是故星殞爲石，非氣化者乎？雀入大水而爲蛤，非形化者乎？」曰：「星之氣凝聚重濁，已欲成石而後殞也。雀入水化蛤，其性近乎！若他鳥則何以不能？」

問：「先儒謂月借日爲光。夫日，太陽之精。月，太陰之精。各用其明，無假借也。若謂借日爲光，則是月本無明矣。譬之陰火、陽火，其有明一也。譬之人之目，左爲陽，右爲陰，亦互借爲明乎？況周書曰『哉生明』，言月之始生明也。又流星自天而下，亦有光也。是知月之弦望盈虧，養明於晦也。以漸而盈，虧陰故也。吁！凡天下之物，未有不晦而明者，獨月乎哉！」曰：「星、月皆借日光，恐是。故月未望不圓，日中見沫爲災。」

問：「劉元城忠孝大節偉然矣，至於喜談釋氏，是其小故。或者乃以此而病元城，吾於此有感焉。」曰：「談釋氏亦不能病元城，卽今世儒能如元城者幾人哉！必有孔孟之道，然後可闢佛老。」

問：「凡虛明輕清者皆屬天，沉厚重濁者皆屬地。若乃指高高在上者曰天，指隤隤在下者曰地，恐未然乎？」曰：「語須有著落方好，端溪則何以指人耶！」

問：「日以沉而升，月以晦而明，雨以旱而貴，物以春而生。故君子明忌於大察，恩戒乎濫施，天道人事一而已矣。」曰：「升沉晦明，皆不得已而然也。有心於晦沉，則有心於升明矣。」

問：「人必心平氣和，而後可以處事。心平則理暢，氣和則辭婉，是故可以動人矣。」曰：「心平氣和，非爲欲動人爲也。」

問：「人不難於聰明，而難於忠實；事不難於速辨，而難於安詳。知此可以語道矣。」曰：「只忠實安詳，更有説也。聰明字恐誤認也。」

問：「天下智者少，故曰『知人則哲，惟帝其難之』。嘗私論小人有不可測之奸，君子有不可欺之明，持明以照奸，則小人無遁情矣。然尤君相之所急者也。」曰：「知有三要：一曰無私，二曰無惑，三曰無自狹。」

問：「孔子作春秋，雖事因魯史，而斷則聖心也，故曰：『游、夏不能贊一辭。』大段春秋無所容私，非謂游、夏真不能贊助一辭也。」曰：「雖使游、夏學至無私，然千變萬化，因物付形處，恐亦不能措手耳。」

問：「凡晝屬陽，凡夜屬陰。凡民有疾，晝必多輕，夜必多重。凡人作事，晝必多精明，夜必多疑畏。故狐狸必夜出，鵂梟必夜鳴，陰陽之分也。惟君子陽剛以爲德，窮理以達變，故通乎晝夜，與天爲一。」曰：「易謂『通乎晝夜之道而知』，恐不止此，故曰『君子而時中』，又[一]曰『不舍晝夜』。」

問：「楊震辭金一事固難，於暮夜尤難。嗚呼！有官君子如震所爲，亦庶乎不負於吾君矣。」曰：「若震者，將期於天地鬼神對，豈止於不負其君哉！雖然，連金暮夜不至方信。」

問：「天地間惟卓然自守爲良圖耳，紛紛多言，果何足貴哉！」曰：「止自守亦非爲良圖，言亦不可廢。」

問：「靜時體認天理易，動時體認天理難。故君子存靜之體認者，以達乎動之泛應者，則『靜亦定，動亦定』。其爲成

[一]「又」字原作「文」，據乾隆本改。

德孰禦焉！」曰：「動時體認天理，猶有持循處，靜卻甚難。能於靜，則於動沛然矣。」

問：「人心其猶用兵乎！用之善則克敵，用之不善則害己。是故君子莫先於治心兵矣。」曰：「人心之欲如盜，用心制欲，如以兵逐盜。兵非人心。」王材曰：「用心制欲，如以兵逐盜，不若言『以義制欲，如以兵逐盜。兵非人心』爲明白。」先生曰：「是也。」

問：「嘗謂人之生也，陶冶於造化，其猶傀儡在技兒之手乎！及其死也，歸根復命，其猶傀儡在技兒之囊橐乎！可笑也，亦可悲也。」曰：「人之生如泡聚於水上，其死如泡散於水上。如傀儡在技兒之手，則天地爲用力矣。傀儡在囊橐之內，則魂魄不散類輪迴。」

問：「草木何以無知也？禽獸何以有知也？意者，草木之偏於氣者乎！禽獸其兼氣血，有知者乎！夫惟有知，故有牝牡之性，生育之道矣。」曰：「草木本乎地者多，故無知；禽獸本乎天者多，故有覺。人兼天地之道，故靈於草木鳥獸。人而不能盡天地之道，是亦草木鳥獸也。」

問：「倮虫録不如山海經，山海經不如博物志，博物志不如爾雅，爾雅不如詩。故曰『小子何莫學夫詩』。」曰：「詩非止優於爾雅、博物、山海、倮虫也。爾雅等書止明物，詩則即物以明人耳。」

問：「天地之精，開竅於日月；人物之精，開竅於耳目；草木之精，開竅於花實。雖小大不同，其理一而已矣。」曰：「聖人憲天聰明，則萬國理，萬物育，諸竅皆通矣。」

問：「身者，其神之宅乎！神者，其身之主乎！故君子愛身養氣以培其宅，所以存神也。故神存則人生，神去則人死，其道爾也。」曰：「神者，身之妙用，動作云爲，知來藏往皆神也。死而不便散者，凝聚者正且固耳。」

問：「博物宜莫如子産，而不能察校人之誑。持己宜莫如孝肅，而不能免狡吏之欺。孟子曰『君子可欺以其方』，言君子信理，宜乎世之誑君子者眾也。」曰：「校人之誑不必察。脊杖之誑，孝肅明亦未至乎！不然，則平日性情之偏，吏已瞰其微乎！」

問：「飲以養陽，食以養陰，生民之恆，故觀便液之清濁而陰陽可見。夫道不離乎日用，故男女、飲食，道之端也。彼求於人事之外，無乃非道乎！」曰：「此等陰陽論道，恐亦太淺。若謂求道於人事之外非道者，則甚切。」

問：「至禮不讓而天下治，至樂無聲而天下和，其五帝之事乎！三王〔一〕而下涉乎跡矣。後世至禮壞而民無所措手足，至樂崩而民之怨咨生焉，而欲至治太和，難乎！」曰：「只是箇仁助難。故孔子曰『人而不仁如禮樂何』。」

問：「孟子謂：『仲尼之門，五尺童子羞稱五霸，爲其先詐力而後仁義也。』此語極有力。在吾儒尤不可忽也。」曰：「學者終身事業，只是一箇誠與義，反之則市井盜跖耳。」

問：「心其太極矣乎！心之動靜，其陰陽乎！心之四端，其五行乎！故君子莫大乎養心。」曰：「養心是學問根本，不知將何以爲養耳。願端溪子終教之。」

〔一〕「王」字原脱，據乾隆本補。

涇野子内篇卷之五

解梁書院語第八

門人解梁王光祖録

東魯、光祖因述西渠爲御史時事，先生曰：「真御史也，所行皆經術。今安得有斯人乎！」問崔洹野。曰：「其人聰敏。每見之，得聞所未聞，不覺除去惰心。蓋博古通今之士也。」問穆玄庵。曰：「雖好佛學，然其行則忠信端正士也。」問馬柳泉。曰：「溫恭純良，通達國體。但或有似老氏處耳。」

光祖問：「薛文清公可與前賢誰比？」先生曰：「比吳草廬則有餘，比許魯齋則不足。」

德在言先者，其言亦易喻；言在德先者，雖三令五申，莫之能聽矣。行在文先者，其文亦易明；文在行先者，雖繡章繪句，亦無所於用矣。

先生謂平陸諸士曰：「夫平陸，於商有傅説焉，孔子刪書而取其三篇者，此地産也。於春秋有宫之奇、百里奚焉，孟子論人，取其忠智者，此地産也。今去三子千有餘歲矣，其山之靈，河之秀，豈無鍾萃於人若三子者，出於其間以爲孔孟之所取乎？」

光祖問：「二程先生孰優？」先生曰：「明道優。然始學之道，其必先自伊川之方嚴進乎！」

光祖問：「程門尹、謝、游、楊四子孰優？」先生曰：「惟尹彦明吾最敬焉，篤志力行，有周、漢人風，使及孔門，可方由、求乎！」

丘孟學曰：「舉業之溺人，與佛之溺人一般。」先生曰：「就溺中不爲所溺，方是登岸。」

光祖曰：「觀屈原離騷之言，其忠君愛國之心誠可敬。然當其時，君既不用，隱居可也，何必投汨羅水哉！」先生曰：「此其志亦可悲乎！雖非中道之聖，抑亦邁時之賢也。此風行，可以厲頑頓無恥之徒，而況原爲同姓之臣乎！」

光祖看鑑至魏晉間，嘆曰：「能孝不能忠者，其太保王祥乎！」他日以問。先生曰：「爾看曾、閔之孝，曾肯仕大夫之家乎！由是知後世之稱者，一節也。故尹彥明論堯舜『孝弟甚廣大』。」

光祖曰：「漢昭烈戒子：『勿以惡小而爲之，勿以善小而不爲。惟德惟賢，可以服人。』何如？」先生曰：「上二句真王言，下二句則近霸矣。」

先生常勉學者：「必以聖賢自期，不要把自家當做草木類。行坐常思自己終身做如何人也，如此激昂，必至廢寢忘食。」

光祖問曰：「在下者多諂，在上者多驕，何故？」先生曰：「在下者諂，而後在上者益驕。」

光祖曰：「後世學易而不能用者，其京房、郭璞乎！」先生曰：「斯二人原未學易耳。」

光祖曰：「物之遇雨，或生或長，其效甚速。人遇教而不興者，何也？」先生曰：「只是中心未實。如五穀之種，或蠹或浥，難乎其爲苗矣。」

先生一日夜坐仰山堂，使諸子各言志之所欲。耿重光對曰：「欲輕外物，明義理。」曰：「凡人義理不明，正由外物牽制耳。使常重在義理，外物卽退矣。丘東郊何如？」對曰：「讀書常欲爲己。」曰：「爲己不同。若獨記文字，欲不使人知，及考試則在人前邪？」對曰：「否。」曰：「是不好勝，不矜誇，不圖利，爲己乎？」對曰：「然。」曰：「若是好用力也。張泰何如？」對曰：「欲求一實字。」曰：「只欲實幹舉業，亦不是實。必以聖賢之實自體貼，方是實耳。王玉旻何如？」對曰：「欲期至遠大。」曰：「當自『實』與『爲己』做起。工夫至大而至小，至遠而至近。可與郊、泰切磋也。蓋爲學須求良友講論勸戒，方有進。若自家誦讀，終無所得。」

光祖曰：「有舜之德，夔方能成乎韶樂。如無舜德，雖有夔，亦難乎其作也。」先生曰：「夔樂亦又在用稷、契、皐陶、益、垂、伯夷之後成。」

光祖問：「程子蝎頌云：『殺之則傷仁，舍之則害義。』如何處？」先生曰：「若傷人則殺之，與故殺不同。如此，則仁不傷而義不害。」

朝邑王夔父卒，有遺命，欲停尸以待繼母之終，然後合葬。先生曰：「從親一言，而暴親尸於久遠，不可。古人常有從治命，而不從亂命者矣。」

先生夏縣禹廟記言：「禹之所以爲禹，其要在『拜昌言』。」每令光祖輩熟讀以自廣。

光祖曰：「西渠張仲修作河東書院，以『崇義』、『遠利』名齋，極中人之病。今改爲『居仁』、『由義』矣。」先生曰：「甚非作旨〔一〕之意也。」

先生嘗稱潞州仇時茂有古王烈之風焉。

先生自運城會司馬主政邦柱回，光祖問：「其人如何？」曰：「貌象古雅質實，真賢者後也。」

先生欲寫「鄉進士」大字賜光祖，光祖曰：「願得『長慶堂』字，不願得『鄉進士』字也。」先生曰：「只此便是『祿在其中』。」

先生在書院時，嘗夜隨擊柝者以觀號。見安逸或寢者，且責之曰：「與汝是地爲逸乎？與汝是屋爲寢乎？且汝有是身，止於工文詞，謀科第，以爲人乎？抑亦求汝身之所始，思汝心之所終，觀天地之不息，念父母之所生，明無人非，幽無鬼責，以求不同於秋草者乎？」光祖一日誦之，曰：「此言聞而不感發者，非夫也！」

光祖曰：「有司尚貪酷，固百姓之不幸也，亦彼子孫之不幸也。」先生嘆曰：「貪酷者，無以爲得計。」

光祖曰：「張南軒潤色二程遺書爲粹言，何居？」先生曰：「使人讀之，反因文而薄意。」

〔一〕「旨」字原本佚名朱筆校爲「者」，可從。

涇野子內篇卷之六

柳灣精舍語第十[一]

門人解梁王光祖録

周道通曰：「衡見鄒東郭，言：『學濂洛關閩，自孔子學下來。』或曰：『自濂洛關閩學上去。』如何？」先生曰：「昔明道兄弟十四便學孔子，後來尚不及顔、閔之徒。只學孔子後亦未知如何耳。孔子，萬代之師也。」

問：「交友、居家、處世，不能皆得善人，甚難處。」先生曰：「此須有憐憫之心方好。能憐憫，便會區處。如妻妾之愚，兄弟之不肖，不可謂他不是也。此仁智合一之道，舜『欲並生』，張子西銘具言此理。但千變萬化處，非言所可盡也。」

問：「爲學只不間斷好。」先生曰：「何以能不間斷？」曰：「責志。」曰：「此亦是第二層功也。其要只是能知耳。能知得，便會顔子之『欲罷不能』也。」「則何以謂之知？」曰：「如體寒思得衣以煖，腹饑思得食以飽，是知也。」因問：「焉能得知？」曰：「在默識自省耳。」曰：「此固是要法。若隨事觀理，因人辨義，讀書窮理，皆不可缺。故曰『致知在格物』。」

問：「『屢空』之『空』，只是虛字，若言貧，恐小了顔子。」曰：「屢貧亦非小事。知破此，便尋得仲尼、顔子樂處也。」

問：「今之講學多有不同者，如何？」曰：「不同乃所以講學，既同矣，又安用講邪！故用人以治天下，不可皆求同，求同則讒諂面諛之人至矣。」道通曰：「果然，治天下只看所輕重。」

[一]「第十」之前應有「第九」，原脱，乾隆本無此序數，無得而補，姑仍其舊。

問：「身甚弱，若有作盜賊的力量，改而爲聖人方易。」先生曰：「作聖人不是用這等力量，見得善處肯行，便是力量。溺於流俗物欲者，乃弱也。」

光祖問：「母有被父出，其父亡而母復歸焉。爲子者事之乎？不事之乎？不幸而又死，其服如之何？」先生曰：「事之。其服也，猶服其出服。」

光祖問：「父母或有先亡者，爲子欲廬墓盡心於死者，而生者又不能養，當何如以處之？」先生曰：「廬墓非古也。父先亡，廬之可也；母先亡，廬之不可也。」李愈言：「母無養則何如？」曰：「勿廬，以求養可也。」

光祖問：「親與師，當事之如一也。或送師喪於中途，而聞父母之喪，何以爲情？」先生曰：「奔父母之喪。師有練祥之事，則一臨。然必其師之恩如三年之戚也，則行之。」

光祖問：「父母俱存，兄弟鮮矣，而子出仕。遇君之難，死之則不孝，不死則不忠，二者何居？」先生曰：「當是時，君難爲重，又非徐庶可比。」

光祖問：「孝子在初喪，水漿不入口者，何故止於三日也？」先生曰：「節也。不及乎是日者，忘死也；過乎是日者，滅生也。故子思以曾子爲不然。」

光祖問：「禮曰：『居喪讀喪禮。』若三年問、奔喪、喪服記、雜記、間傳諸篇，平居不可讀乎？若不讀，何以見古人之行與制禮者之心歟？」先生曰：「孝子讀此，起不忍之心故耳。故伊川喪母，而後喪禮熟。」

光祖問：「有爲人子者，常以仁義之言陳於父母，其父母猶有傷風敗俗之爲。不知更有何道以事之乎？」先生曰：「雖則仁義之言，其作用亦當有法。不然，則爲非仁之仁，非義之義，難以諭親於道。」

光祖問：「當時諸侯有以國讓孔子，孔子受之否歟？」先生曰：「不受而相之。蓋以國而讓之者，必其知孔子而欲用之者也，又何受乎！」

光祖曰：「唐高宗立武后，得李勣一言而決。宋太宗欲傳位，聞趙普數語而止。二人之罪，敢問孰重？」先生曰：

「太宗見利而忘義，故子母、兄弟之恩缺；高宗見欲而忘禮，故父子、君臣之分滅。李勣、趙普，皆探其心而成其志。以言其亂倫則均也，若其相君之業，當又別論耳。」

光祖曰：「孔子云：『大德者必受命。』皐陶之德不劣於稷、契，夫何稷、契之後咸爲天子，皐陶之後則無聞焉？抑當時用刑猶有錯處，而至子孫未昌大乎？世人多疑焉，敢問。」先生曰：「皐陶之刑，詩詠『淑問』，書稱『明允』，則固皐陶之德也。豈有錯處？然其後封於六，終子孫世世列五等諸侯，又何必皆天子哉！縱未爲諸侯，未可以此必天而較皐陶也。」

「今士大夫居喪，接人皆蘇巾、深衣，光祖竊疑焉。敢問是禮歟？」先生曰：「吾二十年前，嘗傷其情之亡久矣。今三五年來，並傷其文之亡速矣。是故亡情者必亡文，亡死者必亡生。俗也，可痛哭乎！」

光祖曰：「邵子之數學，光祖以爲卽揲蓍之捷徑也，而先儒與近儒多鄙之。若繫辭揲蓍之說亦非歟？」先生曰：「邵子之數與大衍之數頗異。邵子之數方而滯，近利也；大衍之數圓而神，本義也。利則人皆慕外，其求之也有中有不中，皆怠於盡性矣；義則人皆慕內，動無不利，皆樂於知命矣。毫釐之間，義利之分。故程子與邵子同里閈二十年，不問數。」

光祖曰：「陳寔、郭泰、管寧、陶潛四人，皆傑士也。敢問孰優？光祖欲學焉，孰從？」先生曰：「太丘有仁之量，林宗有仁之材，以言其錫類則均也；幼安有仁之信，淵明有仁之智，以言其仗節則均也。子欲學守身，無如管、陶；子欲學及人，無如陳、郭。然必有管、陶之節，而後有陳、郭之用。斯四傑，吾不能爲之優劣。」

光祖曰：「王石渠先生奏，祀孔子與先農同。此高天下之見也。然孔子之功德實與天地參焉，以祀先農者而祀之，光祖以爲猶有屈也。然當時禮官不從者何？」先生曰：「汝知吾人之徒乎！非先農不能生，非孔子不能教。教養同功，但世多忘先農耳。」

光祖近得新增伊洛淵源録，乃月湖楊公廉之所增也，多是朱文公論議諸賢之短處。敢問是非？」先生曰：「月湖亦好古之士，但所見亦近世口說性理道學。若孔門切實正學，渠恐未聞，故所録諸賢皆未真。」

光祖問：「伏羲之畫卦，因河圖之奇偶。而程子因見賣兔者，曰：『畫卦何必圖、書，只看此兔，亦可作八卦。』不知於兔何所取也？」先生曰：「豈惟兔哉！無物非八卦也，只看識取耳。」「此卓亦可八卦乎？」曰：「然。」

光祖問曰：「薛文清公祠堂記云：『吳、陳、羅、胡有「極高明」之學。「道中庸」恐未同；黄、李、王、于有以身徇國之勇，「盡精微」恐不逮。』然『未同』、『不逮』者，可得聞乎？」先生曰：「薛子以所學者見諸躬行，而無過高之弊；以所行者本諸精思，而無計功之失。諸子不及也。」

或問曰：「左傳有『子雖齊聖，不先父食』之說。若孔廟顔子、曾子、子思皆先父食也，不知當時何所據以行之乎？光祖不得答，敢問。」先生曰：「子不先父，一國宗廟之祭也，主於論孝不論功。文廟之祭，天下報功之典也，主於論功不敘倫。若別立廟，以祀無繇、點、鯉，斯盡善。」

光祖問曰：「魯用天子之禮樂，孔子嘗不足矣。如久於相魯，將革之乎？從之乎？」先生曰：「孔子於衛且正名，況於魯乎！觀『吾不欲觀』之言，以及墮郈墮費之行，可知其必革矣。所未可必者，顧用我者如何耳。」

光祖曰：「事親從師，皆學者切要事也。若親與師之地相去百里，欲事乎親，而學或不明；欲從乎師，而親或缺養。敢問所處之道。」先生曰：「是切問也。子苟志於此，又何患缺養與學之不明哉！是故明學即所以養親，養親即所以明學。故『歸而求之』，孟子之拒曹交；『以善養我』，程子之喜尹焞也。」

光祖問：「孔子之心，常以尊周爲本。其至齊、衛之邦，皆見其君，何獨至周之都，而不見其王耶？果周王衰甚，難於扶持？抑周無賢人之引歟？」先生曰：「無賢人之引，或然。蓋夫子亦嘗至周問禮樂矣，知禮樂者未嘗薦夫子，況其他乎！故曰：『古之君子未嘗不欲仕，又惡不由其道。』」

光祖問曰：「先生常使人學須要學二程子，一日又曰：『宋儒極高明而未道中庸。』然則二程亦未道中庸乎？」先生曰：「恐亦有未盡處。若明道則近中庸矣。」

光祖曰：「漢之蕭、曹、丙、魏，唐之房、杜、姚、宋，宋之韓、范、富、馬，元之劉、史、耶律，皆當世所共稱，其功績已著於史策。敢問其心孰公？其相體孰正？有可以紹唐虞三代之佐者乎？」先生曰：「斯十五人者，雖不及唐虞三代之佐，然其心亦近公，相體亦近正，少有純疵之別，人品之優劣見矣。若蕭何之才，丙吉之德，宋璟之正，韓、范、富、馬之忠，耶律楚材之畧，雖以參乎三代之佐如靡巫、閎夭者，將亦無愧乎！若夫參暗於黄老，相進於許、史，房、杜謀殺建成，姚崇近於逢迎，劉、史之未達大道，比諸八人，其少劣乎！」

光祖曰：「李泌初見肅宗於靈武，謀議政事而不受其官，此亦罕有事也。後雖受官，及克復兩京，即懇乞還山，似與張子房事同。敢問其心何如？」先生曰：「方是時也，使內無李泌，則子儀、光弼不能成兩京收復之功。猶高祖之日，內無張良，則蕭何、韓信不能立平楚定齊之烈。見榮而不貪，好謀而能成，有功而不居，其何所爲哉！夫泌也，將亦唐之張良乎！」

光祖曰：「周禮，林孝存作十論七難以排之，何休以爲六國陰謀之書，或謂劉歆附益佐王莽者，朱子曰：『規模皆是周公做，但言語是他人做。』斯數說者，敢問何家爲的？」先生曰：「朱子之言是也。但云言語是他人做，恐不然，非周公不能有此筆力也。細玩之如畫工然，物物而得所；試體之如治家然，人人而遂欲。然必君臣一德者，斯能舉而措之耳。林氏、何氏諸說，將無有見於新莽、宇文周輩之爲者而立論乎！」又曰：「周禮亦有周之後王添入者，如今之會典然。」

光祖問曰：「夫子之作春秋，其義必定於一也。何子夏、左丘明同受於夫子，而子夏之徒與丘明之說既不同矣，公羊、穀梁同受於子夏，何以又不同邪？」先生曰：「皆夫子之徒也。有傳事者焉，有傳義者焉。丘明傳事，義在其中矣；子夏、公、穀傳義，事在其中矣。其不同也，亦由是生。」

光祖曰：「何休著左氏膏肓、穀梁廢疾、公羊墨守，鄭康成作鍼膏肓、起廢疾、發墨守。休見之，曰：『康成入吾室，操吾戈，以伐我乎！』光祖以爲，若康成過爲求索以排之，誠過也。若得義理，果能鍼之、起之、發之，是亦起予之徒，休又何必出此言乎？」先生曰：「休也狹，惟溺己見；玄也廣，似通大道。休雖以玄爲何氏之忠臣可也，操戈之言可鄙哉！但玄之語欠婉遜耳。」

光祖嘗詢：「江南風俗，皆苦生女分家貲以隨嫁，與吾秦晉之俗大不同矣，敢問孰爲近古？」先生曰：「江北婚禮浮於男，江南婚禮浮於女，以言其失古則均焉。嗚呼！安得復見『儷皮』、『鳌降』之風乎！」

光祖曰：「『食旨不甘，聞樂不樂』，此夫子萬世之教也。近見都城大邑於初喪之時，親朋攜酒肴及歌者，甚有自夜達旦之實，謂之伴喪。敢問此果成風而難變，抑變之者無其人耶？」先生曰：「嗚呼！悲哉俗也！惟有以生爲憂者矣，故有以死爲樂者矣。」又曰：「民不知生，故不知死。然豈民之罪哉！」

光祖曰：「伊尹放太甲於桐，使思其祖而改過也，其心甚公。至霍光則直廢昌邑於一旦，是因人言，襲盛名。人皆以爲前有伊尹，後有霍光者，何也？」先生曰：「霍光安能比伊尹哉！迎昌邑已不似立太甲，廢昌邑又不類放太甲。伊尹之志，有商天下皆知也；霍光之心，所知者楊敞、田延年耳。其後妻顯謀鴆許后，而子山、禹横逆，乃光恬不介意，將亦比其子如伊陟耶！」

光祖問：「孔子常云：『吾志在春秋，行在孝經。』觀斯言，孝經不可疑矣。朱子乃疑非盡是聖人之言者何？」先生曰：「朱子特以其分章引詩，體格不變爲疑耳。然聖人之言，在意不在文；聖人之志，在感不在法。蓋必其章分條釋，閭閻童稚可誦而鼓舞故也。」

光祖曰：「鄧攸存姪於危亡，可謂克念天顯。然舍子於鋒鏑，而忍心亦甚。若遭此，何以處之？」先生曰：「既無先盜之智，又無化盜之仁，存姪棄子，亦其自取之乎！」又曰：「攸又仕於劉聰，聰若害攸，吾恐并姪與妻亦棄之矣。」

涇野子内篇卷之七

門人潁川魏廷萱校
門人休寧胡大器録

柳灣精舍語第十一

嘉靖□□夏，胡大器初謁先生於柳灣精舍，問：「書冊浩繁，可常讀者安在？」先生曰：「當先精通其大者。但看書必要體貼見之於行可，若只爲博覽記誦，安能不患其浩繁耶！」

大器問行。先生曰：「禹無間然，只在菲飲食；回稱爲賢，只在簞瓢陋巷不改樂處。今學者只去其一切外慕，無所繫累，方爲實學。只今夜之言果能行之，以之立身而宜，以之爲政而善，無往不可。若傳不習，雖講一年也不濟事。且力行甚難，苟非操存爲之不已，則心機又由熟路走了。須努力過此關。」

問今之講道學者。先生曰：「雖則幽深玄遠，但我有捷徑法，只做得不恥惡衣惡食，便是道學。」

諸友有厭坐監之久者，先生曰：「昔弘治間，與馬谿田四五友在太學，或共屋讀書，或一寺習禮，或面規其過，或陰讓其善，或問學於舜、顔，或求法於祖宗，或論世於千古，冬不辭沍寒，夏不憚祁暑，若是者蓋四年也。今諸君數月而出監，猶以爲久乎！」

先生常謂大器曰：「看書先要將己心與日用常行比合，其見自别。」

先生聞施秀才家被燬，對人致勉曰：「此不必動心，教他再用功，水來溺不著，火來燒不著。」

大器問：「明道、伊川皆大賢也，初學何先？」先生曰：「當學伊川嚴毅方正爲是。若學明道和粹，而工夫不至熟，只見燕朋日日往來不絶，忽不知歲月之將至。然學熟後便是明道也。」

問：「古廉頗、相如皆能公爾忘私乎？」先生嘆曰：「後之爲臣者既得柄了，將天下公事皆要出自己意幹去，通負朝廷求治之意。還是不曾學，不然錯看論語也，故雖廉、藺亦不如。」

或問：「蕭何、孔明孰優？」先生曰：「何優於明。」或人疑之。曰：「『盡信書不如無書』。蕭何從本上做起，養民致賢。孔明用心於末，作木牛流馬、八陣圖，間用許多智巧，未聞吳、魏一賢人來，此以人事言也。然當時事勢，貴戚宦寺殺人過多，喪了士氣，人心不復思漢，孔明亦難如之何。」

或患義理難明。曰：「凡人義理不明，只是外物牽制。去牽制處，義理便明矣。」

先生因學者往教，曰：「昔蘭州有守墩軍，姓周名蕙，字廷芳。初讀大學，有不知的字，講問於秀才。其後將中庸、語、孟及五經盡讀之，有得於心，遂以程朱自任。有鎮守恭順侯吳某請他教學，周辭曰：『若使我守墩就去，決不去往教。』其侯亦不能強，遂親送二子於其家以受教。又有鄭安、鄭寧二樂人進啟本，願除樂籍，從周先生讀書。其感發人至於此。」

先生謂大器：「爲學隆師取友，變化氣質爲本。渭南有薛敬之，從周先生遊，常雞鳴而起，候門開，灑掃設坐。及至，則跪以請教。後歲貢過陝州，聞陳秀才雲逵忠信狷介，凡事皆持敬，遂拜訪其家，問曰：『何以得此門戶？』陳曰：『我常事父母，有忿聲。一日，讀子夏色難章自悟，卽改其行。』薛嘆曰：『此吾良友也。』遂定交而去。」

問：「孟、程言性如何？」曰：「孟子言性如水之就下，程子言性猶水也，亦有濁者，不如孟子言的實。」

或問爲學之法。曰：「如禪家度人，說過谿澗，入虎狼口，過得此關方好。蓋私欲陷人殺人，如谿澗如虎口也。過此便是天理坦途矣。」

先生嘆人只舉業上用功，不知言行於人關係甚大。果到口無擇言，身無擇行，此真舉業也。

先生謂大器曰：「藥中要用桑白皮，須得老實人去取，不致殺人，必著如伊川家人方可。正如解州賑濟，上司必用解梁書院善人給散，雖不能必其何如，終比他州均平，能濟眾有益也。」

先生有感，謂光祖、大器曰：「學被功利之徒陵夷久矣。汝二人當翻然改舊習，學聖門顏、曾、思、孟，早夜參前倚衡，如羹見堯，如牆見舜，甚無爲俗所移。」因問君子儒。曰：「在『志道據德依仁』，小人儒不過藝而已。」

問：「作詩體如何？」曰：「詩有幾般樣。有事物無道義，是晉、唐詩；有道義無事物，是宋人詩；事物與道義並用，吾儒之詩。」

大器問：「詩可學乎？」先生曰：「聖人可學，況詩乎！但不可溺耳。」

有客談：「爲臣者多好復私讐，何故？」先生曰：「只是未學。大臣當以事爲天下事，當以言爲天下言。又先要正君心爲本。昔周公偏草萊求賢如不及，安得有讐可復！雖漢唐之世，亦有能用讐人者。」

先生歎曰：「經書是平天下粱肉，未有舍經而能致治者。後世偏用法律，是失開設學校之初意也。」

先生聞學者往來權貴門下，乃曰：「人但伺候權倖之門，便是喪其所守。」是以教人自甘貧做工，立定根脚自不移。

先生謂大器曰：「汝朴厚雖好，又要激昂向上。不然則徒朴厚，雖不失於善人，亦不能升堂觀奧。」

問：「今之學者，開口專論致知是行，如何卻似宋儒各立門户者乎？」先生曰：「聖門教人，大以成大，小以成小。如季路習得一信，冉求做得一藝。今人未得斐然成章，便將高遠處做口頭語也。」

先生因人專務於高談，曰：「在陝有一秀才，不肯讀書，每日高大議論。則誨之曰：『可讀五經。』對曰：『此是記誦之學也。』曰：『不然。心存方能記得，與聖賢通。不然，讀經如喫木楂同。』橫渠亦曰，五經須常放在面前，每年溫誦一遍，況學者乎！」

問患交接人。先生曰：「須要寬綽些，不可拘拘守秀才規矩。見大人君子，進退、升降、然諾、語默皆是學。」

問：「五經四書熟後，再看何書？」先生曰：「行後方能熟，雖不治他書可也。」

問作文。先生曰：「須要思想。思想通時，如水渠通開，流到處都是道理。不思想，雖眼前事見不得。凡文字，躬行中來方有味。」

問接人妨功。曰：「好人多接幾箇何妨！因他之有餘，知己之不足，無往而非學。若燕朋燕友，非惟無益而損，接此等人便妨功。」

問：「如書經金縢、顧命不必讀否？」曰：「讀經揀擇，便是利心。」

問：「讀書玩物喪志，如何？」先生曰：「此程子有爲而言，恐人口頭應答。苟以心思之，以身體之，何有玩物喪志，但恐讀之不熟不精耳。」

先生講罷，謂諸生曰：「某之言論，不可以爲是，必合之於心與理安，方爲是。」

問惡與人講論。曰：「學不講不明。非是自矜，將驗己之是非。若含蓄不露，也不是學。孟子亦以不言爲餂人。」

問：「動心如何制得住？」曰：「人之動心，一日或有一二至，到渾然無欲處方無了。須於動處一刀斬截歸天理，乃定也。」

或質陽明致良知。先生曰：「陽明凡百事皆習過了，老來靜坐。學者來問，亦以此告人，忒白在了。然孔子不是這般學，好古敏求，發憤忘食，終夜不寢，問禮問官之類，未嘗少懈，況下聖人者乎！學者當日夜勤力不息，猶恐知之不真，得之或忘。」

問處世甚難。曰：「處家處人，當使仁讓有餘，自處宜淡薄，無處不好。」

鷲峯東所語第十二

門人休寧胡大器録

大器問周南、召南之詩。先生曰：「詩教所係甚大。蓋周南、召南皆言婦人之事，而『君子之道，造端乎夫婦』。所見不從此出則荒唐，一物無所見；所行不從此出則窒礙，一步不可行。道不行於妻子，則父母不能順。學者識得認取，無往不可。故子謂伯魚云云。」

問齊家。先生曰：「家極難齊，齊則天下易治。婦人家他不識書字，任一己之私，若順得來，於理有礙；順不得來，他便怨恨。此堯以二女試舜。唐太宗雖是英明之君，亦止外面做將去，此所以爲霸。」

問子見南子。先生曰：「沈晦问尹彥明：『今有南子，可見乎？』尹曰：『不可。』曰：『子學孔子者也，如何不見？』曰：『若某學，未到磨不磷，涅不緇處，故不敢見。』沈曰：『破我數十年積疑。』尹曰：『某恐出門後又疑了。』此可見尹之自得處。凡學聖人，如尹彥明方切實。」

陶杏垣談禪學。先生曰：「禪只是周一身之用，不能運用天下，學他無益。孔子曰：『夫我則不暇。』」又問禦盜。曰：「盜賊以法制他，他又生一法，法有窮。只是使民衣食足，便是正法。又要在上去貪官汙吏，則正法方得行。孔子曰：『苟子之不欲，雖賞之不竊。』」問盜賊難使得化。曰：「若在上有處，自來就服。」因說「近山先生在九江府，被賊擄去，神色不變，賊又擄回。此雖遭賊鋒刃，待之以誠，猶能如此。況平日處之有道，賊有不化者乎！」

問知人甚難。曰：「然。如趙清獻公與周茂叔，同處不相知，及再見，方知茂叔也。務實者，不可以一言一事知他。」

克諧曰：「無事時心清，有事時心卻不清。」先生曰：「此是心作主不定，故厭事也。如事不得已，亦當要理會。某中舉時，亦是如此，後來雖事紛至亦不厭。」

王光祖執唐史約藁看。先生嘆曰：「唐太宗萬世英明之君，作詩文皆有巧思。及納巢剌王妃，蹀血禁門，言不顧行，巧處通不見了。」大器曰：「畢竟爲聰明所使。」先生曰：「憲天聰明，似不如是。」

問患功夫間斷。曰：「出手入眼處皆是功夫，焉得間斷！」

問儀禮、周禮。曰：「此周公傳心之要。孔子作春秋，本二禮而作。」

先生曰：「陳白沙徵到京，吏部尚書問曰：『貴省官如何？』曰：『與天下省官同。』請對坐卽坐，無辭。此儘朴實有所養。羅一峯訪康齋，見起『御聘』牌坊，乃謂其子云：『不必有此牌坊。』不見康齋而退。此羅公高處。康齋，孔門之原憲也，而又有此乎！」

昔者，尹彥明在僧房中，一年未曾妄轉動，雖置扇亦有定處，僧甚歎服。學者當學此方可。

先生曰：「人心要廣大，如天之無不覆，如地之無不載可。」大器曰：「心大則萬物皆通。」曰：「然。某又常言，謙虛則寬綽而有餘，矜夸則狹迫而不足。」

或問：「靜坐心虛明固好，及事來，不免昏惰放逸，如何？」先生曰：「還是靜時未虛明也。」

伊川舟將覆，無怖色。人或問之，曰：「心存誠敬爾。」同舟一人曰：「不若誠敬都忘卻好。」先生曰：「此意見皆高，然不如指揮權人、柁人，使順風也。」

或勸王光祖習舉業。光祖曰：「打破此關幾年矣。」先生曰：「某知其爲人非是巢父那樣的，然其心必有所見矣。」

交友當取其直，責善當巽其語。

人家兄弟不和，皆起於婦人。馬谿田詩曰：「小聰莫聽黃鸝語，踏落荊花滿院飛。」甚切當。

今之學者，平日都能道仁義氣節。及遇小小利害，便改移了，何以爲學！由是知高談者之無益也。

先生講及各衙門制度精密，大小相維，歎曰：「我太祖真聖人也，非漢、唐、宋諸君所及。凡事皆彼此頡頏、互相貫穿，故其法久而不壞，只在人善守耳。」

先生曰：「陳曰旦卒於太學，虧了章詔，盛寒天氣不憚往來，垂涕泣，親爲買棺收殮。一見陳卒於賢者之手，一見章爲朋友之忠。」

孟子不及孔子處，還是學少有不同。孔子「祖述堯舜，憲章文武，上律天時，下襲水土」，這般樣學，便與天地同流。孟子養「浩然之氣」，才能求塞得天地耳。

先生曰：「昔者，聞有一僉事求見王饛庵公，云：『西來一件爲黃河，二件爲華山。三件爲見先生。』王公云：『若做官不好，縱見此三者，亦不濟事。』這般高，不受人諂。」

朋友相處，不可先有疑心橫於中。若不相信，還是積誠未到處，未有誠而不動者也。

陶淵明、嚴子陵儘高尚其事，但淵明不及子陵，不免借盃中物自遣。若顏子，連貧亦樂而忘之，不形於言也。

學聖人要先讀論語，讀論語莫先講仁。仁至大而切，學道者不學此，則終身路差無所成。

曾子有弘毅之學，然後做得易簀之事。雖顏子三月不違仁，亦可並也。

顏子能聽聖人之教，如墾熟田土受時雨，故語之而不惰。學者只至於不惰甚難。今學者但聞說及道，便思睡了，緣無領受之地耳。只是一片磽确生田地，雖有雨，亦流轉去不停矣。

先生謂大器曰：「章詔有孝行，有學識，汝當取法。若於臨事危難處觀之，尤可見。」

漢儒以反經合道爲權，還是因經行不得，只得用權，非反經而何？漢去古未遠，看書甚好，今不可便謂之非也。如舜不告而娶，正是反經合道處。

先生曰：「昔陜城有二士，隆冬甚寒，過渭河來聽易，足凍破亦不知。」大器曰：「此與立雪意亦同。有志之人這般刻苦爲學，愧不能及耳。」

先生謂大器曰：「聖門弟子三千，聰明才辨不爲不多，惟回也愚，參也魯。及其用功甚勇，回則『四勿』，參則『三省』，乃卒能傳其道。汝今且究愚魯處是怎麼樣子。」

堯舜之道，孝弟而已矣，只在行步疾徐間。如「孔子登東山而小魯，登泰山而小天下」，亦自卑近始。

「思無邪」功夫，於學者極省力，須老實下手做可。纔起念慮，便加省察，毋得使如野馬馳逐，向曲徑旁路走也。

先生送學者至門，有一友請中庸大旨。先生笑曰：「中庸之理廣大精微，非且行間便可講也。汝果欲求之，此出門間亦可見中庸。」

大器問：「僕僮多難使，不免暴怒。」先生曰：「昔張思叔詈僕，伊川曰：『何不動心忍性？』即此是學。且怒僕僮爲甚麽耶？」

今之遊山水者，與山水全不相干，只資觀玩耳。惟仁智者而後有此相契氣味。

朋友不要厭他來往，無往而非學。見讀易、詩、書的朋友，就講求易、詩、書；見讀春秋、禮記朋友，就講求春秋、禮記；見能知當時典故的朋友，就講求當時典故。得之於心而見之於行，朋友自不廢學，何厭往來！

先生謂諸生曰：「顏子當時未嘗應試，只做『不遷怒、不貳過』之學，是以人到於今稱之。三年取一番進士、舉人，有當日而泯者，有未用而泯者，有既用而遺臭者，何足貴！雖公卿三年間去若干，今皆何在？汝輩要激昂近思。」

諸生請先生遊高座寺，先生笑曰：「此豈是道理，去高座寺作甚！江南朋友多以安閑放逸習成氣象，去年雖與吏部諸僚曾遊幾處，皆有記語，多戒此事。今之相聚，當以勤儉相講，『終日乾乾夕惕若』猶爲不足，豈可放心盃酒山水間耶！」

先生曰：「爲學只怕優游。」大器曰：「此一回得一姪二友相講，他們聞之，甚喜不倦。」先生曰：「天下有資質的多，但未得良師友，皆誤了。蓋義理之在人心，特無人感觸之耳。一感觸，便勃然興之矣。故伊尹思以先覺覺天下也。」

大器問動靜不失其時。曰：「正是仕止久速，各當其可。汝今且只於語默作止處驗也。」

鼓之舞之之謂神，或風或雨，不可測度，而百物自生。如使民日遷善，不知誰爲之者，是聖人以神道設教也。吾儒當法天學聖，則廣大配天地，方能鼓舞萬民。

漢高祖識周勃可以安劉，知其器識重厚，動靜光明耳。如程子曰：「我死而不失其正者，惟尹氏子乎！」故人之器宇最可見道。

有一秀才問學。先生曰：「不知爾心下所欲在何處？」對曰：「平生務區區舉業科目耳。」曰：「科目大著裏，非小事。有千萬年科目，有數千年科目，有數百年科目，有數十年科目。」「如何？」曰：「千萬年科目，如顏、閔德行科；數千年科目，如程朱；數百年科目，如〔一〕薛文清、羅一峯；數十年科目，做一官便了事也。」曰：「當今學者之所習，主司之所取不同，奈何？」曰：「天下廣遠，一科場中，也有幾箇好主司，也有幾箇好秀才。果有如孟子、程子者應試，決不遺了他。其文章果說人倫物理，精密透徹，卽謂之善言德行。豈害科目也！」

〔一〕「如」字原作「知」，據乾隆本改。

江西有五人來見，先生謂之曰：「若等爲實學，動靜當以禮。」二人對曰：「是横渠以禮教人也。」先生曰：「不特張子也，曾子亦然。雖孔子『克己復禮』，『爲國以禮』，亦何嘗外是！」

先生曰：「教汝輩學禮，猶堤坊之於水。若人無禮以堤坊其身，則滿腔一團私意縱横四出矣。」

先生曰：「觀諸生用心而不在言語者，甚好。然只要熟，獨寢如此，獨餐如此，獨行如此。正如『丘之禱久矣』，與日月同明。孔子曰：『居處恭，執事敬，與人忠。』著著實實做，雖夷狄可行。」

先生謂諸生曰：「先王之禮不行久矣。一旦行之，觀者駭異，須賴知書者一講求。如孔子習禮於大樹下，雖叔孫通亦綿蕝習禮。此皆是『博學於文』，心下融會斟酌，是『約之以禮』。」

先生曰：「『君子之道，造端乎夫婦。』曾作絶句云：『說到二南牆面處，何人知向造端尋。』其要只在正己。」

成之子吉初見，問：「有妄思，奈何？」先生曰：「心若妄思，還是不知止。『知止而後有定，定而後能静』，不到止至善也不算。然工夫一時難做，要自一心之微，至天下之事，無不體驗，則柄欛在內；又須虚心，親賢取友。友在五倫中所係甚重，然不慎擇，若燕朋逆其師，燕友廢其學，如水之流趨下，最引人去也。」

先生曰：「國初都用老臣且久，是以天下治。如張紞、黄福是聖門之徒，與西漢人物不相讓，一味躬行。張字明秀，號鷃庵，陝西富平人，布政雲南二十年，爲吏部尚書。文廟繼統，在吏部後堂七日[一]，不食飲水死節。黄字如錫，山東東昌人，撫綏交趾二十年，於今未有久任如此者。」

葉監生問讀書多忘卻。先生曰：「還是未體貼。程子云：『古之經典，今之人事也。』若禮經，最切於日用；若易、詩、書，亦是人事。故學記曰：『善學者，師逸而功倍，又從而庸之。』蓋其能體行也。」

先生曰：「如管寧、茅容、孔明，皆聖門之徒也。管寧終身戴一破帽，信貫金石。是以漢儒多氣節。」故常謂諸生「當

[一]「後堂七日」四字，原作小字雙行。

自甘貧做」。

威問：「讀易爲舉業累，不大省得，倒讀别經者好看。」先生曰：「所以學要脱去舊習，方能有新得。不然，真居楚而學齊語也。」

黄惟用問：「白沙在山中十年，作何事？」先生曰：「用功不必山林，市朝也做得。昔終南僧用功三十年，儘禪定了。有僧曰：『汝習静久矣，同去長安柳街一行。』及到，見了妖麗之物，粉白黛緑，心遂動了，一旦廢了前三十年工夫。可見亦要於繁華波蕩中學。故於動處用功，佛家謂之消磨，吾儒謂之克治。」

大器問：「敦夫云：『彦明某所願見。』思叔莫不消見否？見得不能尊賢取友也。」先生曰：「不然，只是私心，是面譽尹氏。尹氏何等心胸，豈能動得他！程子當時開示他，教他見友正，以友親，可以盡言，相觀爲善。」

先生曰：「某平日文章輕易作了。堯夫以墓誌屬明道，明道許之，太中公、伊川皆不許，蓋以與堯夫學不同耳。一旦明道步庭中明月，見得堯夫之學與此景象相同，歎堯夫『可謂安且成矣』，以告。太中、伊川始許之作。」

先生因門人拜人不禀而行，曰：「吾人今日只以言詞相論，把行事背卻在後，只管行去，不免差錯。如樂正子從子敖，雖舍館不問，孟子亦責之。」

先生曰：「今日占卦，雖爲行冠禮而設，得『風雷益』，『見善則遷，有過則改』，於諸君講學事亦相應，甚好。夫自今衣服、飲食、宮室諸費省做些，其祭器可做些。若能常一習之，當不令諸生耗財也。」

胡郎中論學「急迫則不自得，若寬緩又優游」。先生曰：「先儒譬文武火，盡矣。先須要『終夜不寢』，『終日不食』。有這心腸，推卻雜念，義理上手了，然後可從容。」大器問：「『與』『勿忘助』一般？」曰：「也是。但不知怎能使『勿忘勿助』耳。」

衣服、飲食，皆要見道理在。故無時非禮，則非僻之心無自而入。大器問：「禮可以義起？」曰：「固是，要合人心。」謝汝中曰：「禮可以義起，東郭子答之甚好，曰：『協諸義而協則可，不協諸義而協，亦可乎！』」

大器問：「太平公主，胡致堂云不當誅，如何？」先生曰：「此秀才說話也。當時宰相七人，五人出其門，用事而反，如何不誅！且周公尚誅管、蔡。」又問牛李維州之議。曰：「李言取之爲是，牛守信爲非。」

涇野子内篇卷之八

鷲峯東所語第十三

門人休寧胡大器録

希古問：「許魯齋仕元如何？」先生曰：「生於其地，不得不仕。仕元用用夏變夷，規模亦大着。吾縣楊元甫不仕於元，魯齋嘗見其據禮，謂門人曰：『曠古墜典夫！夫能舉之，其功可當肇修人紀。』元朝作曆，遣太子致書，安車徵聘，如四皓故事。曆成就退，此意甚好。魯齋死後，分付不要請謚，當是其志或未能盡行，心亦有不安處，所以獨重乎楊也。」

薛仲常問：「文中子如何人？」先生曰：「古之人歟！當在游、夏之間。」又問：「擬經何如？」曰：「一代有一代之禮，一代有一代之詩。依三代類編，亦以見風俗之薄也。易曰：『擬之而後言，議之而後動。』如中說中有多少好格言！其模倣論語處，乃門人姚義攙入的。舊在解州，有王克孝者批點刪定一本，頗好。仲常若見之，當破其疑矣。」

陳世瞻問堯舜氣象。先生曰：「若求這氣象，不在高遠，便就汝適間一言一行處求之，則滿目皆此氣象。如程子云：『會得時活活潑地。』打那裏做起？必參前倚衡，則仁道全體在此，堯舜氣象在此。」世瞻曰：「在生一二分不敢望。」大器曰：「若一二分不敢望，便一二毫不能到。」世瞻曰：「惟老先生常有此光景。」曰：「常有此光景也難。但或早起夜睡，或身之所爲，或言之所發，點檢不敢放過，有差失處則不憚改。若『擴然大公，物來順應』，則某豈敢？顧思慎亦常似我這等行可。」

先生謂大器曰：「爾好將論語說仁處類成一書，時常推求，是爲學大關鍵。」世瞻歷舉爲仁之説以對。先生曰：「若這等，卻是借別人身上的來說，不曾反諸身做也。孔子曰：『我欲仁，斯仁至矣。』」

應德問：「觀喜怒哀樂未發之前氣象，如何觀？」先生曰：「只是虛静之時，觀字屬知屬動，只是心上覺得。然其前只好做『戒慎』、『恐懼』工夫，就可觀也。」

唐音問：「學只是存天理？」先生曰：「不知如何存也，存天理亦有幾様。」應德問：「如何？」曰：「如彼此相對時說好話，固是天理，若心下又想別箇道理，亦是天理。又如在官盡官事是天理，又卻想家中事，亦是天理。惟不能致一，連所說所盡天理皆壞矣。如此，亦謂之存天理乎？」

先生謂希古曰：「汝讀禮，可將古之典禮與今之典禮比合。孔子學三代禮而曰惟從周，即是博文約禮意。」應德曰：「如此看禮，省了多少力也。」

唐音問：「無事時如何主敬？」先生曰：「孟子說得好：『必有事焉，而勿正勿忘。』安得有無事時！」

唐音問：「師曠，孟子取其善審音。及其侍鼓鐘，平公於子、卯飲酒，何足爲審音？」先生曰：「師曠只省得聲音高下節奏，若杜蕢之諫處，反得審音之實者也。使師曠而兼乎此，不止爲樂師矣。」

有一官，言二十餘年仕路淹滯者。先生曰：「前半截也不要管他，後半截也不要管他，只做今日的官。」其人深然之，且稱其言於他人。先生以爲能深相信也。

希古問：「門人葬孔子，用三代之禮，豈孔子本心？」先生曰：「然。孔子曰：『縱不得大葬，寧死於道路乎？』但門人尊孔子，難以孔子本心論也。辟如周之追王太王、王季一般，在亶父、季歷則無此心，在文王、武王則有此禮。」

大器問：「伏生九十餘，猶口誦尚書以傳其女子乎？」先生曰：「挾書之禁未盡除也。這等人亦是賢者地位了。漢時不但儒者好學，就是文帝遣鼂錯詣伏生之家，口受尚書，後世亦未之見也。」

陳世瞻問水之潮汐。先生曰：「不過天地間陰陽升降耳。即是『通乎晝夜之道而知』，猶人之語默夢覺也。」又問：「四海九州之外是甚麽？」先生曰：「未知六合之內，焉知六合之外！莊子亦說得好，曰：『六合之外，聖人存而不論；六合之內，聖人議而不辨。』莊周且爲此言。」世瞻問海運。先生曰：「求諸海運亦末矣。」又曰：「事勢不得已如何？」

曰：「吾人求免乎此而已。汝不問人運，乃問海運。」

陳世瞻問：「元世祖恐不當祀乎？」先生曰：「如何不可祀也。有百年天下，其始雖夷，取天下雖非湯武，然亦有『爲天地立心，爲生民立命』處。這箇血脈，亦與堯舜之心相通，但其道未廣大純粹耳。」

先生謂諸生曰：「信乎天理在人心。唐太宗釋重囚，儘近仁。」陳世瞻曰：「刑罰施於小人，信義施於君子。」先生曰：「若這事，亦可見信義可施於小人。」世瞻問：「先儒說，縱囚知其必來，因來冀其必釋。如何？」曰：「比過論也。先儒史斷多有錯說，若身處其地，又不知怎麼的。論事只求通物理則可，索過差則不可。」

先生嘆曰：「今人讀經書，徒用以取科舉，不肯用以治身。即如讀醫書，尚且用以治身，今讀經書反不若也。」

南昌裘汝中問：「聞見之知，非德性之知？」先生曰：「大舜聞一善言，見一善行，沛然莫之能禦，豈不是聞見，豈不是德性！」「然則張子何以言不梏於見聞？」曰：「吾之知固本是良的，然被私欲迷蔽了，必賴見聞開拓，師友夾持而後可。雖生知如伏羲，亦必仰觀俯察。」汝中曰：「『多聞，擇善而從之，多見而識之』，乃是『知之次也』。是以聖人將德性之知不肯自居，止謙爲第二等工夫。」曰：「聖人且做第一等工夫，吾輩工夫只做第二等的也罷。殊不知德性與聞見相通，元無許多等第也。」

裘汝中說：「事到面前，不能泛應，還不是一貫。」先生曰：「一貫先要逐事磨煉。如十事中雖不能一一做過，也要盡得數件，方可類推。此非小事，曾子不知苦過多少事，孔子後方與他說一貫。今無孔子之質，又無曾子之學，遽要一貫，豈非妄想！」

一日有太學生二人來謁，其一人曰：「上古無書，六經是聖人寫的行事粗跡。可見萬事只是一箇心。」先生曰：「可知道是一箇心。但人要自察，要講論，又要虛心平氣，義理自見，不可先横一說於中。是以陸子與朱子辨論，面頸發赤，縱說得是了，其道已忘。」是時先生正飯未了，請二子加飯，對曰：「諾。」然一生又放下箸矣。先生笑曰：「禮曰：『主人未辯，客不虛口。』人怎生不要聞見，怎生不要六經！」

仲常問：「賈誼獻策，未必不是。」先生曰：「但賈誼不如文帝。文帝先要生養安息，故爲政只是養民爲先。」旂曰：「是以孟子先井田。」曰：「然，這便與我們爲學一般。孔子曰：『繪事後素。』子夏曰：『禮後乎？』爲政之先井田，猶爲學之先忠信也。」

石希孟問：「人於父母，生無以爲養，死無以爲葬，何以處之？」先生曰：「古之人有行之者，江革行傭以供母，董永賣身以葬父，未爲無養無葬也。」

希孟又問：「揚子雲之言亦好否？」先生曰：「但言不顧行。」希孟問：「程子曰：『揚子才短，其過少。』」先生曰：「揚子仕王莽，一身渾是過。」

石希孟曰：「宰予問仁，憂陷害，又短喪，又晝寢，聖人也有這樣弟子？」先生曰：「此是宰予誠心直道處，還是聖門高弟。唐宋諸儒多有掩護不暇者，心中多少委曲，不肯便道，只揀好的講。故論人須觀其所由，庶不差。」

張其怡問：「邵子數學，何故程子不取？」先生曰：「程子以爲凡事推數，都要趨吉避凶，則人不肯盡人事。孟子曰：『夭壽不貳，修身以俟之。』故不取也。」

先生語大器曰：「今日方講述而章，黄生卻執衛靈章來問，坐忘一至於此。他們皆笑他，不見汝笑容。就此磨煉，處處到了，便是致曲，人多忽略過也。」大器曰：「昔龜山作課簿，記日用言動視聽是禮與非禮者，如何？」先生曰：「孔子且云『下學而上達』。古人作人，未嘗不自淺近中來。昔漢成帝后趙氏善容儀。有班婕妤者，帝召升車，婕妤曰：『豈敢有玷於帝車！』趙氏一日行步失儀，諸妃皆笑，惟班婕妤斂容不笑，若罔聞知。帝見之，喜曰：『人之修德者，其苦心如此。』」

問：「宋時賢人輩出，多有方所。」先生曰：「一地方怎能得？如周子，湖廣人；二程，洛陽人；張子，陝西人；朱子，新安人。四五百年，生得數人而已。孔子曰：『才難，不其然乎？』然今不可爲地方限量，當以聖賢爲必可至。」

許象先問：「『樂在其中』與『不改其樂』，樂字有深淺否？」先生曰：「汝不要管他淺深，今日只求自家一箇樂耳。」

大器曰：「然求之有道乎？」先生曰：「各人揀自己所累處，一切盡除去，則自然心廣體胖。然所謂累處者，不必皆是聲色貨利粗惡的，只於寫字做詩，凡嗜好一邊皆是。程子曰『書札於儒者事最近，然一向好著，亦自喪志』可見。」

問：「孔子五十學易，如何學？」先生曰：「此知天命時。他人學易，多在象占上，孔子仕止久速各當其可，在象占外學。」

十月十七夜，先生召大器進見，賜茶，大器出席周旋取茶。因謂曰：「汝回奉親敬長，便只是這周旋取茶道理，無別處求也。」

章韶、陳昌積同大器雪夜侍坐。先生曰：「聖人之學，只是一箇仁。顏子是聖門高弟，三月外又違了仁。汝三人試今夜將仁一體看。」明日進見，韶曰：「只在克己，將難克處克將去。」昌積曰：「擴然大公，物來順應。」大器曰：「『己欲立而立人，己欲達而達人。』」先生曰：「卻不然。宣之體仁，卻在樂上，每見其多憂，只是擺脫不開，須要心胸寬廣，有灑樂氣象可。子發體仁，卻在守之以謙，持之以敬。孺道體仁，卻在『多識前言往行，以蓄其德』。」諸生曰：「先生對病發仁，敢不佩服。」

何克明問：「今之守令未久轉遷，是以百姓多困。」先生曰：「然。但貪汙守令一日在位，民便受一日之害，在位三年，民便受三年之害。其要只在得人。」

戴光問：「易卜蓍何如？」先生曰：「易專言正心、修身、齊家、治國道理。後世以吉凶禍福言，便小看了易。易，變易以從道也。」

先生問黃沐：「與葛子東可數相見否？」對曰：「聞子東往莊上讀書。」先生曰：「知所奮勵，便可進學。平日只被名頭牽倒，後來聞巡撫召見，數次不出，儘是高處。顏子在陋巷，當時豈無貴顯，未曾見一到其門。孔子不枉見諸侯。子東若立得腳定，當見有進也。」

戴光問：「夷、惠與周程張朱如何？」先生曰：「夷、惠還是聖人，數子卻因孔孟之道擴充去。」問：「孟子奚曰：

『隘與不恭，君子不由也？』」曰：「推其極而言耳。」問：「既是聖人，又降志辱身，何也？」曰：「此正是聖之和者，近乎『涅不緇，磨不磷』處。」

戴光問：「漢儒太穿鑿。」曰：「不然，其來歷還是孔孟遺意。後來周程張朱非此不能訓詁，至於義理，自家主斷。漢儒間有一二處穿鑿，又門人相傳失真。如我與諸生講論，言語三四人録下，中間也有寫得是的，也有寫得想象的，也有寫得差錯的，便有高下深淺。是以相傳愈廣，失旨愈多。學者貴乎得心爲難，語録次之。」

先生曰：「易之意，都在言外看可得。旅『射雉，一矢亡』。蓋矢比利欲，雉比明德，如去利欲，便得明德。若只在象上拘泥，就看不去了。」

戴光問：「文帝殺薄昭如何？」先生曰：「薄昭是母之弟，若殺之卻太忍了，諸生試處之。」大器對曰：「法不可不殺，情實可矜。莫若流竄之，如何？」先生點頭曰：「此處甚好。殺漢使者，未必薄昭手刃，其左右必有先舉者，當收誅之。但安置昭於遠地，庶幾國法不失，母心亦可慰，仁之盡，義之至也」

先生謂大器曰：「昨問任泰，云：『王克孝在家造小書屋，中祀孔子，擇從祀如顏子數人。自讀書不輟，又教族中子弟數人。』某聞之，真喜而不寐。」

大器問：「文中子說：『內不失貞，外不殊俗。』此深有見。」先生曰：「此文中子力行之言。人若不先實學，徒立標的，四方八面亂箭交射，無躲避處。故古之成材也實，今之成材也僞而已。」

仲常、子虛問「發憤忘食」。先生歎曰：「不可作題目看過。聖人實實做去，一日間不過憤樂耳。理未得也。『發憤忘食』，則『終日不食，終夜不寢』；及其既得也，『樂以忘憂』，則『疏食飲水，曲肱而枕之，樂亦在其中矣』。學者須求聖人憤樂始得。但今人一日亦有箇憤樂，不知憤甚麼，樂甚的！聖人只是工夫不間，吾人雖知憤樂了，又或是工夫間斷，是以數百年常無聖人也。」

陳子發問：「文帝不及賈生？」先生曰：「文帝優於賈生。閭閻厭粱肉，阡陌之馬成羣，然後改正朔、易服色未遲也。諸生今廷試，都依這樣發揮於策上，方見實用處。」

二月一日，先生來寺中。有一生曰：「生雖讀書，性卻好忘。」曰：「非是性好忘，還是心好忘。吾人形體是血肉，與理扞格不相入，須要操存此心，動靜語默通照管得來，則讀一句得一句用。譬如一屋，鎖鑰關住了，然後所得東東西西不得出去。孟子亦只是勿忘耳。苟能於日夜間思量何處與聖賢同，何處不同，自然『終日不食，終夜不寢』。」又曰：「自幼易誦易忘。」曰：「誦時勿作容易，可作做難的用工。便譬諸行事，如水歸海，火鑠金然。孟子居安資深，左右逢原，也是這箇學。」

江西有一星士見先生，問鬼神有無。先生曰：「若無，卻元有鬼神二字。」士曰：「某處實有鬼火。」曰：「容是眼花。」對曰：「此親見之。」曰：「還其人所存不正。若正人君子，所行與鬼神通。孔子曰：『丘之禱久矣。』又焉見鬼火邪！」又問：「文官幾代科第，武官幾代封侯，或修行中來，或神仙中來。」先生曰：「不然，這樣人是間氣偶然所鍾。又存心有大小，立功有厚薄。如魏國公與國咸休，蓋莫之致而至，莫之爲而爲。這等命卻非星士所能筭，若可筭，又非星士也。」

先生過寺，胡賦抄完王光祖所選文中子，呈先生。看到中間「邳公好古物，鐘鼎、什物、珪璽、錢貝皆具。子聞之，曰：『古之好古者聚道，後之好古者聚財。』」因謂大器曰：「古物甚勿好，不但喪志，且作孽。昔有清明洛水圖，宋朝學士作。有太監用八百金買去。此太監貧乏，他人用四百金又買去，送一天官，討美官做。將朝廷爵祿買古畫，是死有餘辜。後朝廷又抄去，今又入某人手矣。正是『舊時王謝堂前燕，飛入尋常百姓家』。」

一生問：「釋氏打透聲色關如何？」先生曰：「如何打透得！『賢賢易色』，『吾未見好德如好色』，這樣言語便平正。從古聖賢自男女飲食做工起，吾儒作用與釋氏全不同。充釋氏之學草木而後可者也。」

葉子大看先生文，歎曰：「躬行之言，自使人感發。看他人文，非是不好，但不能感發某耳。」先生曰：「某不能文，但『修辭立其誠』。爲學便欲以義開士之心，爲政便欲以利濟人之身。有這點心，平日甚激切，是以人來問文者，以是答之耳。」

有一名公曰：「近日對某講學者甚少，惟某人耳。」先生笑曰：「程子說韓持國曰：『公當求人，倒教人來求公邪？』若爲這道講，須下人去講，不然，有道者他肯來尋公講邪？」又曰：「某尸位，未嘗建得事業。」先生曰：「不然。賢人君子在世，不必拘拘如何是建功創業，但一言一動皆根道理，在位則寮屬取法，在下則軍民畏服。又使天下之人知某處有某公在，卒然有急可恃，有何不可！」其人曰：「若是，不可不慎矣。」

顧東橋論人不務農，地多荒了，且上新河圩壩斷廢不修。先生曰：「天下勢而已矣。如北方田土出幾多征求，是以人多逃走，田多荒了。若新河，一間門面便得一二十金，耕田得利幾何？必將逐末者少抑之，人方肯去務農。又如夏建官惟百，周便三百六十，於今豈止千萬？下至吏卒，皆食民之力者也，不可無斟酌損益。」

程惟時問：「東橋論今天下徒尚繁文，如朝覲一事，天下州縣各出一項錢糧上京。若將州縣皆附之府，如古之附庸，有何不可？」先生曰：「此是大禮，如何可廢！如過用錢糧，謂之弊政，只可革去，不可因噎而廢食。且三年一朝，四海九州皆梯山航海，咸知尊君親上之禮。不然，山州草縣過三年，又過三年，久則人民不知有一統氣象矣。此亦『愛禮存羊』之意也。」

先生謂大器曰：「人曾用功過的，見他人動靜語默，或得或失，一見便識得破。若宰相如何不知人，其或有不知處，則未之學耳。」

先生曰：「陳棟塘今日來會某，某與言『致曲』功夫。棟塘問：『與「擴充」、「慎獨」一般否？』曰：也是。孟子曰：『可與言而不言，是以不言餂之也』云云，這細微曲折處他人不知，而已獨知之，非慎獨而何？棟塘曰：『近石廉伯寄書云，若每在事爲上做工夫，便支離了。某不以爲然。』曰：孔子曰『執事敬』，孟子曰『必有事焉』，將孔孟非歟？」

張其怡問：「昨看伊川獻策，不無疑焉。」先生曰：「此賢者仁心激切處，不避嫌疑。如爲時事獻一策，其言行使民得福，不能行也罷。譬如今人與同府同縣的人能推愛，再推一步便不能，乃己私遮隔了。聖門之教，只是一箇仁，惟顏子能

『克己復禮』，方許『三月不違仁』。如西銘言仁，言天下之長皆吾之長，天下之幼皆吾之幼。是以古今聖賢『欲並生哉』，上書之志亦大著裏。」

涇野子内篇卷之九

鷲峯東所語第十四

門人休寧胡大器録

胡大器問漢書多難看。先生曰：「如汲黯、董仲舒、茅容、管寧諸子傳，先取作一編，時常便覽，以作志氣。不爲文章計，亦自不難。」

方秀才拜先生，祭茶。先生曰：「茶不必祭，祭酒則可。酒，尊者祭過亦不消。且禮者宜也。『父子不同席』，若父喜命坐則坐，亦不可拘泥。」

問存神。曰：「如『舜選於衆，舉皋陶，不仁者遠』，便是神。何也？蓋舜所存，特舉一皋陶耳，而不仁者便遠。此處不可測度，這般神，非舜至明不能知，非舜至公不能行。易曰：『鼓舞之謂神。』舜提起一箇皋陶，便是鼓舞之具。千百年之遠，千萬人之衆，皆没他這箇手段，非神而何？」

問「反身而誠」之樂。曰：「『萬物皆備於我』，反身有欠闕處，心自不安，怎生得樂！如今日行一事，接一人，稍有不足，雖睡也不寧，必反求諸身，物物各得其所，内省不疚，何樂如之！這樣工夫，非一蹴可到。誠能恕上做將去，久可到此地位。雖夫子『樂在其中』，顔子『不改其樂』，亦將『反身而誠』始得。」

先生謂大器曰：「汝與曹、汪二生同飲食，舉盂起止亦須不忘道理。『君子無終食之間違仁』，正謂此。」

江陰一人説，劉大尹欠明敏。先生曰：「劉尹，某所取士也。作書經意甚好，某意他日必能恤民，是以取之。作守令要『其政悶悶』者，不專在明敏。若重厚安閑而民不擾，自好。」

一生以「正學」名語録，來呈。先生曰：「不可。他人見之，汝學正，我學固不正邪！張子作砭愚、訂頑，伊川曰『是起爭端』，改爲東銘、西銘。」遂與改「鷲峯東所語録」云。

大器問：「不務科目如何？」曰：「言辭如孟子，德行如閔子，就無科目亦何妨，自有無窮之樂。」

中秋夜侍飲畢，大器行堦下。先生仰視，曰：「好箇明月！昔日有絕句云：『江城此夜月初圓，照透窗紗人未眠。好約東鄰同玩賞，四無雲霧止青天。』」後人求草書者，常書此以答。

先生因諸生失容者，曰：「『居處恭』，性命就在中間。」朝曰：「宋獻可來訪，與說道理，忘卻酷暑。」先生曰：「收斂身心之功如此。」

鄭若曾問：「『人莫不飲食，鮮能知味』者何？」先生曰：「飲食知味處便是道，人各且思之。」大器對不以饑渴害之。曰：「然。」適茶至，鄭讓汪威。先生曰：「此便是知味處。汝要易見道，莫顯於此。」鄭曰：「如此，何謂知味？」曰：「威長，汝遜之故也。不如此，只是飲茶而已。汝資質暗合，分明是道。如左袂長右袂短，便不是。今學者寬衣大帶，裝成堂堂樣子，與道不相干。且聖人『顧諟天之明命』，滿目皆是道理，鳶飛魚躍，活潑潑地。」大器問：「開目便錯了，何謂？」先生曰：「『非禮勿視』云云。」又問：「『致曲』心粗，只是心不存否？」先生曰：「然必以集義爲事，自是勿忘。譬飲茶時如此，不飲茶時亦勿忘，此謂『戒慎』。講著就此下手做去，有著落，有持循。」

鄭若曾問動靜。先生曰：「動靜以時而言，亦以事而言。靜字不是死的，方『戒慎』便是動矣。獨則耳聞不得，目見不得，又無形容可狀，當屬己，若人不消說了。『慎獨』無有作好作惡，無纖毫私意便是。某常講，『致曲』即是『慎獨』。子思推原學問大根本在『慎獨』，故『致中和』便能『位育天地』。萬物原同一氣來歷，聖人自有『中和』，學者必先『慎獨』，而後有此。」

問：「『費隱』分體用否？」先生曰：「此體用分不得。指門腔是體，爲人出入是用；燈能照滿室是用，光是體。此極言君子之道大也。先舉衆人與天地、聖人而言，後又舉盈天地間飛潛動植而言，皆是道也。自何處做起？造端乎夫婦耳。能乎此，便與天地萬物爲參伍。」

問「誠之不可掩如此夫」。曰：「此如孔子曰『丘之禱久矣』一般。『孝弟之至，通乎神明』。故實理得於心，發言中節，周旋中禮，可以質鬼神，可以並日月，可以格祖考。夫何故？己心元與鬼神、日月、祖考一氣也。」

大器曰：「諸生聽講後皆鼓舞，喜其有得。」先生曰：「省得就此下手，著力做去，進退不已，日入於高明。勿但喜其有得，而又失也。」

學者欲觀天文。先生曰：「何必，然當『切問近思』。曾見尹和靖詩云：『能言未是難，行得始爲難。須是真男子，方能無厚顔。』與某意正合。只要力行，若尹子又何嘗講天文耶！雖然，古亦有觀天文者矣，如伏羲仰觀象於天，必近取諸身，如此觀天文卻不妨。」先生看薦尹先生章疏，歎曰：「一箇布衣如此，只是積誠所至。」大器曰：「尹先生讀『參也魯』，叉手起曰：『某也得魯字力』」。曰：「尹氏之於程門，猶聖門之得曾氏也。故學者雖魯不妨，只要立志耳。」

先生謂大器曰：「彦明語録皆是行事之實，上蔡論天地，論鬼神，雖精亦頗遠。惟中間說『惺惺法』，別後去一矜字甚好，與尹氏似也。看前人言語，亦要揀擇。」

問堯舜「於變」、「風動」。曰：「堯舜一心只是愛民。自家茅茨土階，投珠抵璧，禁作漆器。故堯舜之世，錦繡玉帛無所用，是以『於變時雍』，『四方風動』可愛。吾人安得見唐虞這箇美風俗！天下之大不可見，且須使一家風俗之美，當自家一身做起，只要自處得淡薄些，長老處厚些，兄弟處厚些，積誠久自感化。」

何叔防問南北士習不同。先生曰：「勿論南北，南方如濂溪、南軒、延平、晦庵諸賢輩出。當時有僞學之禁，朱子在朝只四十七日，周子終於小官。天下風俗至此，豈可論南北耶！」

城又問：「今學者亦多惡人講學。」先生笑曰：「汝亦爲人所惡乎？足見汝學問進處，是拔乎流俗矣。不然，則一箇身心不知安泊何處。孔子曰：『不如鄉人之善者好之，其不善者惡之。』」大器又問：「見惡於同門友何如？」先生曰：「求結金蘭之契方可，爲友所惡，則無所容也。」

問：「『躍如』、『卓爾』相似否？」曰：「亦相似。此隨時變易，無私心方見的。」叔防曰：「亦難見。」曰：「不知汝有多少念頭也，故難。某今如衣服爲身謀者亦忘了，只當官或不能盡職，恐言差，恐行差則有之，故嘗略窺見景象耳。如馬伯循先生便省得，某見輒不及。穆伯潛先生曰：『馬伯循甚可愛。』」

鄭若曾曰：「做工當自不動而敬始，爲第一著。」大器以爲意甚好，恐初學遽難。先生曰：「若做得去，甚好。」鄭曰：「『慎獨』不能造聖賢，是落第二著了。」先生曰：「此卻迂闊，陷於高論矣。」

先生曰：「『夫乾，確然，示人易矣；夫坤，隤然，示人簡矣。』張子曰：『糟粕煨燼無非教。』孔子曰：『吾無行而不與二三子者，是丘也。』皆是一意也。」

問「財成天地之道，輔相天地之宜」。先生曰：「只是因時制宜耳。如元朝以貪官汙吏而亂，我太祖遇劉伯溫、徐達輩，誅殺貪汙以致治。如漢高時，民遭干戈瘡痍，至文帝遇周勃，便生養安息。故曰：『地天交，泰。后以財成天地輔相』云。」

先生問諸生曰：「汝輩在此，衣服飲食須要儉省，積久後便得其父兄懽心，就是問學也。」又曰：「『禹無間然』三事，人若做得這三事，便是大禹了。」大器曰：「自古聖賢須從這裏過，觀孟子論『天降大任於是人』，凡可見。」

先生曰：「尹和靖文集汝看過否？」大器曰：「亦曾看過。若定夫輩，後來多流於禪。」曰：「然。故伊川言：『某死而不失其正者，惟尹彥明焉。』且自涪歸，嘆學者多從佛學。故孔子曰：『得見有恆者，斯可矣。』」

先生曰：「樊少南甚明爽。」有座客曰，某人劾某人，某人今果去矣，某人方好了也。先生曰：「從前面已自好也。」座客又辯。少南曰：「先生言自明白。」大器曰：「省得人說話甚難。」良佐曰：「此來方會得先生說話。在孔門，惟顏子『於吾言無所不悅』，『語之不惰』，故『與回言終日』。若子貢省不得，則曰：『夫子不言，小子何述？』子夏省得過，方肯篤信聖人。」先生曰：「這卻不可如此比擬。」又問：「論語一書，近來甚喜看。」曰：「當意外看，未有知而不好，好而不樂。如十九篇是言之一貫，鄉黨一篇是行之一貫。卽『衣前後，襜如也』，中間多少道理！是以孟子學之，左右逢其原。」

先生謂汪威曰：「大器在柳灣，不似今日自家說得話。人只要好學。程子曰：『不見意趣，必不樂學。』若擴充去，還大著遠著，充塞天地之間亦在此。」汪威曰：「大器與人能因事規戒，又且善道之。」先生曰：「大器能以直言規人，汝能受大器之直言，皆可謂庶幾乎。」

應德問：「月令甚瑣碎，不可看。」希古說：「歷歷可行。」先生曰：「還應德說是。只如尚書『撫於五辰，庶績其凝』便好，若十二月便難行。又如劉向云某事應，某事失，反使人君不信。」

大器問：「功名富貴，實是一途？」先生曰：「古之功名，『爲天地立心，爲生民立命，爲萬世開太平』，轉乾旋坤，繼往開來；今之功名，富貴之標的也。」

先生謂程爵曰：「功名得之不得，有命。」爵曰：「儘安命，只恐父母心不喜。」先生曰：「固然父母望子中舉甚切，若中了，爲官不好，父母亦不安。且父母豈不欲子爲聖爲賢？其望子之心，儘無窮盡矣。人子卻又不肯體此。」

呂時耀問：「平日曉得『戒慎』、『恐懼』，臨事對物，畢竟引之而去者何？」先生曰：「還是工夫不熟。程子曰：『爲氣所勝，習所奪，只可責志。』」又問范文正公爲人清苦。先生曰：「甚好襟懷，做秀才時便『先天下之憂而憂』。若士志於道而恥惡衣惡食，不甘清苦，便不可與入道。莊子曰『嗜欲深者天機淺』，說得好。」問：「人心不公，其故安在？」曰：「勿以喜怒爲愛憎，勿以同異爲賢愚。須克去己私，方得長進。」

問人多惡聞過。先生曰：「仲由喜聞過，爲百世師；湯『改過不吝』。周子曰：『人大不幸不聞過。』昔簡子之臣尹綽、赦厥，簡子曰：『厥愛我，諫我必不於衆人中；綽也不愛我，諫我必於疑衆人中。』尹曰：『厥也愛君之過，不愛君之醜也。』孔子曰：『君子哉，尹綽！面訾不面譽也。』此可以觀聖賢之別。」

有一相當國，其弟過陜西，與對山曰：「某回〔二〕京與家兄說，薦舉起用。」對山笑曰：「某豈是在某人手裏取功名的人！」先生曰：「此亦可謂慷慨之士。」或曰：「但欠中道耳。」曰：「士但有此氣象在，亦脫俗，怎能勾便中庸也。」

問：「程子曰：『學者全要識時。若不識時，不足以言學。』」先生曰：「這幾句說得純粹。」又問：「顏子陋巷自樂，以有孔子在焉。」曰：「這幾句似覺爭差，將顏子忘世非仁乎！」

大器問：「今有女家父將喪，男之父母卽使子迎女過門，又欲子完親，如何？」先生曰：「禮：『女在途，而女之父母死，則女反。』若女過門，母死，不復反。今女父母將喪，迎、嫁皆非禮，而況於完親乎！」

先生見林穎氣象從容，指謂大器曰：「人動靜從容，言語安詳，不惟天理合當如此，且起觀者敬愛，就是學問也。學者不可無此氣象，但須要先有諸中耳。」

先生謂克諧曰：「近與學者論『致曲』，凡事致其委曲，纖悉合當處，纔是工夫，無處無之也。」欽夔曰：「『誠形著明』、『動變化』與『定靜安慮』如何？」先生曰：「『定靜安慮』主在己言，『動變化』卻及乎人物而言。」曰：「『動變化』其在『慮』之後乎？」先生曰：「然。」曰：「『致曲』工夫，權變俱在耶？」先生曰：「未可先便說權，然權亦在其中。」曰：「『誠明』就爲盡頭。」曰：「『致曲』工夫就便是『明誠』盡頭。」

夔問：「忿懥、恐懼、憂患三者，其情若同，而好樂一焉，何也？」先生曰：「三者亦不同。恐懼在事變倉卒之臨，憂患在平時雜念之起，忿懥則程子所謂人情易發而難制者，惟怒爲甚。蓋與好樂本四件也。」又問：「忘怒觀理，理有是非，非則已矣。是亦當發乎？」曰：「理當怒而不發，非是也。」又問：「怒雖當發，若能觀理則氣亦平，而分數不至太過乎？」曰：「然。」

夔問：「象山文集看來多鶻突。」先生曰：「自是高明的人。」曰：「荆公祠堂記論荆公亦其纖悉。言荆公志節必爲

〔二〕「回」字原作「迴」，據乾隆本改。

孔、孟，勳績必爲伊、周。惜哉！公之學足以負斯志，而不足以遂斯志，敝斯義，而不足以究斯義也。而元祐諸臣或謂變其所守，或謂乖其所學，是尚得爲知公者哉！故上不足以取信於裕陵，下不足以解公之惑，反以固其私而成其意也。」先生曰：「做荆公文字，只好論荆公得失。元祐諸臣排學，是非自合於司馬君實諸公文字上見之。且荆公志雖高邁，節雖廉潔，然必爲孔孟，則何可得！蓋其所學實非孔子之學。若荆公無意、必、固、我，安肯必變新法！甚若伊周勳績，又全然無矣，亂天下，亡宋室則有之。象山此記卻偏。」

有一生買得唐百家詩，問於克諧。克諧曰：「不暇看也。」先生曰：「不惟不暇看，亦不必看。唐詩題目多不正大，且煅字煉句，誇多鬪美，無益於身心。一家詩已害事，況百家詩乎！」

有一生之先人亡二十餘年矣，一日來求墓志。先生曰：「當著墨黲淡衣服，不然只是不能『致曲』。昔將軍文子之喪，既除喪，而後越人來弔。主人深衣練冠，待於廟，垂涕洟。子游觀之，曰：『將軍文子之子，其庶幾乎！亡於禮者之禮也，其動也中。』」

張其怡問：「吳草廬今去了血食，如何？」先生曰：「他是宋進士，又仕元朝，又無建立，去之亦可。」其怡曰：「生於其地，不得不仕。」曰：「此則許魯齋是也。吳本生在江南，其初猶未爲元所屬。」

時耀問：「收『放心』在何處？」先生曰：「須於放的處去收，則不遠而復矣。」

大器問：「龜山語録不如上蔡明白。」先生曰：「各有所得處。上蔡行事處多，龜山論講處多。然皆不如尹子之切實。」

大器問：「尹和靖云，中庸自『祖述』而下至『無聲無臭』，言孔子之大；鄉黨一篇，自始至終言孔子之小。似過於分別乎？」先生曰：「其實分不得。不知其大者皆小也，其小者皆大也。」

先生嘆爲學之難，曰：「朱光庭在宋朝，出入恭敬。蘇東坡常戲與人言，曰：『何日打破這箇敬字〔一〕。』程氏之學不行，蘇氏柅〔二〕之也。蘇負文章，又有時名，其設心如此。」

林子仁之叔父待子仁如子。既喪矣，子仁甚哀戚，欲重禮報之。問於諸名公，諸名公曰：「先王有定制，無如之何。」一日，服吉衣來見，謂已過一月假也。先生曰：「當去此衣，制齊衰以盡情。」子仁遂行之。

揚州有五士謁先生，中間一斬衰者，問太極剛柔。先生曰：「太極剛柔，只在目前，不是高遠的。如『居喪未葬，讀喪禮；既葬，讀祭禮』，便是太極剛柔。如此講求，方不涉於虛無。」後其人杜門守禮以終喪。

先生謂大器曰：「千慮萬思不如一靜，千變萬化只在一心。」大器曰：「靜，無欲之謂；心如穀種之謂。」又曰：「心上起經綸如何？」先生曰：「那經綸固是心上起，但看怎生樣起。」又問。曰：「就在穀種上生起。」「穀種焉能生？」曰：「仁而已。」

先生觀我太祖作閱江樓記，歎曰：「信非詞臣所能及。且停止閱江工作，而曰無一人來諫，真聖人也。當時諸臣萬倍不及矣。試想像是何等胸襟，是何等創造！」

諸友贈王朝二卷，請書大字。先生乃一書「朋友切偲」，一書「言而有信」，且曰：「不但行之者如此，送之者亦當如此。」當時諸生俱惕然。

先生講「不虐無告，不廢困窮」。大器曰：「昔聞先王〔三〕之教，加敬於瞎子方是學，此心隨處發見。在南京或泣途者，與之以錢；在蕪湖或夜乞者，與之以飯。若錢與飯或時不便，則此情若過不去一般。卻憶昔日未聞教時，過此樣人似全

〔一〕「字」字原作「子」，據乾隆本改。
〔二〕「柅」字乾隆本、光緒本作「厄」。
〔三〕「王」字疑當爲「生」。

不相干涉。」先生曰：「甚好。知皆擴而充之，若火之始然。但不止敬此等瞎子也，凡無告無勢者皆瞎子也。」

希古曰：「程子說邵子〔一〕苦心如何？」先生曰：「孔子『發憤忘食』，又曰『終日不食，終夜不寢』，不知如何景象。」希古曰：「聖人未必是如此，蓋謙辭耳。」曰：「最不會說謊的是孔子。且伏羲上古聖人，仰觀俯察；顏子是一箇大賢，鑽堅仰高，瞻前忽後。楊子說顏苦孔之卓，何等苦心！今人都要捷徑求自在去了，是以不能入聖。」

問：「禮樂可分否？」先生曰：「不可分。禮樂乃行道的器物，道不過五倫，惟禮樂能舉之。如有一顯官，每朝高聲問安，父母方寢，心不安。是一於禮而失其和。敝處有一秀才，父子嘻嘻，甚是嘲戲。是失其禮而一於和。禮勝則離，樂勝則流。如司馬溫公事父兄，因寒問：『衣得無薄乎？』隨時致問，不驚人駭俗，藹然可愛。易曰：『中孚，豚魚，吉。』」何城問：「後世君臣但見其禮，而不見其和，和復可行否？」先生曰：「只『遇主於巷』、『納約自牖』、『信而後諫』，便是和的意。」

先生謂諸生曰：「『我欲仁，斯仁至矣。』今講學甚高遠。某與諸生相約，從下學做起，要隨處見道理。事父母這道理，待兄弟、妻子這道理，待奴僕這道理，可以質鬼神，可以對日月，可以開來學，皆自切實處做來。」大器曰：「夫仁亦在熟之而已。」曰：「然。」

先生嘆世之學者曰：「人真實爲舉業陷溺久矣。講書只求分截，不求義理，乃利心害之。須要將舊所填塞的盡掃去了，又換一箇心腸方可。」

何掌科說，刑部有一婦人與小叔通。此婦人夫喪了，止有一子。婦人又與他人通，嫁之他人，後又出之。婦人歸小叔，遂收之爲妻。其一子恥之，乃殺小叔。刑部問以殺期親尊長，死罪。大理評不當死。刑部曰「律無該載」，請旨。先生曰：「律有上下，比附春秋。梁人有繼母殺其父者，而其子殺之。有司欲當以大逆，孔季彦曰：『文姜與弒魯桓，春秋去

〔一〕「邵子」乾隆本、光緒本俱作「孔子」。

其姜氏。傳謂「絶不爲親」。即凡人耳，方諸古義，宜以非司寇而擅殺當之，不得以逆論。』茲叔與嫂姦，是無人倫。弟無其兄，姪可無其叔矣，其殺之不當死罪。」

問：「爲政之難何故？」曰：「只是巨室梗之耳。昔孔子由魯司寇攝行相事，人謗曰：『麛裘而韠，投之無戾。韠之麛裘，投之無郵。』此謠皆因逆了三家左右之心，若民則甚喜，若大旱之望雲霓。三月政成化行，又誦曰：『袞衣章甫，實獲我所。章甫袞衣，惠我無私。』此非有兩聖人也。」

先生嘆曰：「最是異見異聞的人難化，他先有一說横於中了。常人雖粗淺，然無所汙染，與他講說，倒肯篤信力行。吾輩今日只將與常人說的話，向那異聞異見的人說，不知能轉否？」

問爲學。曰：「只要正己。孔子曰：『上不怨天，下不尤人，知我者其天乎！』若求人知，路頭就狹了。天打那處去尋？只在得人，得人就是得天。書曰：『天視自我民視，天聽自我民聽。』」學者未省。曰：「本之一心，驗之一身，施之宗族，推之鄉黨，然後達諸政事，無往不可。凡事要仁有餘而義不足，則人無不得者。」

先生謂諸生曰：「天下多少英俊，他自家不肯爲聖爲賢，他若看別人爲聖爲〔二〕賢，或偶見有不是處，便識得，輒譏笑。故君〔三〕子之學，須是誠意，又要恆其德，使在近朋友信之，在下鄉黨信之，又要賢者稱之。不然，又是同流合汙。」

諸生私揀論語緊要處質問。先生曰：「論語書處處皆義理精微，不知諸生以何者爲緊要，以何者不緊要。」

有尊官說，一舉人欲拜門下，甚好詞賦。曰：「此人好資質，卻爲此學，可謂『係小子失丈夫』。」尊官亦因之愕然。

陳世瞻與大器進見。先生曰：「某連日多事。」世瞻曰：「皆道之所在。」先生笑曰：「但須要一言一行，一事一物皆常看見此道在，不可既退放在背後，做兩件事也。孔子曰：『造次必於是，顛沛必於是。』」及送過屏風，又叮嚀曰：

〔二〕「爲」字原作「君」，據乾隆本改。
〔三〕「君」字原脫，據乾隆本補。

「可當一件事行，便是得了路頭也。」

先生謂大器曰：「人安能如顏子、閔子、子路，挺然獨立於世，其德行卓然照曜千古。如閔子則曰：『如有復我者，則吾必在汶上矣。』若別人便纏繞解不去。」

陳世瞻問：「欲使南北一樣士習，可能否？」先生曰：「南海有聖人出焉，此心此理同；北海有聖人出焉，此心此理同。所不同者，特風氣山川隔著耳。學者不可以其隔處自限也。思慎不見夫子以中和變南北之強乎！」

希古問：「剛好？柔好？」先生曰：「剛好。孔子以爲未見。」曰：「內剛外柔如何？」曰：「還內外剛好。若內剛外柔，只是爲保身家常法，論學還不是。」

應德問：「文章定不得人。」先生曰：「爲學的終不同。有這般意向，臨文時輒一露。」

先生謂諸生曰：「須解去舊習，方可下手做得工夫。人資質稟得不甚純粹，又爲習俗所薰染；原本或既不好，外面乘所感的只管受了，如何進道？如佛家『受、想、行、識』一般，渠亦且在此用功。」

涇野子内篇卷之十

鷲峯東所語第十五

門人進賢章詔録

章詔問：「嘗與朋友講論，國家有三大患：一，邊方之害；二，宦官之禍；三，閘河運道之苦。」先生曰：「是固然，所謂大患者尚不在此。」詔三請，答曰：「當今大患，只是士習不正耳。蓋天下國家所恃以治安者惟人才，若士習不正，則其患何可勝言！」自是屢言及此，蓋深探其本也。

先生謂詔曰：「古之聖人，只是虚心取善。如堯則稽衆舍己，舜則好問好察，大禹聞善則拜，孔子好古敏求。且以舜之聖知何如也，歷山、雷澤、河濱之人，其微賤又何如也，舜與羣居並處，而其人之有善，尤樂取之，未嘗自以爲聖，亦初不見其人之微且賤也。則舜之心廣大何如哉！厥後，孔門獨有取於子賤爲君子，以其能尊賢取友以成其德也。既宰單父，猶師事賢於己者有五人，用成不下堂之治。孔子嘆之曰：『堯舜聽天下，務求賢以自輔。惜乎！不齊之所治者小也。』若子貢，則夫子但許其『器』，固未至於不器之君子矣。他日，夫子謂其日損，則好與不賢者處也。子賤其可法乎！」

問爲學難。曰：「學者切要工夫只在克己。克己之要，須自家密察此心，一有偏處卽力制之，務有以通天下之志。故曰：『一日克己復禮，天下歸仁。』」

詔問：「講良知者如何？」先生曰：「聖人教人，每因人變化。如顔淵問仁，夫子告以『克己復禮』；仲弓，則告以敬、恕；樊遲，則告以『居處恭，執事敬，與人忠』。蓋隨人之資質學力所到而進之，未嘗規規於一方也。世之儒者誨人，往往不論其資稟造詣，刻數字以必人之從，不亦偏乎！」

問：「今學者論舉業、德業爲二，可乎？」先生曰：「舉業中卽寓德業。試觀所讀經書，及應舉三場文字，何者非聖賢精切之蘊，仁義道德之言！試以是體驗而躬行之，至終其身不易，德業在是矣。」

詔每以先生常言「學者甘貧改過」從事，頗有功。曰：「然。能甘貧，則凡一切浮雲外物，舉不足爲累矣。能改過，則可以日新而進於善矣。大抵過失亦多生於不能安貧中來。貧而能安，過亦可少。觀於顔子可見矣。雖以成湯之聖，而猶曰『改過不吝』。秦穆公霸者之君耳，其伐鄭歸而悔過，自誓之言，乃列於書之終篇，與帝王並稱也。過只不宜頻復，貴於速改。」

學者問：「天下事事物物俱要理會過，可乎？」曰：「一事不知，儒者之恥。如禮樂、制度、錢穀、甲兵、獄訟之類，皆當究心，庶幾他日可以應用。至於各年通報，諸臣條陳政務，亦各有善處，可覽記之。但不可鶩其心，鶩其心則本心之仁已亡所，多識者猶口耳也，亦不足以應務。」

語莆田林賢曰：「學者人倫日用冠、婚、祭、射之禮尚未能行，卻輒言論高遠；且爲學當有轉移活法，若說只閉門澄心便了了天下事，恐未必能了也。」

或問朋友講論多不相入。先生曰：「須要心氣和平，使人聽服。不然，則至爭辯面頸發赤，雖講之善，亦是不善也，所謂學安在哉！」

先生語基學曰：「朱子平生只以『正心誠意』四字告君。格心之學，誠不出此。但執定此法，恐人君資稟學力有所不逮，便生扞格。要當有入手處，或隨其偏處救之，或就其明處通之，方是心意活動。」

基學論日月明，「學者只惟學其明處，不必學其照處」。先生曰：「何不學天？日月亦天之運用者耳苟爲雲霧所障，則明掩矣。若天地，日月、風雲、雷霆、霜霧，皆所馳使運行者也。」

問講學。曰：「切不可執泥己說。如此等人，則雖有善言，執而不悟，人亦不告之矣。學者須去此病，使聽得四方九州之言，始於己有聞善之益。不然則聞見狹，而遺乎善者多矣，惡在其爲學！」

問「致良知」。先生曰：「陽明本孟子『良知』之說，提掇教人非不警切，但孟子便兼『良能』言之。且人之知行自有先後，必先知而後行，不可一偏。傳說曰：『非知之艱，行之惟艱。』聖賢亦未嘗卽以知〔一〕爲行也。縱是周子教人曰靜曰誠，程子教人曰敬，張子以禮教人，諸賢之言非不善也，但亦各執其一端。且如言靜，則人性偏於靜者，須別求一箇道理。曰誠曰敬固學之要，但未至於誠、敬，尤當有入手處。如夫子魯論之首，便只曰『學而時習』，言學則皆在其中矣。」詔曰：「此可見聖人之言約以弘，辟之於天；諸子則或言日月，或言星辰，或言風雲、霜露，各指其一者言之。若聖人則言天，而凡麗於天者，舉在其中矣。然言天之道『於穆不已』，君子之學當『自強不息』，此希天之道也。若是，則前所謂靜，所謂誠，所謂敬與禮者，一以貫之矣。詔鄙見如斯，未知可否？」曰：「然。」

先生曰：「今日諸生相聚，皆四海九州之人。一旦於此講學，非意氣之孚不能若此。講論道理，乃天下公共之理，若有未善，當極其辯論，以求其是，毋吾以也。」

問聖賢教人之方。曰：「大學乃是立定規矩條目，使人有所持循。論語則多因門人弟子問答及君臣相與之言，各就其資禀造諧，與夫人之病痛處言。語、孟不必同於中庸，中庸不必同於語、孟。拘拘執一者非也。」

論「格物致知」，「世之儒者辯論，莫太高遠乎？」先生謂：「若事事物物皆要窮盡，何時可了！」故謂「只一坐立之間便可格物。何也？蓋坐時須要格坐之理，『如尸』是也；立時須要格立之理，『如齋』是也。凡類此者皆是。如是，則知可致而意可誠矣」。又曰：「先就身心所到，事物所至者格，久便自熟。或以格爲量度，亦是。」

先生曰：「『子見齊衰者與瞽者』，甚敬之，至於『冕衣裳者』，施敬一等。緬想其心，堯之『不侮鰥寡』，舜之『不虐無告』，文之『惠鮮〔二〕鰥寡』，其揆一也。所謂老安少懷者，卽此氣象。學者果能視尊貴與鰥寡者無異，則其心卽前聖之心。

〔一〕「知」字原作「質」，據乾隆本改。
〔二〕「鮮」字原作「解」，據乾隆本改。

蓋自至公至仁處得之也。」

先生謂諸生曰：「學者只隱顯窮達始終不變方好。今之人，對顯明廣眾之前一人焉；閒居獨處之時，又一人焉；對富貴又一人焉；貧賤又一人焉。眼底交遊所不變者，惟何粹夫乎！故嘗贈以是言。學者須知此意。」

問讀書作文。先生曰：「學者雖讀盡天下之書，有高天下之文，使不能體驗見之躬行，於身心何益！於世道何補！故學者不貴於文藝，當涵養本原，修其德業，其文學自著矣。」

先生謂詔曰：「學者須盡知天下之事，通得天下之情。如在一鄉，須使一鄉之人可化。縱是愚夫愚婦，亦可與之相接說得話。不見舜之耕歷山、漁雷澤、陶河濱，人皆親之化之，何故？」

問儀禮。曰：「此先王經世之書，廢於後世久矣。學者不可不講而習之，如冠、婚、祭、射等篇，既講究之，尤當習演其事。非惟檢束身心，宛然可復見先王時景象。」故嘗語學者當先學禮。

問：「顏子簞食瓢飲，在陋巷，不改其樂，如父母何？」曰：「當時顏子父母在，必能諭之於道。不然，則以簞瓢奉親，而親或不悅，則顏子雖欲樂，得乎？以是知求手舞足蹈之樂有處也。先儒謂周茂叔令程子尋顏子之樂處，所樂何事。伊川只答：『或人云，若說有道可樂，便不是顏子。』此語極好。夫顏子心胸何等宏大，何等灑樂，視世之富貴、貧賤、利害、殀壽，舉無足以動其中者，此誠見大心泰，無不足也。顏〔二〕之樂處正在於此。」

問顏子之學。曰：「天資極高，不易學。學者且當學曾子。曾子以篤實之資，動皆守禮，學之有所依據。如禮記所問，與夫子論孝等篇，皆其隨事精察而自有得，一日三省，尤見切實之學。故夫子之『一貫』，亦因學有所得而語之，其餘門弟子不能及也。故曰『曾氏之傳，獨得其宗』。世之儒者不問學者之資稟，而概以聖人『一貫』、『上達』之理告之，則是誣之而已矣。」

〔二〕「顏」下光緒本補「子」字。

問「逝者如斯」。曰：「程子謂『有天德便可語王道，其要只在謹獨』，此義極精。蓋人心本與天地相通，如西銘所云者。苟其心少有私意扞格〔一〕，把天理間斷了，便是不能『謹獨』，與天地之化往而不息者異矣，何有乎天德？則王道安從而行？故惟聖人之心，至誠無息。」

詔問：「程子嘗言，學者須大其心。辟如爲九層之臺，須大做脚方得。先生於抄釋曰：『人須思如何能大其心。』詔以爲欲大其心，莫先於克己。」先生問：「如何爲克己？」詔曰：「人之心本自廣大，但爲私意蔽之，則狹小矣。故學者之心一有偏私，卽務克去，庶以復其廣大之體，如何？」先生曰：「固是。必如曾子之『弘毅』，西銘所謂『民胞物與』始得。且如『尊高年，所以長其長；慈孤弱，所以幼其幼』，人雖或力量不逮，卻不可無是心。如張子見皇子生則喜，見餓莩則戚的心方好。然此心安從生？」詔未及對。他日又問。曰：「只是預養仁心，自無己之可克矣。」

先生曰：「灑掃應對雖下學事，然詩曰『灑掃廷內，維民之章』。程子曰：『從灑掃應對與精義入神貫通，只一理。』又曰：『是其然，必有所以然。』辟則子貢答太宰，言夫子之聖，『又多能也』，則以多能爲聖之外事，固非太宰之意矣。至夫子乃謂『君子多乎哉？不多也』。言不是多，皆性分中事，則多能又不在聖之外矣。又乾坤之理何其廣大，夫子繫易，乃比於門戶闔闢之間。可見道理至近切，不必遠求。闔闢只是動靜，甚易簡。斯可見灑掃應對、精義入神無二也。」

問治六經。先生曰：「此皆聖賢精義妙道所在，學者非徒以資辯博也。蓋聖賢前言往行，固有後學心思所不及，躬行所不到者，誦其言，將以廣其知識，增益其所不能也。」

問王道。曰：「只當以養民爲先。如孟子五畝宅，百畝田，『鷄豚狗彘之畜無失其時』，使『老者衣帛食肉，黎民不饑不寒』，然後『謹庠序之教，申孝弟之義』，此正是王道之大，爲治切要誠不出此。後世敷陳王道者，雖千萬言而不足，不知其要安在。」

〔一〕「格」字原作「隔」，據乾隆本改。

問：「『舜有臣五人而天下治』。夫舜在當時止用五人，遂幹盡天下之事，而成『於變』、『風動』之休。後世用數千百人，中間豈無豪傑，而天下治卒不古若，何也？」先生曰：「五人之德固不可尚，而其心至公無私，其賢能彼此相讓，略無一毫嫌忌間隔之私。而舜又以至聖之德臨之，五人之用各當其才。而五人之所舉而用者，又皆五人之才，君臣上下同一公心耳。」詔因嘆曰：「此隆古何等氣象！後世人各一心，有賢能者多爲人所妬嫉。且才者非所用，用者非其才，舉措失宜，勸懲無所於用。況君臣情隔，上下道睽，如何可復三代之治！」

大學「絜矩」，不必拘拘以傳中次第言之，便當如身任天下之責〔一〕。欲行「絜矩」，必先理財，使民生得遂；欲理財以養民，須要用人；欲用得其人，須公好惡。公好惡則善人在位，不肖者屏去，舉賢必先，退不善必遠。如是庶善惡知所勸戒。若求大道得失之幾，則惟在於忠信、驕泰而已。

諸友侍坐，因論及天下之事。詔問曰：「方今民窮財屈，有憂世之志者，當何所先？」先生曰：「莫先於講學。」「何謂也？」曰：「且如此數人者，講學既明，果能同心同德，他日措以致治無難也。」詔曰：「學者必心術明，學術正，得行其志，則以幹天下之治而濟天下之民，誠有推之而自裕者。」先生曰：「然。」

問：「今天下守令多不愛民者何？」先生曰：「守令於民最親，苟得其人，則民生自遂。守令欲行仁政，則惟在克己，在知言。不能克己，則心又偏私；不能知言，則言之是非得失無以辨，不免爲下人蔽惑，奸人欺罔，其弊何可勝言！宋室當天下甫定之時，則藩鎮之爲禍，在所當懲。若高宗時，土地爲金人侵削甚矣，故李綱上疏，令臣下能復一邑者與之邑，復一郡者與之郡。雖亦藩鎮之意，正所以強宋也。此誠謀國之大權，惜奸邪汪、黃沮之不行，爲可恨耳。豈惟守令要克己、知言乎！」

詔嘗怒一惡人。先生聞之，戒曰：「學者要當以涵養德性爲本，暴怒切不可輕發。若恣性直行，動與物忤，中間便生

〔一〕「責」字原作「貴」，據乾隆本改。

多少怨尤。此等人固可惡，以吾儒何所不容，何足與較！夫『我則不暇』於此矣。故曰『有所忿懥，則不得其正』。所以學者治情爲難。若事雖是義，君子固以爲質了，尤當禮以行之，孫以出之。若徒以爲義而徑情直行，便少禮行、孫出工夫。故君子於事至言前，必詳審斟酌，而後行之，庶幾無悔。」詔卽自痛悔，因思往日惡惡太甚，偏於剛隘，適招怨尤，無益也。書以自警。

詔問：「處宗族，有不善者如何？」先生曰：「若可化，則以禮義諭之，使之自悟。如不可化，亦當委曲容之可也。故門內之人，寧使恩掩義。」

問蓍龜卜筮之事。曰：「龜卜則用三人，故曰『三人占，則從兩人之言』。必其人心至公無私。公則明，明則自能察其休咎。苟心非虛明，何以知之？若蓍則全要誠意感格，方可揲。故龜所以教人心之公，蓍所以教人心之誠，非規規於卜筮也。其實公則無不誠，誠則無不公。」

唐虞之世，刑官只是皋陶，爲之明五刑，以弼五教而已。豈似後世刑官，以爲極大極重之事；又或逞其智術，有能斷一訟，得一情則喜。甚至煽威恣虐，歲煅月煉，略無哀矜憫恤之意。彼安知刑之本只在斯民生養之遂，教化之敷！誠使之各遂其生而知禮義，則刑自然省矣。

戴時化問：「鳶飛魚躍，活潑潑地，謂學者體此，當『必有事焉』。」詔曰：「若此心常存，則道體常在目前。故程子謂『其功只在謹獨』，正是此意。」先生聞之，曰：「爾兩人如此講論，卻見用功切實。」

論書「敷奏以言，明試以功」。言卽其所陳之事，如闢土地，治田野，養老尊賢等是也。乃因其言之善，而明考其功，謂「詢事考言」，「聽言觀行」是也。若是，則自無所毀譽。世至春秋，毀譽不公，時君莫辨。惟齊威王烹阿大夫，封卽墨，誅賞嚴明，齊國大治，可謂善矣。後至西漢，猶有成周遺風，故多循良之吏。如黃霸守潁川八年，致鳳凰、神爵之祥；魯恭宰中牟，能致三異卽是。而擬之古昔，鳥獸之巢可俯而窺者，亦爲庶幾。此前古何等氣象，諸生正宜將此想像體貼，如居一鄉，則必化一鄉之俗。他日治一邑一郡，則必有此意方好，庶不負今日所講矣。

詔因辭謝久庵公，與講論陽明之學。公謂：「朱子之道學，豈後學所敢輕議？但試舉一二言之，其性質亦似太偏。昔唐仲友爲台州太守，陳同父同知台州，二人各競才能，甚不相協。時仲友爲其母，與弟婦同居官舍。晦翁爲浙東提舉，出按台州，陳同父遂誣仲友以帷薄不修之事。晦翁未察，遂劾仲友。王淮爲之奏辨，晦翁又劾王淮。後仲友亦以帷薄不修之事誣論晦翁。互相訐奏，豈不是太偏乎？」詔聞此言，歸而問於先生。先生曰：「訐奏事信有之。但仲友雖負才名，終是小人，安得以此誣毁朱子！是非毁譽，初豈足憑，久之便自明白。朱先生劾仲友事見台寓録，仲友誣朱先生事見仲友文集，可知其是私也。」

壬辰五月九日，詔自北回，謁先生於鷲峯東所。亟詢經歷道途生民休戚，詔對以「自離張家灣、武清縣，至景州安陵地方，餓莩盈途，旱蝗蔽天」。先生蹙額顰眉，嘆曰：「誰當以此轉聞於上，以急救此無辜之民？聞陝西地方旱荒尤甚。」詔曰：「歲凶如此，猶見貴官行舟過用人夫，糜費供億，全無憫惻之心，似未嘗讀書然，不知何也？」先生曰：「蝗旱爲災細，此等爲災大。蝗旱之災，實此等所致也。」

先生語諸生曰：「民生不安，風俗不美，只是學術不正。學術不正，只爲惟見功利一邊，鮮知道義。所以貴於講學者，又不在言語論說之間，惟在篤行道義，至誠轉移而已。」

詔問於先生曰：「學者只怕壞了心術。如浮泛之人，雖有文才，無些實用，於世何補！若心端則行確，此等人才出而見用，必有益於蒼生。」先生曰：「然。」

先生每語諸生曰：「若等既以道義相聚，必皆意氣相孚。務以平日之所講者，發揮於言行之間，善相勸，過相規。有一言一行之善，即稱勸之，以厲其志；有一言一行不善，即規正之，以速其改。如是便能與起向道，庶不負此良會。」

先生謂：「西漢人才還是重厚。如周勃恥言人過，丙吉擁立孝宣，至死不伐，故能養成漢家忠厚之風，非後世可及也。」

惟熙問：「『克、伐、怨、欲』，何以能使之不行？」先生曰：「即程子『明理可以治懼』數語例看，可能也。蓋人之好勝者，多由其心之弗虚，故虚心可以治克；人之自矜者，多是爲人，故爲己可以治伐；人之動輒忿怨者，只是不知命，故知命可以治怨；人多嗜欲者，只是不能見理分明，故明理可以治欲。其究惟在求仁耳。」

或問程朱之學同異。先生曰：「程朱之學皆近孔門，但朱子之著述太多耳。然其躬行亦未嘗一日少怠，當其造詣清苦，亦庶乎原、卜之間矣。」

先生謂：「漢武帝初年無所不好，神仙、征伐、財利、文學，其人各以類而至。惜一仲舒，真儒也，卻不好，而又斥之。故其治駁雜，幾於大亂耳。」詔問：「西漢之時去古未遠，何真儒之少，而只一仲舒耶？」先生曰：「只緣未能興學耳。」詔曰：「莫緣秦坑儒之後，加以漢高輕儒嫚罵，是以道學不明於世，故士之知學者益鮮耶？」曰：「亦其然。」

吳佑問：「思慮紛擾，何以除之？」先生曰：「夫心不妄動之謂靜。若思慮紛擾，是妄動也。只當先知所止，則心自定靜矣。」李宗本[一]曰：「是亦由於不能安貧中來耶？」先生曰：「亦是。若能安貧，則雜念自除。」詔曰：「亦當先安於義命，則能安貧，而思慮自除。」先生曰：「然，安貧即是安義命。」

先生謂明相、宗本：「在監當擇好友，常相與講論善道方好。」二子謂：「朋友中志向亦有不能盡同者。」先生曰：「只虚己下人，誠以待之。如郭林宗之在當時自能化人，若茅容之避雨樹下，孟敏之墮甑不顧，皆林宗感化之人也。蓋以善道語人，而人或不信服者，猶是己之誠有未至也，不必責人。」

詔同惟時謁先生，因論：「沈繼祖誣毀朱晦翁以不孝不忠，不能正家等事。然則詆毀之言，雖聖賢有不免。且如近時有二縉紳，先後任太守，俱有才名。只因不受囑於士夫，而痛懲豪右，遂謗毁大興，一則落職歸，一則自陳養病。嘗見士大夫被求全之毁者十常六七，而縉紳每論及此，往往有不平之嘆，將如之何？」先生曰：「只管行己之道，彼肆謗者將自消矣。是非真僞，久之自白，豈足爲賢者累哉！其他則在執政者公且明耳。執政者公且明也，其謗亦難興乎！」

〔一〕「李宗本」以下原另作一段，據乾隆本連屬。

先生常論，王道只以養民爲本。後之仕者，卻又辦簿書，急催科，理獄訟，善逢迎事上官者爲賢，甚至貪殘，肆無畏忌。乃習成一樣虚套，遮飾哄人。至於養民之事，漠然略不加意。哀哉！斯民如之何不窮且盜也。如今只要不諂諛，不貪錢，不説謊者，便可以安百姓。

詔問曰：「臯、夔、稷、契何書可讀，其道德事功，竟非後世之所能及。後世書愈多，聞見非不廣，無乃人才務末而忘本，故德業愈不逮古歟？」先生曰：「臯、夔、稷、契親受堯舜『精一執中』之傳，聞一善卽得一善，見一善卽行一善，何等專確！況聖賢傳心之要既親受之，又何用書籍？後世書雖多，看一部卽丢過一邊，求其以書中聖賢之言實體而躬行者有幾？況既不得聖賢心法，其所讀者不過口耳記誦而已。聖學不明，士習浮靡，又安望德業如古人耶！」

詔問：「天下之民，所賴以爲養者惟土田，然天下之田畆甚不能均。國初丈量田地，攢造魚鱗冊，以均其田税，庶絶通弊，使小民不致重累。然欲丈量，只在得人，然尤貴於得法。田地既清，他政自舉，不識如何？」先生曰：「然近時有蘭州人段紹先者，見任南京兵部職方郎中，先尹河南杞縣，亦嘗如此量之。彼令田户報實畆數，各四至插標於田中。畫爲數區，每區之中，各註每人之田若干畆數於冊。及親臨其田地，隨他掣簽量之，驗畆任糧，遂得一縣田地清而税糧均。誠哉！天下事只在得人。」詔又曰：「且尤不可畏其難，以爲不可爲，將使斯民永無安養之日矣。」曰：「然。」

詔問：「陸象山論心不論性，亦以心爲之主宰，性情固在所統歟？又歐陽永叔謂教人性非所先者，其亦夫子罕言性命乎？」先生曰：「性、命、理、氣固要講明，必措諸躬行，方是親切，性命自在其中，庶不爲徒講也。陸、歐之言亦有弊。」

詔問：「士大夫作古文，只宜平易典雅，今多尚奇，可乎？」先生曰：「漢人有一事便説一事，有一言方説一言，皆是心中發出，無些粧點枝詞蔓語，所以近古。下逮六朝晉魏之文，只是浮詞粉飾，辟如醜婦，全藉脂粉，原無本體，殊爲可厭。夫天下之治平雖不盡係於詩文，然文章實與時高下，其文如此，則世道可知矣。」他日與易伯源論文，曰：「人若有養，發之文詞無非説理，自不暇爲靡麗浮誕之詞。」伯源曰：「古人溺意於文者，其聞道便少。方今彌文日盛，故本末輕重之間，學者尤宜決擇。」

詔問：「夫子答子貢以『博施濟衆』，曰：『何事於仁，必也聖乎！』他處言仁甚大，此則必歸之聖，似有大小之差者何？」先生曰：「此仁字當指仁心而言。今人有仁愛之心，而恩不能徧及於下民者，亦多矣。若聖人則不惟有是仁心，其作用處自別，要亦不外於用人。故謂之聖者，其間自有『裁成』、『輔相』的意。其『堯舜猶病』者，堯舜之心固猶有不足於此，可見博施濟衆之難，非獨仁者之所不能也。即如今有司賑濟的一樣，如發倉廪散財以賑民，亦可謂博施矣，然或不能立法，或用不得人，致使奸人作弊。故有饑民而不得領者，有方領二三錢，先已用去大半者。所以斯民全不沾其實惠，便是不能濟衆。故學者以『克己復禮爲仁』，能見之施爲運用處方可。」

詔問：「天下所恃以爲用者，人才耳。然今學校之所養，與科目之所舉者，亦未可盡謂得人。愚意在上者一轉移之，以振起其道義之風，嚴加考訪，將三等簿著實舉行，務先德行而後文藝，庶人心警勸。」先生曰：「祖宗設立卧碑，及命提學官敕諭，亦是此意，但奉行之人多玩忽耳。且自童生入學及生員科舉時，皆須里鄰重甘保結，但有平素行止不端者不許入學，不許科舉。古者鄉舉里選之意，亦不外此。若如今或隸卒之子，犯十惡之家，但有輕儇子弟略會讀書，便營求生員，以抵門戶。師生貪其厚賂，一概縱容，全無顧忌，大壞學校正此輩也，士風安能得厚！」

鄒際虞問：「國家解軍之法備矣，其何更有許多之弊？且如今年軍士逃的，各年清軍查出解役，便費許多錢糧，亦無到役者，如何？」先生曰：「未盡然，亦在我們講學的人。」問：「軍士與講學何與？」曰：「在總理這些軍職官的，苟能使這些軍士人人飽煖，則軍士之赴役如行者之赴家，雖逐不去矣。今軍職官賄賂總理官，營求管事，這些財是何處出，皆是削軍之脂膏以償也。」際虞又問：「軍士既缺糧，當有餘，然亦無積餘，何也？」曰：「雖有積餘，因公扣除者亦多矣。」田大本曰：「在湖廣邊上，昔日指揮、千百戶只有數人，今日指揮便以數十計，千百戶便以數百計，昔日之軍皆變爲官矣。」先生曰：「此難以執一論。如在邊上，有首級便以課功。如南京便無此，只是掌軍官不知憂恤，故逃耳。」際虞又問：「如前日見分布疋銀兩，那些指揮、千百戶爭分，彼此攘奪，總理官亦莫如之何。」曰：「怎麼不在總理的？他把這些軍官區處停當，依時分布，如有爭奪者則重懲，以警其餘。」又曰：「際虞勿以予言爲迂。你纔説軍士之弊，要盡救無階，又與總理官説亦不信，只好講明這道理，預養吾仁心。他日得志，措之天下可也。」

先生因朋友在監，疾久不愈者，謂諸生曰：「人多是思慮紛擾，襟懷不舒展，故疾難愈。若屏絕思慮，放開襟懷，此便是卻疾之方，可以勿藥自愈也，學在其中矣。」

紹問：「『克、伐、怨、欲不行』，夫子不許其仁，何耶？」先生曰：「學者惟於仁處下手做工夫，則雖克、伐、怨、欲，亦易去矣。且如司馬君實，何等忠誠，何等才學！當時欲去青苗之害，至免役之法亦欲去之。蘇軾諫之不聽，乃曰：『公昔能諫韓公刺義勇，公今執政，乃不容人諫耶！』及開封尹蔡確逢迎其意而奉行之，君實遂悦而不知其奸矣。」詔對曰：「竊嘗謂君實雖是純誠，豈其於仁猶未能盡純耶？」陳昌積曰：「吾輩今日雖講明正學，使他日在位，或疾惡太甚，安保必無此失乎？」先生曰：『更當上達。」子發問：「何謂？」曰：「無意、必、固、我耳。」

涇野子內篇卷之十一

門人潁川魏廷萱校正
門人金壇王標　録

鷲峯東所語第十六

標問讀書昏勸。曰：「汝取平日古人的好言行朗誦一番，志氣自精爽，亦可知昏惰根本所在，便斬斷也。」

詔問：「科舉之學，古人言：『不患妨功，惟患奪志。』何如？」曰：「妨功、奪志，無甚相遠。諸士讀堯、舜、周、孔之書，將堯、舜、周、孔心事措諸躬行，臨題歷歷寫出，作爲文章，出仕時即將此言措諸政事上，何妨功、奪志之有！若作兩項看，豈惟妨奪者哉！」

問：「溫清定省與立身揚名不能得兼，如何？」曰：「溫清定省即是立身揚名，但其志在親，何事非孝！」

問：「成王不遇天雷風雨之變，而武庚之禍將成，周公何以處之？」曰：「惟行法俟命而已。」

問：「司馬君實儘人忤逆不較，何如？」曰：「固是美質，亦學問之力。」

送周璞歸福寧，語曰：「學者率喜談高而厭卑，卒之高未至而卑者亦荒；學者率喜言遠而忽近，卒之遠未至而近者亦亡。此與懷玉所嘗語者也。斯往也，行遠自近，登高自卑，以正流俗，不可乎？」

今日講的學，自是固非也，說人講的不是，亦非也。禮曰：「汰哉叔氏，專以禮許人！」

先生曰：「今世學者，開口便說一貫，不知所謂一貫者，是行上說，是言上說？學到一貫地位，多少工夫！今又只說明心，謂可以照得天下之事。宇宙內事固與吾心相通，使不一一理會於心，何由致知？所謂不理會而知者，即所謂明心見性也，非禪而何！」

問「修辭立其誠」。曰：「程子所謂修省言辭也。如所說的言語，見得都是實理所當行，不爲勢所撓，不爲物所累，斷然言之，就是立誠處。如行不得的，言之卽是僞也。」問：「如道理上見一分言一分？」曰：「然。」又問：「如道理說得十分明，於身心上全無干係，就不是修辭立誠否？」曰：「然。」

進德、修業，學者只是這兩件事。德是心上的，業自言行上做的。德是箇至極的，知德爲至，則忠信以至之，而忠信之存否則己所獨知，故曰「可與幾也」。業是成終的，知業所當終，而修辭立誠以終之則義已具，故曰「可與存義也」。

問：「既應事接物之後，何如光景？」曰：「雖事物既往，念頭未嘗不流動。若謂念慮無動時，則所謂坐馳也。故朱子解『靜』字曰『心不妄動』，解得靜字極穩帖。」

問：「程子所謂『且省外事，但明乎善，惟盡誠心，文章雖不中不遠』，亦是舉業事否？」曰：「所謂文章者，雖不止如今所謂文字者，然亦在其中。且張子亦有此等議論，所思在義理，文詞下筆則沛然矣。孟子曰：『仁義禮智根於心，其生色也睟面盎背，四體不言而喻。』況文詞乎！近見諸生意思，多覺有定，自此用功，當有進處，文詞不足道也。」

問：「看一部華嚴經，不如看一艮卦，如何？」曰：「『艮其背』，止於義理也。『不獲其身，行其庭不見其人』，人己兩忘也。吾儒之所謂艮，則皆是實理。華嚴經之所謂艮，人相己相，則皆以空虛看了。」

問：「宋宣公傳位於穆公，穆公傳於殤公，其事是乎？」曰：「也是。公羊所謂『君子大居正』，或不可以立嫡之說，泥之也。古人有行之而善者，堯舜也；有行之而不善者，燕噲、子之也。堯於他人且傳之位，況其弟乎！只看所傳之賢否何如耳。弟賢則舍子而立弟，子賢則舍弟而立子，要之不可爲典常耳。若漢高帝舍惠帝而立文帝，則必無呂氏之禍。吳壽夢之事，若以立嫡爲主，則諸樊可也；若以立賢爲主，則季札可也。若欲傳於諸樊，以次及札，使餘祭諸人皆各永年，則將相去百餘年然後及札，是札終不得傳矣。文王不傳於伯邑考而傳於武王，未必非正也。」問：「春秋書『季札來聘』，而不書公子者，其亦以季子之讓爲不中乎？」曰：「非也。春秋之法，在夷則去之，故其君多不得書。季札其臣也，而書之，賢之也。不書公子者，在夷也。」又問：「季札之才近伯夷，何如？」曰：「然。札，賢者也。觀其葬子於嬴、博之間，又觀周樂於魯，皆是末易及處。」又問：「相傳孔子十字碑，真否何如？」曰：「此字有古意，若非漢人筆。」

立德傳賢之事，只要爲君者有定見，有定力，故事可定也。惟堯、舜、太王、文王爲然，否則夷、齊、季札皆不有國矣。故後世奪嫡之事，皆其爲君父者昏庸偏私之罪。

諸生有言及氣運如何，外邊人事如何者。先生曰：「此都是怨天尤人的心術。但自家修爲成得箇片段，若見用則百姓受些福；假使不用，與鄉黨朋友論些學術，化得幾人，都是事業。正所謂『暢於四肢，發於事業』者也，何必有官做，然後有事業！」

黄惟用曰：「學者不可將第一等事讓別人做。」先生曰：「纔說道不可將第一等事讓與別人做，不免是私，這元是自家合做的。」又曰：「學到自家合做處，則別人做第一等事，雖拜而讓之可也。」

孔子後，得孟子發揮出許多來，其對時君言者，特其緒餘耳。其志氣之說，於理學甚有益。教滕君行喪禮，則弔者大悦。行井田，則許行、陳相皆來，豈徒事空言者！昔李太伯作非孟篇，鄭氏亦爲藝圃折衷，至余隱之乃作書以辨之，而司馬公亦以孟子爲疑，朱子悉取而辨之，孟子之心可見也。

諸生習禮。先生曰：「上東階則先右足，上西階則先左足。雖抄手出言，總是存心處。」

問禹聞善言則拜，舜則樂取諸人以爲善。曰：「此須知禹之不及於舜處安在，體貼得舜的心纔是。若子路之喜聞過且不算，禹之拜未免有形跡，拜的心與那樂的心畢竟差些。舜陶漁的時節，與那野人雜處，初不知他爲聖人，那些人有善，遂舍己以從之。然其舍己從人，又不可以輕易說，若是不好的言語，又何如舍己以從？其顯然易見者固不從，那佞人的言語，我以爲是，則彼亦以爲是，我以爲非，則彼亦以爲非，他候得我的意思，先言迎我，若胸中無精一之素，鮮不被他惑了。故司馬溫公豈不是箇篤實人？決意要改新法，被蔡確一一奉行，他就信他是箇好的。趙鼎、張浚被秦檜惑了，遂引用之。故常謂宋室之壞，非自秦檜，自趙、張壞之。故舍己從人最爲難事，辟如買玉石一般，若不認得，鮮不被他以假的來哄了。」

問：「月令朱子嘗以夏月非周月者何？」曰：「周月總是夏月，古人改正朔不改月。如元祀十有二月乙丑，則以十二月爲首，未嘗改十二月爲正月也。如周改十一月爲正月，則春當爲冬，夏當爲春，四時亦不定矣，此豈可改乎？故『春王正月』，春秋則從正月記起，以見從夏時耳。胡氏、程子皆以爲周正，至其後來所記之事，皆易其日月，此豈聖人之信史耶！」

學者到怠惰放肆，總是不仁，仁則自是不息。

先生曰：「諸生看大禹、皐陶相問答之言，則就於今日朋友間體認得禹、皐陶之意便好。己之善不以爲矜，人之善不以爲忌，初無君臣之間，亦無彼我之別。若體認得此心，我有差便是差了，不必揜護。不矜己之能，不攘人之善，不掩人之長，常存得此心，便是克己，自骎骎然登唐虞之廷矣。」

「德惟善政」，蓋益之所言，只在帝身心上說，未及養民上，故禹言要在養民，以足其所當儆戒之意。「惟修」、「惟和」，皆是要如此做。雖有已然者在此，還要去修，要去和也。凡水、火、木、金、土，當時皆有一官以掌之，如玄明掌水，祝融掌火之類。水則溝渠洫澮，火則如焚萊禁火等事。如水則有水歌，火則有火歌，如「耕田鑿井，帝力何有於我」的歌。民家家飽煖，焉得不歌？所謂「正德」，亦不過六府修，而後民德得其正耳。看禹之言，一州一縣亦行得。

當時堯茅茨不剪，土階不砌，設官只是去管百姓的事，要六府之事修和而已。其設刑官，亦只是於民事不修的，要他儆戒，作箇隄防。後世的刑官，全非此意，將罪人鍛煉成獄，舞文弄法，惟恐他走脫了，甚失設官之初意。

先生一日語諸生曰：「新淦蕭時化，吾嘗語以改過之說。他日對曰：『生既聞教後，一日欲見穆先生，以怠心而止。忽又念曰，此非改過也。遂往見之。至於途遇一相識人，方在驢背，以倦下，故將扇掩面而去。又念曰，此非改過也。遂回前十數步，必揖其人而後行。』此事雖至微，可謂存心者矣。又謂章友，『前日以中官不禮而怒，今日聞中官被杖而喜。此皆非正情也，無前之怒，則無今之喜』。此等處皆見得實。」

先生曰：「人未有不可化者。昔日處士仇時閑渡江來見，舟子誦佛經甚勤，及至岸，索取舟價甚亟。時閑謂之曰：『汝爲母誦經，其好善者乎！乃索人多價，非善也。』其後舟子不復與人爭價。看來人未有不可化，顧能投其機耳。其機動者，或隱在商賈，或在技藝，或在僧道，皆可化。故曰『鼓之舞之以盡神』。舟子爲母誦經〔二〕，是他孝心明處，故動他易。若化，惟堯舜成邑聚都耳。」

詩人於周公，從步履上看便見得周公之聖，故曰「赤舄几几」。凡人內不足者，或有讒謗之言，步履必至錯亂，不能安詳。如謝安折屐，豈能強制得住？故古人只求諸己，在己者定，外邊許大得失禍福皆不足動我，是故烈風雷雨弗迷。

一日，語標曰：「昔歐陽公修唐鑑，人謂其事則增於前，其詞則省於舊。自今看來還不是。」又曰：「大要只簡而明，若辭之不可已者，留之可也。呂東萊有功於史甚多，今大事記不可不看。」

永年問典謨之旨。曰：「王政以養民爲首，故先棄養而後契教。教而有不率者，故次皐陶氏教興。而器用不可缺也，故次垂。民而後及於物焉，故次益。民事舉而神可事，故次之以伯夷。既有作於前者，不可無所繼於後，有修養待用之教焉，故次之以夔。其終之以龍者，所以嚴保治之防也。」

虞書不過五篇，而天下之大經大法皆具於此，聖人之氣象皆見於此。聽人言之美，則曰「都」曰「俞」，而己之有言自覺其美，亦先曰「都」。其言有未盡者固曰「吁」，而其言未能已者，則又曰「異」。此可見當時君臣僚宷一心相與，誠切懇到如此。只此便非後世可及，若成功文章，盡緒餘耳。

問：「夫子日夜所思，與夫所謂學者何事？」先生曰：「只是遇著事時，便求此事之理於心，觸類而長，思之不置，要求一箇至當處，如『周公思兼三王』處也是。」

問：「『克己復禮』，禮字與三千三百禮字同否？」曰：「究其極，卽是一箇禮。」又問：「如『非禮勿視』，如禮記所謂『始視面，中視抱』皆是禮，失此則爲非禮，其非禮處皆是己私牽絆，克去己私，使心所存主，於視聽言動上皆合於禮，便是復禮否？」曰：「然。如先王制事親、事君之禮，皆是天理之節文，我以忠孝之心去行此禮便是。且此等禮甚有節文

〔二〕「舟子」以下原另作一段，據乾隆本連屬。

在，若不考究，何由得知？故在顏子，夫子始以此告之。」

陳曰旦病危，先生曰：「天不知怎麼，將一箇善人使之至於如此？」又曰：「子明有弟，作宰華亭，有一友人欲爲求書，子明不從，此是他介處。又嘗見一寺副慢之，子明至發憤，此是他狷處。學者置此心於中，亦可以爲學。」是夜深更，一面兩處迎醫，一面商議殯事。且曰：「此時正急處。」復命詔往視之。又曰：「能捱得達旦乎？醫者得措手矣。」

問：「文王舍伯邑考而立武王，夫子則以公儀仲子立孫爲是，如何？」曰：「立嫡的事是常經。文王舍伯邑考而立武王，立德也。堯舜之子苟可繼，又何必尋取舜禹？他人且立之，況其子乎？惟子是丹朱、商均，故立德。夫子所言立孫，亦據其子孫不相上下者言之耳。」

少師奉子哭踴，其責甚重，少有不謹，不如不文之爲愈。諸侯適天子，及相見、告奠祖禰，俱互見。

冠及期而廢者，始聞內喪也。未及期而復以喪服冠者，既聞喪，後復冠也。

問：「『三賜不及車馬』，何以言孝？」曰：「孝子不欲以榮貴動其愛親之心也。其所稱之人，辭愈遠愈密。」

天下大悅歸己，而猶以不順親爲憂。學者能體貼悅親、順親的心，儘有病痛都無了。

王朝問：「門內門外之喪如何？」先生曰：「門內只是同姓的，若己之伯叔兄弟者；門外只是異姓的。以此推將去，服在其中矣。」

先生曰：「曾子既聞三年不弔於夫子矣，檀弓記曾子弔子張事如何？」朝曰：「三年之喪，稱情而立。又其弔子張，情有不能已者。」先生曰：「看來當時曾子與子張雖是朋友，其實有兄弟之義，蓋以兄弟弔之也。」

朝問：「遼東人賀克恭者何如人？」先生曰：「此人名欽，爲給事中，曾與白沙講學，知其道理，遂解官去。教其子只學耕事，不得讀書，言讀書不養實，反滋驕僞。後朝廷欲用之，彼以三事上，其二謂僧寺教坊也，竟不能用。蓋亦高人也。」

先生問曰：「堯舜之道，何故只是孝弟？」朝對曰：「推其極，非堯舜不能。」先生曰：「此何待於推！只徐行後長，堯舜之道便在於此。在人若不降下其心，還能善事父母兄長否？須日用間體察，凡以賢智先人，與夫意欲上人，以至必欲行己之志，不肯承順父兄意，則知人所以不及堯舜處，只是箇疾行先長。而今欲學堯舜，只是徐行後長，只知徐後的意思〔一〕，自安於其事，故堯舜之道在此。」

問中庸。先生曰：「看來只是箇誠明。故『唯天下至誠』，申『自誠明謂之性』。『其次致曲』，申『自明誠謂之教』。『至誠』、『前知』，言『誠則明』也。『誠者自成』，言『明則誠』也。『至誠無息』以下，申言至誠之贊化育、參天地也。『大哉聖人』以下，申致曲者之功夫也。能有如是功夫，則亦能贊化育矣。故下遂言三重，能斯道者，其惟孔子乎！故遂言孔子，孔子誠明者也。其下『至聖』、『至誠』，皆言誠明之事。然必本之以下學，故遂言下學。」

何城說「高堅前後」。先生曰：「大略亦窺測得幾分。然顏子說箇『仰鑽瞻忽』四字，道體固於是可見，其用心之密，亦可想矣。」語未終，而先生以帖子付皂人。城遽請問，先生曰：「此便比高堅前後處，此便可仰鑽瞻忽也。」又曰：「自家固不當如此〔二〕說，爲爾輩謀則善矣。」諸生起問。先生曰：「此極簡易明白，而高堅前後之深微，亦即在此。故一時即可做得聖人，一日即可做得聖人。但一時不放過，一事不錯過，則自成片段學問矣。」

君子以朋友講習，不徒講之，而又習之也。習即是行。學者能克己，則自不尤人。

〔一〕「只知」以下原另作一段，據乾隆本連屬。

〔二〕「此」字原脱，据光緒本補。

涇野子内篇卷之十二

鷲峯東所語第十七

門人武昌吴光祖録

吴光祖問曰：「義利不明，光祖嘗用意體貼，爲力實難，請示切要。」先生曰：「此問甚好。南軒『無所爲而爲』之言極精，舜、跖之分，正在於此。推之家國存亡，天下理亂，罔不由之。如尚義者在位，則所用皆義人，所行皆義政，天下無不治矣。尚利者在位，其弊可勝言哉！然其初要在謹獨，但於一言之發，一事之動，一財之臨，就當審處，不可有一毫適己自便之心，久之自然純熟，可以造於無所爲而爲矣。昔舜『飯糗茹草，若將終身』，正見義不見利之大節。學者能甘貧儉約，不爲利所動，自無往而非義。」又問曰：「今有人未純乎義，欲矯强爲之，又恐近名，奈何？」曰：「矯强爲義，有何不可！但要内外如一。苟其心未義，外詐飾以爲義，便是好名了，更當痛自懲艾。」

又問多有妄思。先生曰：「還是不知止。如中心的然，惟向一處，雖有旁岐别路，終不能亂也。思義理時，纔思此，又思彼，是謂不專。思義理，又思外務，是爲不定。然須識其輕重先後，自不妄思也。格致工夫，不可不盡。」

先生謂光祖曰：「孔子云『吾嘗終日不食，終夜不寢，以思』，何其勇也，然猶曰『不如學』。可見聖人雖生知，亦須『多識前言往行，以蓄其德』。」又曰：「以思者，不知思的是甚，汝可常思求之。與朋友會講有益，然不但講書，一言一動，無不用心講究。」

光祖問：「近來讀書，多不能記。」先生曰：「如讀書將聖賢言語著意理會，如以身處其事，自爾終身不忘。苟徒泛然一一背誦，寧有幾多精神！」

先生曰：「予癸未在會試場，見一舉子對道學策，欲將今之宗陸辨朱者誅其人，焚其書，甚有合於問目，且經書論表俱可，同事者欲取之。予則謂之曰：『觀此人於今日迎合主司，他日出仕必知迎合權勢。』乃棄而不取。」因語門人曰：「凡論前輩，須求至當，亦宜存厚，不可牽意妄語。」

光祖問曰：「光祖平日嘗靜觀人，或起一善念，後來即得福應，起一惡念，後來即得禍應，若有鬼神司其間者。感通之理信乎？」先生曰：「善道如周行大路，坦坦平平，行來行去，雖覺紓遲，終了安穩。惡道如旁岐曲徑，冒險行之，不陷荆棘，必墮阬塹，此其所以危耳。然爲善乃分內事，禍福不必計也。」問：「坐久即有昏惰之氣，欲因之而少息乎？欲力勝之乎？」先生曰：「『君子以嚮晦入宴息。』當息時，亦不可不息。不當息時，要當立志求勝，或取平日所愛古人言行觀之，或與益友講論天下大務，亦可以勝昏惰之氣。久之，當自清明矣。」

自古國家多難之時，小官死節，誠爲可嘉。至於宰相殺身殉國，未足爲異。當時致難者既由大人，則今日一身之死，安足以贖禍天下之罪！李惟中云：「亦有好人於危急中方用者。」艾治伯云：「臨時有殉國之忠，平時必不忍於禍天下。孔門教人，全在偏處做工夫，如敦朴者使之開通，開通者使之敦朴。蓋去其偏，便趨於正矣。」

問：「危微精一如何？」曰：「心一也，有人、道之別者，就其發處言之耳。危微皆是不好的字面，何謂危？此心發在形氣上，便蕩情鑿性，喪身亡家，無所不至，故曰危。何謂微？徒守此義理之心，不能擴充，不發於四肢，不見於事業，但隱然於念慮之間，未甚顯明，故曰微。惟精是察二者之間，不使混雜。惟一是形氣之所用者皆從道而出，合爲一片。當時有一等人，如巢、許、務光之流，徒守道心，專事高尚，將謂必去其飲食男女之欲而後可，是爲太過，而不知其微也。又有一等人，饕餮、驩兜之徒，惟以飲食、男女、衣服、聲色之欲爲形氣之性，是爲不及，而不知其危也。惟是貫串義理之心於形氣之內，方是爲中。如人莫不衣食，而衣食中自有箇道，故堯於此揭其中以示人，千萬世不能改移。」

問：「曾子曰：『吾日三省吾身。』先儒云：『曾子大賢也，尚一日三省其身，吾儕造詣不及曾子萬一，當無所不用其省可也。』如何？」曰：「此意雖好，看來亦不知用功切要處。且如天下道理，莫大於爲臣忠，爲子孝，爲弟弟。曾子之所省者略不及此，蓋此樣大頭腦處，想都能無愧，惟至於爲人謀等事，則覺猶未能盡其心，故極力自省。蓋爲人謀是替人幹事，不切於己，似多有不著意者，然非曾子，不能省此。今人爲學當省處固多，然必尋己病痛深處克之，乃能有得。不然，百孔千瘡，茫然無下手處，非切實之學。」

爲人謀忠，曾子學之宏也；友信、傳習，曾子學之毅也。謂缺四倫，師友在學，信的傳的是甚？宏則能體西銘，信則信顏子，故曰「吾友習則習」。孔子故曰：「忠恕何其毅耶！」此三省，孰能他的？

夫子於門人，未有與之終日言者，獨顏子能解得夫子意，故夫子與之言終日不倦。如他人多有不知夫子意向，雖與之言，未必盡合。如子路聞「正名」，便曰「迂」；樊遲未達，子貢信疑，夫子又豈能強聒其所不知邪！此正諺所謂「話不投機一句多」。他日又曰：「『語之而不惰者，其回也與！』於此正見顏子能通聖人之意。」

伏羲在當時，想是盡了那一世人的學問，故又仰觀俯察，以習其天地萬物之理，反而配於一身，以至於四體、百骸、五臟，無不脗合，故方能畫卦。伏羲大聖也，尚爾爲學，況他人乎！

光祖問曰：「禹貢所載九州田賦，上上者今反爲下下，下下者今反爲上上，如雍、冀、豫不如揚、荆是也。豈風氣有遷轉邪？」先生曰：「風氣遷轉雖亦有之，但堯之時，禹治洪水既平，西北最高，故水初落時，田壤方沃饒，是以田賦爲上；而荆、揚一帶地勢卑淤，水盡渰沒，故其土爲泥塗，財賦不及。至後來水既歸壑，流行日下，地之高者無所潤澤，故西北之土多乾枯，甚至深掘猶未見泉；而東南田壤猶禹時之西北，是以其產勝也。此皆土地因水勢高下而有肥磽，不專委之風氣遷轉，人事勤惰也。田下而賦上，田上而賦下，據一時言之。賦不止田中所〔一〕，如山林川澤之財皆是，故總計之爲上爲下也，如此方不與田等相遠。孔氏言：『田下賦上，人功修；田上賦下，人力廢。』亦未爲得。」

讀詩當看小序。如桃夭詩，朱子引周禮「仲春令會男女」，以二月婚嫁爲婚姻以時。且如桃開花時，已過二月了。至

〔一〕「所」字下疑有脫文。

於「有蕡其實」，則是五六月天氣，如何猶謂之仲春？殊不知詩人作詩，只是取意。如言「桃之夭夭」，見嫩小之桃，方有好花實，若木既老，則不能矣，若以比方男女少壯，正婚姻以時也。至於各章，都有取意。首章「灼灼其華」，興男女少艾，「宜其室家」，就男女配合言也。二章「有蕡其實」，興其既嫁而生育有子，「宜其家室」，就其所生子孫言也。三章「其葉蓁蓁」，又興其宜一家之人，通九族而言，如蓁蓁之葉，無所不廢庇也。周禮「仲春令會男女」，只是於此時下令，使會男女，以順天時，非必盡在此時嫁娶也。

老泉論井田終行不得，迂矣。橫渠欲買田一區，自行井田，恐亦難。只是當時他心上有不平處，故欲爲之。欲行井田如古之制，必是創業之君乃可。易曰：「雲雷屯，君子以經綸。」必欲是時，而後可以有爲也。然又須思量整置，設法備盡，使後世無所改易，方爲無弊。若繼世之君，此法如何行得！必也其均田乎！均田卽仲舒限田，此法甚好。其次唐口分、世業法亦善，廉吏奉行者少，此朝廷之法所以難行。

柳本泰問格君心之非。先生曰：「格字最廣，隨其君意發動向著處，卽有以預防之，不拘何事，但將萌之欲就是。如舜曰『威之』，禹就說『帝光天之下』等語，就是杜其用威之念。極而論之，則如伊尹見太甲不能變，乃放之桐宮，使之思法乃祖，處仁遷義，亦是格君心處。大抵不可拘泥一方。」

本泰問伊尹。先生曰：「耕莘言伊尹隱處之時所守如此，只是一箇義；後言伊尹既出之時所任如此，只是一箇仁。然必有所守之義，而後有所任之仁。此正所謂『人有不爲，而後可以有爲』，皆是決伊尹無辱己要君之事。」

城問孔子「聖之時」。先生曰：「亦是四時之時。此見孟子善言孔子，其源得於子思，故曰『譬如天地之無不持載』云云，此見孔子就是天也。四時當寒則寒，當暑則暑，何有一毫意、必、固、我之私乎！始終條理，總是論孔子之全。然三子之偏，各自成一箇條理者，亦自可見。此『聖』、『知』二字，比上『聖』、『智』二字亦同。此『智』字是孔子之智，可以兼聖字。此『聖』字是三子之聖，兼不得智字也。蓋孔子之智，知至而行亦至也；三子之聖，聖雖至而智則有偏，故所成就的聖亦偏。如此說，才見取譬巧力之義，亦以見始條理之，知始而見終，終條理之。聖各自其小成處，而至其極，不能兼乎知也。

故樂之聖，知有大小；射之聖，知有偏正；孔子之聖，知大而正。故三子不能及。」

本泰問夜氣。曰：「有夜氣，有旦氣，有晝氣。晝氣之後有夜氣，夜氣之後爲旦氣，旦氣不梏於晝氣，則充長矣。孟子此言氣字，即有性字在。蓋性何處尋？只在氣上求，但有本體與役於氣之別耳，非謂性自性，氣自氣也。彼惻隱是性發出來的，情也；能惻隱，便是氣做出來，使無是氣，則無是惻隱矣。先儒喻氣猶舟也，性猶人也，氣載乎性，猶舟之載乎人，則分性氣爲二矣。試看人於今，何性不從氣發出來？」

本泰問性命。曰：「人通把這箇口、鼻、耳、目、四肢之欲當做箇性，君子則以爲有命，不把此叫做箇性。人通把後五者叫做箇命，君子則以爲有性，不把此叫做箇命。蓋前命字正與後性字同。前之曰性也，後之曰命也，都不是孟子自家說作性，說作命，乃是當時之見，如告子以食、色爲性，便是以前五者爲性也。」

朱永年問：「『莫我知者』何？」先生曰：「若是尤人者，或與人辯是非；若是怨天者，或有籲天之言，人便知道他意向所在。聖人既不如此，人從何處窺測其幽隱之際？唯此天知之耳。」又曰：「只說不尤人怨天，不說下學上達，恰是說至命不盡性。只說下學上達，不說不尤人怨天，恰似說盡性不至命。『默而識之，不言而信，存乎德行』，與此互相發明。」

戰國時，人君只見目前之利，故孟子與他說能仁義則「不遺親」「不後君」，未嘗不利也。若與賢哲言，不消如此道。

永年問：「先儒云：『乾卦六爻，有隱顯而無淺深。』」先生曰：「亦有淺深。初，行而未成；二，學聚問辯；三，因時而惕；四，猶有疑；至九五，始與天地合德。如此看，豈無淺深？」

射有射禮、射義矣，御惟曲禮中有數段，尚可考見古人御之之法，學者取而觀之，亦可以得執御之旨。

問：「諸生看孟子『當路於齊』，有何契合處？」汪威對以「管仲，曾西之所不爲」。先生曰：「亦是。如此便見孔門取人，只看心地上如何。如其心地上有可疑，雖管仲之功業也不算。」又問：「夫子許管仲以仁，而孟子乃復鄙之，或以孟子黜霸功爲言。」先生笑曰：「孔子豈不黜霸功？蓋夫子當日之言爲子路發耳。使子路知此，後必無孔悝之難矣。」

永年問「配義與道」。先生曰：「言此氣是搭合著道義說。不然，則見富貴也動，見貧賤也動，而餒矣。」又問：「孟子不及孔子者在何處？」先生曰：「只這說浩然之氣，便是不及孔子處。孔子何嘗無浩然之氣？卻不如此說。與天地合德矣，又何須說『塞』乎！」

問：「近讀大禹謨，得甚意思？且不要說堯舜是一箇至聖的帝王，我是一箇書生，學他不得。只這『不虐無告，不廢困窮』，日用甚切。如今人地步稍高者，遇一人地步稍低者，便不禮他，雖有善亦不取他，卽是虐無告，廢困窮。」

有問「知行合一」者。先生曰：「爾如此閑講合一不合一，畢竟於汝身心上有何益？不若且就汝未知者窮究將去，已明白者儘力量行去，後面庶有得處。」

先生曰：「曾子曰：『彼以其富，我以吾仁；彼以其爵，我以吾義。』以今學者觀之，似不富如此說，不知還不欲如此說？抑是氣歉，不敢如此說？」陶克諧曰：「還是氣歉。」先生曰：「雖然，然連此語不道，方是孔子也。」

皋陶說九德，皆就氣質行事上說。至商周始有禮義、性命之名。宋人卻專言性命，謂之「道學」，指行事爲粗跡，不知何也？

一日，先生同諸公送一人行。有一人方講格物致知之說，其時甚渴，適有茶至，此人遂不遜諸公，先取茶飲。先生曰：「格物正在此茶。」

一生問曰：「某近爲人所誣，然實無干，當何以處？」先生曰：「汝於此事雖無干，必是平日與他有些話說，或平日處鄉猶有欠缺處，此須有德感動他方好。若能如此而被誣，卻是箇無妄之災，只須泰然處之。」頃間又問：「顏子『雖欲從之，末由也已』是如何景象？」先生曰：「只汝纔所問的，便可看此景象。」某思之未得。先生曰：「如桓魋之禍，則曰『天生德於予』。公伯寮愬子路，則曰『道之興廢，命也』。孔子自家便說他已是天了，已是道了，著顏子如何樣從他？今人如何敢自家說是箇天？自家說是箇道？非是說謙，實是無據故也。如子畏於匡，夫子曰：『吾以汝爲死矣。』顏子說：『子在，回何敢死？』看他如此說，若不在則死矣。把箇死生只问箇是與非，多少從容含蓄！我們只如今要學他，須是要常使此心對得天地、日月、鬼神，則事變之來，無所憂患，無所恐懼矣。」問：「東漢人亦能輕生，緣何又不是道？」曰：「東漢人只是硬要死，幾時有孔、顏如此從容分明來！」

程默說：「今年禮部題奏，欲變文體，欲以成化、弘治間程文爲法。」先生曰：「此亦未盡然。本朝這程文，最是卑弱軟熟的，成化、弘治間亦然。若以此爲主，則取的皆是那會說卑弱軟熟話的人了。如此等人他日立朝，別人說長，他也說長，別人說短，他也說短，幹得甚事！須是取那有見識、有氣魄的，他日方會做得些事。五經不可尚已，如匡、劉的封事，董、賈的對策，這等樣文字方好也。」

有巨臣入京，別先生，將出門，過屏風，語先生曰：「我若得用，必要大用先生。」先生曰：「執事記得橫渠有箇言語否？『執事苟與人爲善，孰不願在下風？若不然，士有遠於千里之外者矣。』」其人默然。

先生一日謂永年曰：「人皆把易經與正蒙、太極圖看做箇極難的，以某看卻是箇易的。蓋聖賢恐人不知所以爲人的道理，說人是天地生出來底，故指天地與人說：你試看天，天是如此；你試看地，地是如此。人若不如此，便與天地不相似矣。以此看，豈不是易事可做得！」

問：「易中先儒以某卦自某卦變來，某爻自某爻變來，恐非聖人之意乎？」曰：「聖人何嘗有此意！蓋易原非爲卜筮作，不過假象說明天地間道理，使人知吉凶、消長之理，進退、存亡之道爾。朱子曰：『有伏羲的易，有文王的易，有周公的易，有孔子的易，有程子的易。』豈有此理！夫程子不過是說孔子的，孔子不過是說周公的，周公不過是說文王的，文王不過是說伏羲的，其易一也。」

涇野子內篇卷之十三

鷲峯東所語第十八

門人休寧汪威録

汪威問衣服之制。先生曰：「古人制物，無不寓一箇道理。如制冠，則有冠的道理；制衣服，則有衣服的道理；制鞋履，則有鞋履的道理。人服此而思其理，則邪僻之心無自而入。故曰：『衣有深衣，其意深遠；履有絇綦，以爲行戒。』故夫子曰：『立則見其參於前，在輿則見其倚於衡。』諸生今日之學，雖一衣解結，亦要存箇念頭，務時時有所見，方可謂滿目皆忠信篤敬也。」

東郭子曰：「今之爲學如扶醉漢，扶得一邊，倒了一邊。」先生曰：「醉漢還容易扶，兩邊扶仕則不倒。若此心倒了，卻是難扶。」

先生謂諸生曰：「學者須要自信，不可先有疑心。若此心有二三，還不當作學。如天地不言，而四時行、萬物生者，只是一箇信。千乘之國，不信其盟而信子路之一言，蓋素孚於人。若學者能做成一箇信的工夫，則德無不立矣。故曰：『默而識之』，『不言而信，存乎德行』。」

何廷仁言：「陽明子以良知教人，於學者甚有益。」先生曰：「此是渾淪的說話。若聖人教人，則不如是。人之資質有高下，工夫有生熟，學問有淺深，不可概以此語之。是以聖人教人，或因人病處說，或因人不足處說，或因人學術有偏處說，未嘗執定一言。至於立成法，詔後世，則曰：『格物致知』，『博學於文，約之以禮』。蓋渾淪之言可以立法，不可因人而施。」

豫色非矣。

何廷仁言：「南太守去官時，全不介意，次日就與朋友往還飲酒。」先生曰：「此亦是難處，若不著情更佳。」有做官之憂者，則有去官之憂；無做官之憂者，故無去官之憂。天理、人欲，同行異情。若全不著情，則孟子去齊不

何廷仁言：「今人說學不必講，此亦不是。如好舉業的相見，則就說文章，爲商賈的相見，則就說貨物，皆終日不厭。如何說學不要講？」先生曰：「舉業與學，本無二道。如場中七箇題目，皆是聖人格言，人做將出來的，又皆是發聖人之精蘊，皆是爲堯舜，爲周孔的說話，舉業如何不是學？但在人躬行體驗耳。若將舉業與商賈對說，亦不可。」

何廷仁言：「程子、張子之心，無些物我之間。如張子方與弟子說易，聞程子到，善講易，即撤臯比，使弟子從程子講易。程子方與弟子論主敬之道，見張子西銘，則曰『某無此筆力』。可見二子之心甚公。」先生曰：「此正是道學之正脈。如孔門之問答，虞廷之告語，皆是此氣象。可見古人之學，絕無物我之私。他如朱、陸之辯，不免以己說相勝。以此學者不可執己見。」

或問：「朱子以誠意正心告君，如何？」曰：「雖是正道，亦未盡善。人君生長深宮，一下手就叫他做這樣工夫，他如何做得？我言如何能入得？須是或從他偏處一說，或從他明處一說，或從他好處一說，然後以此告之，則其言可入。若一次聘來也執定此言，二次三次聘來也執定此言，如何教此言能入得？告君須要有一箇活法，如孟子不拒人君之好色、好貨便是。」

先生曰：「章楓山先生甚好。致仕在家時，甚清貧自處，三間小房，前面待客，後面自居，家中子弟甚率他教，有漢儒躬行之風。先生諱懋，字德懋，浙江蘭溪人。」

門人告歸省。先生曰：「人居家中，須要二三同志者相處，方能幹得事業。同志不專在於文學，凡篤實純厚者，便有琢磨去處，道便自此行也。」

問慎獨工夫。曰：「此只在於心上做。如心有偏處，如好慾處，如好勝處，但凡念慮不在天理處，人不能知而已所獨

知，此處當要知謹自省，卽便克去。若從此漸漸積累，至於極處，自能勃然上進，雖博厚高明，皆自此積。」

東郭子曰：「鄉黨一篇，先儒謂分明畫出一箇聖人，此言甚是。只是精神命脈處未曾畫得出。」先生曰：「如『君在而踧踖』，『出降』等而『怡怡』之類〔一〕，非精神命脈而何？大抵看此篇書，當要知其周旋中禮處。」東郭子曰：「然。」先生歎曰：「自古聖人，第一是舜，遭人倫之變，而皆能化之，可見舜爲善的心無一息之間。」

問學不可不講。曰：「若徒取辯於口，而不躬行也無用。如今日看某句書，於心未穩，當行某事，心有未慊，須是與朋友相講明，然後纔得的當，纔得自慊，卽可坦然行之無疑。可見學要講明做去。」

問存心之說。曰：「人於凡事皆當存一箇心。如事父母，事兄長，不待言矣；雖處卑幼，則存處卑幼之心；處朋友，則存處朋友之心。至於外邊，處主人亦當存處主人之心，以至奴僕，亦要存一點心處之，皆不可忽略。只如此，便可下學上達。易之理只是變易以生物，故君子變易以生民。」

問張子說「合虛與氣有性之名」。曰：「觀合字，似還分理氣爲二，亦有病。終不如孔孟言性之善，如說『天命之謂性』，何等是好！理氣非二物，若無此氣，理卻安在何處？故易言『一陰一陽之謂道』。」

先生講畢，謂諸生曰：「學須待一人問畢，各人將某所言者潛思體驗過，然後更端再問，方有所得。若不思索，不待問畢而又發問，只是漫然。」

一夜月下，因論至科道之官，先生曰：「今之科道，皆非古制。科所以諫君，凡君言行有失，就封駁諫諍，所以謂之『給事中』。道者，凡內外官有失，他就劾論。二官之職實不同，今開口便以二者並言，皆不是。甚者猶使科道查盤錢糧等務，尤非也。」

章詔曰：「諸生在門下，然不免有過差，願聞之，使得自改。」先生曰：「宣之學行儘高，只是還隘些，當要寬大。」王

〔一〕 從「之類」起，至「思天理人欲」止，原脫一頁，據乾隆本補。

朝白：「近來常覺得有過。」曰：「覺得也是好，只是改之爲貴。」謂廷欽曰：「你近來事多，不似去年將經書來問時節。非同志之友，亦少往來，不免誤卻自家工夫，所損非細。」威請聞其過。曰：「你亦謹守，亦知要寬大方好。」沐請聞過。曰：「你且言志向如何。」沐曰：「近來人事亦絕了，十日未曾出門。」曰：「這也好。還是要立定志，不論十日也。」永年曰：「自覺狹隘，只是不能改。」曰：「既知狹隘，卻不可安於此。」

先生謂諸生曰：「昨夜寢時，各人所思何事，試爲我一言。」標對曰：「生想程子說：『上天之載，無聲無臭。其體則謂之易，其理則謂之道，其用則謂之神，其命於人則謂之性，率性則謂之道，修道則謂之教。』此何謂也？」先生曰：「此因人以見天也。」又曰：「『形而上爲道，形而下爲器。須著如此說：器亦道，道亦器。』此又何謂也？」先生曰：「上二句是易言，似分開了。下二句是程說，見道器非二也。」沐對曰：「思天理、人欲[一]。」曰：「此猶是一句渾淪話，似尚未用工也。」吳光祖對曰：「生昨夜想家事，於父母上更切。」先生曰：「實亦人情之常。想父母自是好，還要所想處直使父母至於千百年尤好，此工夫卻在自家身上。若能修身慎行，則所以孝父母者至矣。」章詔對曰：「生常想偏隘處要克去。」曰：「能知弘大，則偏隘自去。」王朝對曰：「生昨[二]晚誦先生贈何栢齋文，想要不變，恐猶未能。」大器對曰：「生想進德修業工夫，比博文約禮更切。」先生曰：「一般也。」曹廷欽對曰：「程子言：『人之於人，當於有過中求無過，不可於無過中求有過。』生想要以此處友。」先生曰：「不可以此自處。」威對曰：「程子說：『苟非自暴自棄，豈不可與爲君子！』威誦此言，不敢暴棄。」先生曰：「此意思亦好。然觀諸生所言，皆知切己用工。只是要不已，方能有進，不可徒想而已。」

章詔問：「程子所謂大其心胸，其工夫是克己否？」先生曰：「克己亦是，更看西銘好，西銘言弘之道。如人心不

[一]「思天理、人欲」以上，原脱一頁，據乾隆本補。
[二]「昨」字原作「作」，據乾隆本改。

大，雖一家兄弟長幼，宗族鄰里，亦分一箇彼此，何況於天下！惟大其心，則聖賢與鰥寡皆吾兄弟，何有一毫之間？故曰：『仁者以天地萬物爲一體。』」

戴鰲問：「申生待烹，未得爲盡善？」先生曰：「我送林基學有言，顏子以一簞食供親，而親不以爲薄，以一瓢飲供親，而親不以爲菲，是以顏子能樂。亦由顏子能諭親於道，故能如此。然則申生平日諭親於道處，亦恐未如舜乎！」汪三山卽曰：「申生之生未盡善，其死亦未盡善。」先生卻曰：「今只且取其恭耳。」

先生謂諸生曰：「做工夫當思二程先生接人何如，處己何如；濂溪、橫渠接人何如，處己何如；又上思孔門諸賢接人何如，處己何如。以此思擬不已，則其進無窮。蓋有標準，自不妄動也。」

人性皆善，或有隱於田畝者，有隱於商賈者，甚至有隱於雜流者，但無人化之耳。使用人化之，皆可進於道而不廢。故欲諸友到處以善誘人，除卻下愚則不能。

問周勃、霍光優劣。先生曰：「霍光縱妻邪謀，不及周勃遠甚。」

威問：「先儒謂人臣當以王陵爲正。使人人皆如王陵，呂氏之變可無否？」先生曰：「安得人人如王陵！所謂當以爲正者，以王陵能盡其在己者耳。」

東郭子曰：「橫渠以禮爲教，乃是聖門的傳。」先生曰：「然禮自有許多儀文度數，收人放心，不可不知。當時門人若呂與叔、蘇季明、范育輩皆得其教，其餘不能也。此學至今傳者少矣。」

東郭子曰：「講學甚難。若教人專治內，則又恐人務於虛寂；若教人專治外，則又恐人務於僞爲。」先生曰：「惟說專治內、專治外，此其所以爲難也。故精義所以致用，安身所以崇德。」

東郭子曰：「我因此病，知得保守，進得些學。」先生笑曰：「因病也能進學則可，若謂學必因病而進，則人必皆病，而後可以進學乎？」東郭子曰：「因病省了許多人事，故可進學。」先生曰：「接人事亦自有一番新意，可進學也。」東郭子曰：「然。大抵人與其有病而善治，不若無病可治還好。然無病可治，在乎謹之於始，故聖人曰『蒙以養正』。今皆是蒙以養正工夫少了，今日不得不保守。」先生曰：「古人謂：『往者不可諫，來者猶可追。』然今日又爲後日之源，今日之保守，又爲後日之益。」東郭子笑曰：「在前者求之果無益，求自今日始是也。」

東郭子曰：「聖賢論學，只是一箇意思，如『修己以敬』，一句盡之矣。如曰『戒慎乎其所不睹，恐懼乎其所不聞』，此敬也；如曰『出門如見大賓，使民如承大祭』，亦敬也；如曰『戰戰兢兢，如臨深淵，如履薄冰』，亦敬也。我看起來，只是一箇『修己以敬』工夫。」先生曰：「『修己以敬』固是，然其中還有『格物致知』、『誠意正心』許多的工夫。此一言是渾淪的說，不能便盡得。」東郭子曰：「然則『修己以敬』可包得『格物致知』、『誠意正心』否？」先生曰：「也包得。然必格物致知，然後能知戒慎恐懼耳。」東郭子曰：「這卻不是。人能修己以敬，則以之格物而物格，以之致知而知致，以之誠意而意誠，不是先格物致知，而後能戒慎恐懼也。」先生曰：「『修己以敬』，如云以敬修己也，修字中卻有工夫。如用敬以格物致知，用敬以誠意正心是。如此說，非謂先敬而後以之格物云云也。」東郭子曰：「不同處卻差這些。」先生曰：「今夜必要講同了。君嘗謂知便是行，向日登樓，云不至樓上，則不見樓上之物。」東郭子曰：「非謂知便是行，但知便要行耳。如知戒慎就要戒慎，如知恐懼就要恐懼，知行不相離之謂也。」先生曰：「若如此說，則格致固在戒慎之先矣，故必先知而後行也。」東郭子曰：「聖人原未曾說知，只是說行，行得方算得知。譬如做檯，須是做了檯，纔曉得檯；譬如做衣服，須是做了，纔曉得衣服。若不曾做，如何曉得？此所以必行得，方算作知。」先生曰：「謂行了然後算作知亦是。但做衣服，若不先問衿多少尺寸，領多少尺寸，衿是如何縫，領是如何縫，卻不錯做了也？必先逐一問知過，然後方曉得縫做，此卻是要知先也。」東郭子猶未然。

東郭子曰：「聖人教人，只是一箇行。如『博學之，審問之，慎思之，明辯之』，皆是行也。『篤行之』者，行此數者不已是也，就如『篤恭而天下平』之『篤』。」先生曰：「這卻不是。聖人言學字，有專以知言者，有兼知行言者。如『學而時習之』之『學』字，則兼言之；若『博學之』，對『篤行之』而言，分明只是知，如何是行？如『好學近乎智，力行近乎仁』亦如是。此『篤恭』之『篤』，如云到博厚而無一毫人欲之私之類；若『篤行』之『篤』，即篤志努力之類，如何相比得？夫博學分明是格物致知的工夫，如何是行？」東郭子曰：「大抵聖人言一學字，則皆是行，非是知。『知及之，仁不能守之』，『及之』亦是行，如『日月至焉』，『至』字便是一般。『守之』是守其『及之』者，常不失也。如孔門子路之徒，是知及之者；如顔子三月不違，則是仁能守之者。」先生曰：「知及之分明只是知，仁守之纔是行。如何將知及亦爲行乎！真予之所未曉也。」

先生曰：「東郭言博學是行，試言其詳，何如？」東郭子曰：「如敬以事親，則事親之物格；敬以事兄，則事兄之物格。物格卽是物正，如此就是博學。」先生曰：「此於博學字面甚無相干。夫事親中間有溫清定省，出告反面，『疾痛疴癢而敬抑搔之，出入則或先或後，而敬扶持之』，自有許多節目，皆無所不學，然後爲博。」東郭子曰：「人子果有敬存於中，則外面自有許多的事。且如敬以搔之，敬以扶持之，皆由有敬於中，故能如此。」先生曰：「敬抑搔，敬扶持，是用敬抑搔，用敬扶持也。」東郭子曰：「用字卻不是。孝子之有深愛者必有和氣，有和氣者必有愉色，有愉色者必有婉容，自然能得許多節目。」先生曰：「深愛言卻好，然未能如此者，必敬搔、敬扶持之，卻是學。故格物還只是窮理，若作正物，我卻不能識也。」東郭子曰：「程子曰：『窮理不可作致知看。』如何以格物爲窮理？」先生曰：「此言程子或有爲而發。若不窮理，將不至於冥行妄作乎？」

東郭子曰：「『萬物皆備於我』，朱註甚解得好。」先生曰：「此章當與西銘並看。」東郭子曰：「然，我亦嘗謂當相並看。『于時保之，子之翼也』，乃賢者之事，卽『強恕而行，求仁莫近焉』意。『樂且不憂，純乎孝者也』，乃聖人之事，卽『反身而誠，樂莫大焉』意。」先生曰：「然。但人做工夫要尋路途，使不迷耳。」

東郭子曰：「程子謂『大學乃孔氏之遺書』，謂之遺書，正謂其言相似也。然聖人未嘗言知，若以格物爲窮理，則與聖言不相似，何以謂之遺書？」先生曰：「謂之遺書者，指理而言，非謂其言相似也。且曰聖人未嘗言知，甚害事。某也愚，只將格物作窮理，先後〔一〕『知止』、『致知』起。夫『知止』、『致知』首言之，而曰未嘗言知，何也？」

東郭子曰：「我初與陽明先生講格物致知，亦不肯信，後來自家將論、孟、學、庸之言各相比擬過來，然後方信陽明之言。」先生曰：「君初不信陽明，後將聖人之言比擬過方信，此卻喚做甚麼？莫不是窮理否？」東郭子笑而不對。

東郭子曰：「『知至至之，可與幾也；知終終之，可與存義也。』此二句『進德』、『居業』俱有，非『德』屬『至』，『業』屬『終』。若如此相屬，何以二句俱加以知字？」先生曰：「還分屬爲是，蓋其上元明白分開矣。」東郭子曰：「見於中爲德，見於外爲業，未有無德而有業者，德業相離不得。」先生曰：「如此說也是，但不分屬『至』與『終』則不可。此說卻甚長，能解此便達天德王道。」

東郭子曰：「夫子曰：『吾與回言終日，不違如愚。退而省其私，亦足以發。』可見諸弟子不足以發，而顏子亦足以發。同領夫子之言，衆弟子違之，惟顏子在夫子面前也是這般體認，不在夫子面前也是這般體認，無些間斷，所以曰『亦足以發』。」先生曰：「謂衆弟子違之亦不是，此與顏子言也。」東郭子曰：「聖人之言，學者皆得聞，只是人領略有不同。如『一貫』之傳，衆人非不聞，唯曾子能唯之，而門人則曰『何謂也』。又如子貢言『夫子之言性與天道，不可得而聞也』，謂之『言性與天道』，則非默然矣，而子貢言其不可得而聞，非真不可得聞也，聞之而不能解，則是不聞，非聖人有與言，有不與言也。」先生曰：「此固是，但謂衆弟子不足以發，似亦未必盡然。蓋夫子有不可與言者，有欲無言者，有與終日言者，自有多少等級。」

先生曰：「致思之功甚大。書曰：『思曰睿，睿作聖。』睿是通乎微，能通乎微，而造至熟處便是聖人。今人都不曾思，看書時或致一思，聽教時或致一思，無是〔二〕靜處之時，多不致思。人能常致思，擴充天理出來，自然上往。」

〔一〕「後」字疑爲「從」字之誤。

〔二〕「是」字疑爲「事」字之误。

先生曰：「人之生，不幸不聞過，夫子亦以聞過爲幸。聖人心地平易，有過隨人去說，人亦爭去說他的過，是以得知，真以爲幸。今人所以不聞過，如何只是訑訑聲音顏色，拒人於千里之外，有過人亦不肯說與他，是以成其過。學者貴乎使人肯言己的過，便是學問長進。」

先生曰：「汝輩做工夫，須要有柄欛，然後纔把捉得住。不然，鮮不倒了的。故扠手不定便撒擺，立腳不定便那移。」

先生曰：「學者必是有定守，然後不好的事不能來就我。易曰：『鼎有實，我仇有疾，不我能即，吉。』若我無實，則這不好的事皆可以來即我也。」

威問：「禮謂天地之祭，『越紼而行事』。程子謂『越紼猶在殯宮，此事難行，只消使宰相攝耳。』子厚又曰：『父在爲母喪，則不敢以喪服見其父，況天子爲父之喪，而可以事上帝？不如無祭。』此三說如何？」先生曰：「祭時是天子三年之喪，則宰相亦有三年之喪矣，就是天子可祭，不必使攝也。天子事天地，雖是天子的父，亦是天地所生也，亦難比天地矣，如何不祭？子厚之言，又是一說。古者父在爲母齊衰期年，是以不敢見父。如今父母皆是斬衰，三年喪服，亦可見父，不必拘泥。」

本泰曰：「領先生之教固多，此回再求一言見教。」先生曰：「我平日所言的，但不要變了就是。如隨所在化人，然後我的言語纔有著實。」

先生曰：「汝輩違了父母，違了妻子，違了親戚、鄉黨，到這裏爲學，須是勇猛前進，見諸言行，換一箇好人，纔不負了初心。歸見父母、鄉黨，亦自悅樂。」

先生謂威曰：「鄧子華甚甘清苦。昨日教汝輩送他，非是徒送耳，覩他動靜、行李，以驗之於己，便是學也。」

先生曰：「學者存誠工夫，只是要不息。能一夜不息，則一夜之聖人；能一日不息，則一日之聖人；若常常不息，則常常是聖人。若息，則便走入夷狄矣。」

威問：「李延平之學甚精密。」先生曰：「這箇先生的工夫甚大，蓋全在仁上作功，於克己復禮，喜怒哀樂未發之前體認。如朱先生，卻稍不似他。朱先生的意思，便要窮盡天下物理，便要讀盡天下書，故如今有許多註釋。看起來雖不必如此，然當時卻不得程門那樣人講論，故不得不然。」威曰：「如今學者一箇人恰似兩箇人，對師友是一樣，獨處又是一樣。須如程子所謂『不欺暗室』纔好。」先生曰：「此便是慎獨，須要使爲一箇人。」因舉邵子不欺暗室詩。

永年問：「邵子此等言語儘是切實，程子如何說他不知學？」曰：「程子此言也說得太快，不學如何到得此？」又問：「先生抄釋謂邵子學非聖人，如何？」曰：「聖人之心無適莫，邵子卻倚在數上去了。且聖人教人爲善，雖愚的也要他明，雖柔的也要他強，邵子則筭定一箇吉凶在那裏，人皆謂吉凶有定數，誰肯去爲善？所以謂他學非聖人。」

先生曰：「今日爲學，須是把一切富貴雜事都斬斷了，一心只是爲學，然後有進。今人皆被這事纏繞了，如何得好？然斬斷了也甚難，非是至剛的人不能。故曰聖人，『吾未見剛者』。」

先生謂威輩曰：「我昨過碧峯寺，有箇天通，是好僧，來見，有鬚髮，戴著道冠，穿著僧衣。我問他：『你有鬚髮，是箇道人，如何在寺中住？』對說：『貧道有病，因此長髮。』我問：『你是僧，如何稱貧道？』他說：『三教只是一箇道，我沒有這箇道，所以稱貧道。』『依你這般說，若使箇秀才亦稱貧道，可乎？』曰：『秀才是聖人之徒，又不可如此。』『且你在此做甚麼工夫？』對說：『念佛冷心。』問：『你這心也還有熟時？』曰：『我如今三十年此心不熱了。』問：『如何樣冷心？』對說：『絕了一切世務便是。』因說也似吾儒沒有私欲一般，你能一夜絕了，就是一夜的佛，一日絕了，就是一日的佛，只是要常常如此。少頃，他說：『我到這裏，蒙諸公卿皆來看我。昨日有都堂老爹到這裏，我初不識，及起身時，看是花金帶纔曉得，甚驚訝怠慢他。』我說：『你這般說，心卻又熱了。雖是金帶也看不見，纔是也。』天通臉皆發赤，看來這僧還不曾定。人心有些夾雜，明得盡的就看破了。少頃，他說：『金子是砂石中分別出來的，玉是頑石中分別出來的，君子是小人中分別出來的。』我說：『你這話又差了。金子初不曾說我是金，他是砂石；玉初不曾說我是玉，他是頑石；君子初也不曾說我是君子，他是小人。若自家如此分別，卻又小了。且如舜當初耕於歷山時，與那等人皆是一般，何曾分別他，說我是聖人？』天通又喜曰：『佛家說揭蓋，今老爹與我揭蓋了。』留茶餅，餘的與手下人。我說：『你還有這箇告子不動心。』他說：『有這箇心，便有這箇情。』我說：『你自後公卿來看你的，再不要說他，纔冷得心也。』」應亢問：「這心惟恐他心，也是冷心否？」曰：「這是強制其心，他是寂滅其心，還不同些。」永年問：「心畢竟可冷得否？」曰：「須不生不煖，如何要冷？如私心、慾心、躁心、驕心，這樣的心要冷他。孟子那不動心，邵子收天下春歸之肺腑，卻要學。須要『必有事焉而勿忘』，然後可。一不同孟子之處墨者夷之，二不同程子欲斬放光佛頭來觀。既見，又何以與他揭蓋以濟其術？」

涇野子内篇卷之十四

門人武陵劉邦儒録

鷲峯東所語第十九

劉邦儒一日見先生於柳灣精舍，適一友持春池卷求題。先生題畢，謂邦儒曰：「吾輩胸中不可不常見此景象。」問曰：「何也？」曰：「見此則滿目生意盎然，活水流動無滯矣。」又問：「何以能見得？」曰：「只是收放心。」

邦儒歸省武陵，先生大書「志伊學顔」見賜，因請教。先生曰：「我的意思盡在這四字上。此回能做得顔子安貧樂道功夫，不患不能爲伊尹之堯舜君民事業矣。」

邦儒撥歷後來見，先生曰：「連日大風雪中歷事，意思如何？」曰：「此等處雖是辛苦，亦未敢怨尤。但衙門中禮體太嚴，頗覺未安耳。」先生曰：「你這衙門與國子監略有不同，一切禮貌固有舊規，至於太過處，也要自家斟酌。夫禮因人情時事而爲之節文者也，不可只按著舊本。能得於此，雖他日禮讓爲國，亦不外是。」

邦儒居鷲峯寺中，有一鄉縉紳攜酒至寺，飲同鄉諸友。次日見先生，先生曰：「昨日所講論者何事？」對曰：「講時政及圍棋耳。」曰：「汝曾圍棋否？」對曰：「未也，第旁觀之。」曰：『就不能止之乎？』對曰：「於時亦難處。」因請教。曰：「汝何不曰：『鄉先生枉顧吾輩，吾輩正欲求教，若只圍棋，恐無開教之時，是拒吾輩也。』知此答來，人己皆受益。」

邦儒問：「臨事優柔不斷，如何？」曰：「此只是見理未真耳。若知理已真而又不斷者，非因循隱忍，必利害是非怵其中也。」

象先問：「朋友相聚時，言語固當長幼相遜，但說道理有未安處當如何？」先生曰：「人有說得是處，便要虛心取了他的；有不是處，也要與他講幾句，使此心無一些子芥蔕方好。若一徇著長幼之序，聖賢之道便不得明了，且其設心便有所爲而不言，有所爲而言，先已離卻道，又何講邪？因年之長幼，爲言之誾侃亦可。」

先生語及中庸尊德性、道問學的工夫，象先因問：「失記前日所講溫故知新、敦厚崇禮處，請再發明。」先生曰：「我當講論時，也只隨人所問而答，初未嘗有箇安排的意思，故講後多忘卻。此在你諸生自思之，不可效我少溫故工夫也。」

有一相知見先生，言二友因爭取書抄，至失和氣。先生謂之曰：「試問所抄書中有此事否？且何不出一言以箴規之？」對曰：「惟至人能受盡言。」曰：「你先做了箇至人，亦自可使人受盡言矣。」

邦儒問：「近日朋友講及大學，每欲貫誠意於格致之前，蓋謂以誠意去格物，自無有不得其理者，如何？」先生曰：「格致、誠正雖是一時一串的工夫，其間自有這些節次。且如佛氏寂滅，老子清淨，切切然惟恐做那仙佛不成，其意可謂誠矣，然大差至於如此，正爲無格致之功故也。但格致之時，固不可不著實去做，格致之後，誠意一段工夫亦自不可闕也。」

王貴問「人之過各於其黨」。先生歎曰：「堯舜之仁止於一世，夫子之仁至於萬世，就在人之過裏面，也要看出箇仁來。文中子曰：『夫子於我有罔極之恩。』誠哉，斯言也！吾輩見人有過，須要如此看他方是。」金瀚曰：「周公之殺兄，孔子之爲君諱，想亦是過中之仁。」先生曰：「也是。程子亦常說來，君子於人，當於有過中求無過，不當於無過中求有過。宥過無大，觀過知仁。」

黃容問：「『朝聞道，夕死可矣。』聞道如此之速乎？」先生曰：「這聞字不可輕看過了。以前不知用過多少功夫，到此方有所得，故當死之時，無有遺恨。孔子夢奠兩楹，曾子易簀而斃，看他是何等氣象！」

先生一日訪一相知，守門吏以未起辭。先生猶進至堂，見其人方與諸友講學。先生曰：「以吾子門下吏，亦有說謊者乎？」其人爲起謝。先生因問：「此宅子這等深邃，卻是好講學。」對曰：「只是與堂上先生相鄰耳。」先生曰：「相鄰夫何傷？」對曰：「也是某早晚間亦賴有戒慎的意。」先生曰：「不意吾子戒慎之功，乃賴堂上先生而後有也。」其人及諸友皆大笑。歸語邦儒曰：「惟聖人能不賴勇而裕如。」

邦儒問：「漢武帝立弗陵，殺鉤弋夫人，何如？」先生曰：「立子殺母固不可爲訓，但也要看他時勢如何。武帝於鉤弋夫人素所寵愛者，相處非一朝一夕，想必見他性情行事隱然有恣横之勢，後不可制，故不得已而殺之。處之雖至太過，武帝當日之心，實亦未易窺測，然或因事激怒而殺，亦未可知。」又問：「人主嚴立家法，使母后不得預政，似亦無不可者。」曰：「若逢著子少母壯，淫縱恣横，以干國政，誰得而禁之？不見唐之武后乎？太宗一未能處，遂至子孫幾無噍類之禍。故明主以天下爲大，一室爲小。」又曰：「若有文王『刑於寡妻』手段，則不至如此矣。」

先生曰：「汝輩今日在此講論，不消拘拘於經史上。卽如今日用應接上下，或言語衣服，卻都是學。故當時曾子、子夏講論時，常說今日某人行冠禮差，又說某人行喪禮差，一一在這上面考究。今人說及此，便以爲粗跡了。此等處講得既明，卻就要下手去做。若有一等人，所講者是一樣，看他穿的衣服、住的房屋又是一樣，這便不可信他。若所講者如此，著的衣服、住的房屋也是如此，這箇人一向這等去，何患不成！」

邦儒問：「蘇武使匈奴，海上十九年，百般苦醜都能甘得，如何有西域娶胡婦、生胡兒之事？」先生曰：「此亦是外傳所紀，不可遽信。且看他當時匈奴再三欲以長公主妻他，他終不肯屈，則此等事斷然可知其無；縱有之，亦不害其爲武也。」

邦儒問：「程子曰：『漢儒近似者三人：董仲舒、毛萇、揚雄。』夫萇視仲舒已不敢望矣，子雲何足道？」曰：「法言、太玄，其言似亦有可取者耳。但身已失矣，言辭說他怎的！」

邦儒問：「雋不疑爲京兆尹，每出平獄歸，其母輒問之，所出多則喜，少則憂，至於廢食。此等處胡孺道曾說當諭母於道，何如？」先生曰：「也不得如此。若屈法以慰母，恐亦非天討矣。」

象先問：「宋太祖收藩鎮，先儒以爲趙韓王有仁者之功。竊謂宋室後來削弱，或基於此。」先生曰：「宋室削弱原不在此，蓋由丁謂、王欽若、王安石、呂惠卿、韓、賈、秦、蔡諸人壞之耳。詩云：『人亦有言，顛沛之揭。枝葉未有害，本實先撥。』當時如司馬光、程正叔、朱光廷等皆一時稱賢，顧乃目以爲黨，刻石國門，雖石工心知其非，不忍鐫名，諸君亦不肯從。用舍顛倒如此，何得不亡！易曰：『明出地上。』『晉，康侯錫馬蕃庶，晝日三接。』『明入地中，明夷。』『垂其翼。君子於行，三日不食。』是國之明暗存亡，由於賢才之用舍。」象先曰：「不知當時怎麼有許多不好的人接踵而出。」先生曰：「此亦是氣數使然。如天之元氣，春時便有和煖的意思，到秋來便有淒涼的意思。」問：「先生論政，常歸諸人事，此言氣數者何也？」曰：「人事不修於先，吾末如之何也已矣。詩不云乎：『天實爲之，謂之何哉！』又曰：『誰生厲階，至今爲梗。』宋太祖國初就不曾得箇〔一〕賢相，趙普全以私恩〔二〕爲之，其罷藩鎮石守信等兵權，尤爲宋基禍之大者。以湯、武、漢高祖、唐太宗用人較之，自見其用人雖遼亦不及。」

何堅始見於先生，問學。曰：「立志。」又問：「看書心未定，如何？」曰：「凡心有擾亂，且拚卷靜坐，熟思古人作用處，乃可言定耳。」「他日〔三〕聞鄰有掾吏爲絃管者，始聽之甚惡，已而漸喜。既聞教後，聽之復大懼其非，如何？」先生曰：「也還是此心未定。凡學，卽於紛華雜擾中求得靜定方好。且如禪僧，在深山野谷修行，此心亦能收斂；或至城市，見紛華卽能移其念，遇雜擾卽亂其中，蓋由不能於動處求靜也。吾輩做工，正要識得此意。」

先生曰：「汲黯『內多慾而外施仁義』之語，極有力量，閱史者多忽之。設以身處其地，始見其難耳。然於此亦可見武帝納諫。」

堅歸省復謁。先生曰：「叔防登科後，有來書云何？」對曰：「方慮作宦甚難耳。徇時則拚所學；欲行其學，則又不免於禍。」曰：「子何以言答之？」堅曰：「君子處世，唯是道之得行與不得行，不虞其禍之至於不至也。遵道而行以

〔一〕「箇」子原作「介」，據乾隆本改。
〔二〕「恩」字原作「思」，據乾隆本改。原本佚名朱筆校爲「意」，尤善。
〔三〕「他日」以下原另作一段，據乾隆本連屬。

獲罪，君子則謂之福；違道以苟祿，人皆知祿之榮也，君子猶以爲禍。」先生曰：「雖是如此，然中間多少斟酌。前所言『致曲』工夫，此處正可用也。」

先生曰：「舜之好問好察，正爲不得民之中處耳。」堅問：「生輩不能好問好察，病源安在？」曰：「此問甚善。但就於不能處自考，便是病源。」堅曰：「多是好高自是，不能下人。」曰：「此猶是第二著，還是不知也。苟能知舜之『欲並生哉』之心，則自不容於不問不察。」

先生曰：「不睹不聞與隱微一也，皆是慎獨工夫。」堅問：「延平先生觀喜怒哀樂未發氣象，何如做功？」先生曰：「子知不睹不聞，卽是隱微，則知喜怒哀樂未發之氣象矣。」堅未達。先生曰：「語未終而問更端，又安能觀未發也。」已而備論涵養用敬之說。堅退而懼，曰：「侍於君子有三愆，今其一也。」

先生謂後世爲政，當以轉移風俗爲急。善人進，則風俗自淳；風俗淳，則天下百姓陰受其福而人不知。漢徵孝廉，亦得此意，蓋去古未遠也。堅曰：「此亦近王道否？」曰：「然。」或有言及邊事者。先生曰：「漢法甚善，邊寇爲患，一郡守足以拒之，若廉范雲中是也。」或曰：「方今之患，莫大於此。」曰：「此特一有司之事耳。爲今大患，恐或不然。」詔又問之，先生未答。既而曰：「此時只宜講學耳。」

漢接周、秦，夷心不似後來知中國之悉。自劉敬和親，歲致金緒彩繒，又通關市，故夷心欲得中華美麗日熾，故其勢必至於元而後已也。若如古中國自中國，夷狄自夷狄，邊鄙自當無事，故一郡守可支也。

或問：「中庸甚簡易，何以不可能？」先生曰：「唯簡易，故不可能。」

堅久病，先生遣使者數問。僧舍紛擾喧笑，臥不成寢，偶思先生求靜於動之教，久之心定，愈於未病之時矣。竊喜其有病而忘之也。及病愈，心反不及病時收斂。因往謝先生而請問曰：「堅每見先生時，私意盡釋，此心自然靜定。及退，未免私意復萌，何如？」先生曰：「正要在此時做工。雖無師保，『如臨父母』。今汝所言，是進見時一箇心，退後又一箇心也。如覺有間斷時，或於良友處講學，亦爲攝伏身心之助。」堅忽得一美服，尚未能覺其非也。適一友語及冠服之麗，卽正色言之，使之改。既而自反，尚不能克去此病，前思遂中止。是日聽講，又聞先生巧言令色鮮仁章，不覺驚汗失措。

先生曰：「前講『好仁者，無以尚之』，諸生有能真見無以尚之者乎？」堅對曰：「每欲勉強時，亦知其無以尚。但忽然不覺私意乘之，則有所尚矣。」先生曰：「此時以何法處之？」對曰：「惟強制耳。」曰：「強制亦是第二著，須還見得透，自易矣。」

涇野子内篇卷之十五

鷲峯東所語第二十

門人歙縣許象先録

許象先初見先生，請教。先生曰：「學者要在隨時精察體認，否則我雖多言亦無用，猶是照舊人也。」

呂潛問人事難以應接。先生曰：「都不接來，未免有失人處；都要接來，未免有失己處。孔子曰：『汎愛衆而親仁。』」

何城問：「漆雕開『吾斯之未能信所信』，只是理否？」先生曰：「固是。吾輩且替他想，看怎麼便不肯自信？」象先曰：「莫不是知得反身，尚未能誠否？」曰：「但且就吾人自家身上看。且如朝廷把你做箇兵部官，果能自信兵儲、邊策、將士之心，一一能周知否？把你做箇吏部官，果能自信庶司、百吏、賢人、君子，一一能周知否？漆雕開不自信，只是心不自足，故夫子悦之。且如子路，率爾而對我能道千乘之國，便是自信了，夫子所以哂其不讓。」

呂潛問：「欲根在心，何法可以一時拔去得？」先生曰：「這也難説一時要拔得去，須要積久工夫纔得。就是聖如孔子，猶且十五志學，必至三十方能立，前此不免小出入時有之。學者今日且於一言一行差處，心中卽便檢制，不可復使這等，如或他日又有一言一行差處，心中卽又便如是檢制。此等處人皆不知，己獨知之，檢制不復萌，便是慎獨工夫。積久熟後，動静自與理俱，而人欲不覺自消。欲以一時一念的工夫望病根盡去，卻難也。」

先生一日贈胡貞甫陞知福州府文，中有處置釋氏一段。象先曰：「廷臣建言欲裁革釋氏，是義；先生如是處置，卻是仁。」先生曰：「仁立則義行，義精則仁無弊。廷臣言欲裁革固是義，須停當可。且這些人原初出家，也是不得已處。

孟子曰：『經正，則庶民興；庶民興，斯無邪慝矣。』苟上之人不務明禮義以化導之，而遽欲去之，幾何不激變乎！亦豈復推原其不得已之情乎！須是要體堯舜並生之心好。」

呂潛問：「理欲界限甚明，何爲人心每每沉溺於欲？」先生曰：「還是見不到。如簞瓢陋巷，他人則憂，顏子便樂。蓋真見有重於此者，夫何憂！」

呂潛問：「學者自做秀才至中舉、中進士，心只是依舊不動，方是學。」先生曰：「此意卻好。前日顧東橋見我云，彼處有箇秀才，有學識，中不得舉，心甚憂。予謂此正是無學識處。如中不得舉心憂，便爲舉人牽扯去了；中不得進士，做不得官心憂，不免又爲進士與官牽扯去了。如此等心，便不屬己身了。非是不要功名富貴，須不累於功名富貴纔是。」

象先問：「文王能使家國天下皆化，竟不能化紂，莫不是紂下愚不移否？」先生曰：「此大有說。紂固下愚難移，且當時前後左右莫非妲己、飛廉之流，雖有善言，無由而入；況文王身且不能見容，若非散宜生、閎夭之徒處置出來，幾不能免矣。」象先問：「散宜生之事，文王知否？」先生曰：「文王在羑里中，怎麼得知？然此亦是聖賢善用權處。蓋宜生知紂之惡不可回，文王之聖不可死，故如此處置。孟子嘗稱，太公望、散宜生則見而知之，他也是聖賢了，惟其如是，故紂解文王之囚，且賜之斧鉞，得專征伐，文以得以伐密戡黎，去崇侯虎，當時天下所以不得深受其害。故聖賢一時之權，實天下之利，其用心如此。」

先生曰：「陳白沙謂：『舞雩三三兩兩，只在勿忘勿助之間。』想當時曾點只是知足以及之，恐勿忘勿助工夫卻欠闕也。不然，則不止於狂矣。」

象先問：「先儒言子路亞於浴沂，是子路猶下曾點一等。然子路『未之能行，唯恐有聞』，恐又曾點所不及。」先生曰：「正是。曾點氣象大，行不掩言；子路工夫密，見義必爲。亞於浴沂，先儒特自其言志時氣象而言耳。」

問：「岳武穆班師，是否？」先生曰：「如何不是！天下寧可無功業之成，不可無君臣之義。」

唐音問：「申生待烹之事，人議其未免陷父於惡，如何？」先生曰：「晉獻公溺於驪姬，元是惡的，不是申生陷他。

申生不逃待烹，雖若過乎中庸，他的心卻合乎天理之公了，故謂之恭世子。若再說他不是，卻是世之逆命不死者卻好也。」又曰：「除是申生學至道於舜同，應別有處。」

唐音問：「子思不使子上爲出母服，何以不與孔子同？」先生曰：「聖人道大德宏，故於人子情可通處無所不容；子思是賢者，卻還守禮爲是。」

象先問：「吳康齋終日以衣食不足爲慮，恐亦害事否？」先生曰：「此公終日被貧來心上纏繞，不得謂之脫然無累。然亦卻是有守的，外面勢利紛華奪他不得，吾輩且學他此等長處。」

先生謂諸生曰：「吾儒心中常使有餘，無不足慮纔好。所謂有餘是甚的？只『內省不疚，夫何憂何懼』便是。」

先生曰：「仁者，人也。凡萬物生生之理，卽是天地生生之理，元非有兩箇。故人生天地間，須是把己私克去，務使萬物各得其所，略無人己間隔，纔能復得天地的本體。夫孔門諸賢，於一時一事之仁則有之，求萬物各得其所，與天地同體氣象便難。惟顏子克己復禮，幾得到此境界，故夫子於夏時、殷輅、周冕、韶舞，惟與他說得。他人無此度量，夫子不得輕與也。」

李樂初見先生，問：「聖學工夫如何下手？」先生曰：「亦只在下學做去。」先生因問：「汝平日做甚工夫來？」和仲默然，良久不應。先生曰：「看來聖學工夫，只在無隱上亦可做得。學者但於己身有是不是處，就說出來，無所隱匿，使吾心事常如青天白日纔好。不然，久之積下種子了，便陷於有心了。故司馬溫公謂，平生無不可對人說得的言語。就是到『建諸天地不悖，質諸鬼神無疑』，也都從這裏起。」

康恕問：「羅整庵譏象山只論心，不及性。」先生曰：「只論心論性，不論行亦未是，須著自家行去方好。象山謂『六經皆我註腳』，如這等議論儘是高明的，但卻未曾如此行耳。如與諸〔一〕子爭辯，便忿恨不平，甚至罵詈，躬行君子豈是如

〔一〕「諸」字疑爲「朱」字之誤。

此！恐所謂論心者亦亡矣。」

先生曰：「何叔防每於我言不合處，便對曰『城再想』，這意思甚好。如舜，大聖人也，他說的不是，禹亦曰『吁』；子路於孔子之言有未安，便曰『迂』。若他人不管曉與未曉，只唯唯答應過去，豈是道理，豈有長進！」

象先問：「治天下自兄弟妻子始。唐太宗閨門手足如此，卻能致治，如何？」先生曰：「尚能用人耳。子云衛靈公之無道，『奚其喪？』況直諫如魏徵，而太宗取自讎敵，此所以亦能致貞觀之治。」

先生曰：「天下事當言不言，當行不行，失之弱；至於過言過行，卻又失之露。其要只在心上有斟酌損益方好。」

先生謂：「知得便行爲是，謂知卽是行，卻不是。故知者行之始，行者知之隨，猶形影然，又猶目視而足移然。」

先生曰：「鄒東郭云：『聖賢教人，只在行上。如中庸首言天命之性，率性之道，便繼之以戒慎不睹，恐懼不聞，並不說知上去。』予謂：『亦須知得何者是天理，何者是人欲。不然，戒慎恐懼箇甚麼？』蓋知皆爲行，不知則不能行也。」

永宇問：「聞人譽己似不喜，但於毀言，終未免有不能釋[一]然處。」先生曰：「須是聞毀言不怒，纔能聞譽言不喜，此是一套的事。」

問：「三王之制禮作樂，何以能與天地鬼神合？」先生曰：「繫辭謂『天尊地卑，乾坤定矣』，禮記謂『禮由陰作，樂由陽來』。天地自然之禮樂，元是如此。三王之制禮作樂，一順天地至公之心，自然無毫髮私意杜撰出來，故能與天地鬼神合。伏羲河圖之作，亦有來歷，『仰觀象於天，俯觀法於地』，非自作，但能近取諸身耳。故張橫渠嘗有云：『不聞性與天道，而能制禮作樂者，鮮矣。』」

康恕問格物：「如鳥獸草木之類，亦須格否？」先生曰：「所謂格，在隨時隨處格。凡念慮所起，身之所動，事之所接皆是，皆要窮究其理。然鳥獸草木元初與我也是一氣生的，怎麼不要格？如伏羲亦嘗觀鳥獸之文，但遠取諸物，必須要

[一]「釋」字原作「什」，據乾隆本改。

近取諸身纔是。若離卻己身，馳心鳥獸草木上，格做甚！」

康恕問：「戒慎、恐懼是靜存，慎獨是動察否？」先生曰：「只是一箇工夫。靜所以主動，動所以合靜。不睹、不聞，靜矣；而戒慎、恐懼便惺惺，此便屬動了。如大易『閑邪存誠』一般，邪閑則誠便存。故存養、省察工夫只是一箇，更分不得。」

先生與諸生講「中立不倚」，曰：「凡學者各受病處，如瘡疥之類一般，有發之手者，有發之足者，有發之面目者，須是自其脈絡貫通緊要處整治，纔易愈。聖人之教人，正如醫者之用藥，必是因病而發。子路剛勇，說這箇強，於中則不足，故夫子語之以『中立不倚』、『和而不流』，亦對證用藥之一驗。其於諸弟子皆然。」

先生曰：「程子謂鳶魚之論，於學者極有力，活潑潑地最有味。蓋子思鳶魚之咏，即是夫子川流之歎一般，見得道無不在，工夫無一息可間斷得。然說到鳶飛流水處，極是緊切的，見得工夫有少間斷，便與道相離了。此所以須是時時省察，不使離道於須臾纔好。後來如周茂叔愛蓮花與不除窗前草，張子厚聽驢鳴，皆是於道之不可離處實落見得，非爲蓮與驢也。」

問：「『妻子好合』後，何爲繼以鬼神章？」先生曰：「學者須是學到通得鬼神處，方是實學。如舜納於大麓，而烈風雷雨弗迷；禹黃龍負舟，須臾俯首而逝，皆是通得鬼神處。後來如程子爲鄠縣簿，有邀去看石佛放光者，辭云『適政不暇往，可取其頭以示』，其光遂滅。又有一人謂曰：『近有一奇特事。』問：『何事？』曰：『夜間宴坐，室中有光。』程子謂：『某亦有一奇特事，每食必飽。』亦庶幾不惑於鬼神者。然聖賢能如此，卻從那裏得來？亦只在不忽妻子上做起。不忽妻子處，正是慎獨，就是能與鬼神合其吉凶。」

先生曰：「管仲器小，夫子因或人不曾問及，亦未嘗說出。予看來，管仲器小處蓋有所在。如召陵之師，當時楚已僭王了，卻不知責，卻去責他不貢包茅；首止之盟，惠王欲舍世子鄭而立帶，亦當率諸侯明爲講解，惠王未必不聽，乃遽率諸侯會於首止，在世子則是以子去挾父，在桓公則是以臣去挾君。予〔二〕觀仲父、桓公這二事，皆是器小不能見大處。」

問「義之與比」。先生曰：「知得此義儘難。如宋時韓魏公欲刺陝西義勇，是有專主的意，司馬溫公諫不從，曰：『天下事非一己私議。』及溫公當執政時，欲變役法，蘇軾進言『青苗可罷免，役猶可存』，溫公怒不肯從。蘇公曰：『公昔能諫韓公刺義勇事，今日相公執政，遽不容人諫邪？』是溫公卻又自專主了。以此知己私甚難克。二儒操行至此，猶未能義之與比，況其下者！學者於此等處，正須要辯析明白，庶乎臨事不昧所從。」

問一貫。先生曰：「一貫辟如千錢，只是一索貫串著，儘有條理而不紊。今學者且從一兩錢上積累去可。」

諸生因問：「尋樂之功如何？」先生曰：「亦只是自各人己私牽繫處解脫了便是。」

先生曰：「天下無一事非理，無一物非道，如詩云：『灑掃庭內，惟民之章。』夫灑是播水於地，掃是運箒於地，至微細的事，而可爲民之章。故雖執御之微，一貫之道便在是也。」

象先問：「夫子欲爲東周，其設施便當如何？」先生曰：「亦只在用人。當時在門如顔子，必以之爲輔相；如公西赤，必使之束帶接賓；如子貢，必使使於四方；如仲雍諸賢，必使之爲卿士。其他如晏嬰、蘧伯玉、甯俞、史鰌等，必皆在所器使。」象先問：「不止取諸其門人，而復有取於他國諸大夫者何？」先生曰：「此正見聖人公天下之心處。當時有一才一節之賢，皆在所用。在門或有晝寢、聚斂之徒，亦必在所不取。夫子得此柄欛，興周自是易事。故子貢謂：『夫子之得邦家，立斯立，道斯行，綏斯來，動斯和。如之何其可及？』夫子興周，其神化便是如此。」諸生聞之惕然。

象先問：「孔子正名，莫不是以誠意感動他否？」先生曰：「亦是。莊公不知有母，潁考叔何人？尚能錫類，況神化如夫子，定是有處。必是先以誠意感化衛輒，使之哀痛悲號，以迎蒯聵；又以誠意感化蒯聵，使之被髮左袒，以謝南子；然後以蒯聵當位，而輒嗣之。此便是孔子的本意。」

〔二〕「予」字原作「子」，據乾隆本改。

先生曰：「『予一以貫之』。這『一』字非泛然的一，如書咸有一德之『一』。然亦未嘗不自多學中來，但其多識前言往行，便要畜德；多聞多見，便要寡悔寡尤。所以擴充是一而至於純，故足以泛應萬事。若只泛泛說箇一，則或貳以二，或叄以三，元自不純，理與我不相屬了，又何以貫通天下之事！此便是後世博學宏詞，雖少亦害，而況於多乎！」

先生曰：「先儒謂『放鄭聲，遠佞人，法外意』，還不是。使或不用周冕、殷輅而無佞人，雖未爲盡善，而猶不害於治；苟使一佞人奸於其間，則雖有夏時、殷輅、周冕、韶舞，舉莫知所以用之者。故用法在先去佞人。」

先生謂諸生曰：「觀論語二章，亦便可見孔、顏的學問，如高堅前後，博文約禮，此便是孔、顏之天德；夏時、殷輅、周冕、韶舞，此便是孔、顏之王道。故曰：『有天德，便可語王道。』」

何城問：「孔子不見陽貨，而公山弗擾以費叛，召，子欲往者何？」先生曰：「陽貨欲見孔子之意不誠，且他當時只是陪臣，無可爲之機，見他亦無益。公山弗擾知召孔子，必是有悔心之萌，欲得孔子去拯救他的意思。因其機而乘之，周道可以復興，故欲往。」城曰：「孔子去時，設施當如何？」先生曰：「想也是正名的意。必是變得弗擾來，使知有季氏；變得季氏來，使知有哀公；變得哀公來，使知有周天子。故曰：『如有用我，吾其爲東周乎！』」

先生曰：「孔子繫易，言：『一陰一陽之謂道。繼之者善，成之者性。』是言性則善便在前；孟子道性善，言性則善便在後，卻源流於孔子。世儒謂孟子性善專是言理，孔子性相近是兼言氣質。卻不知理無了氣，在那裏求理？有理便有氣，何須言兼！都失卻孔孟論性之旨了。」

先生曰：「聖人出處，比常人不同，多在亂世。看他自言，便謂『天下有道，丘不與易』。而當時識者，亦謂其是『知不可爲而爲』的人。他人欲效聖人，便自失。後世如尹和靖輩，最得聖人之意。或謂尹子：『見南子否？』曰：『不見。』問：『何以不見？』曰：『只爲不會磨不磷，涅不緇。』楊龜山便不是，蔡京是何等樣人，而推轂其手！」象先曰：「龜山當時卻亦不曾附他。」先生曰：「雖不附他，卻亦不曾見救正他。當時知得是如此，只合不出來更好。」

先生因講「博學篤志，切問近思，仁在其中」，而曰：「切問近思工夫甚難。昔謝上蔡別程子一年，纔去得一矜字。」象先曰：「若顏子，於矜的意思卻都沒有了。」先生曰：「固是，禹尤有大焉。書稱『汝惟不矜，天下莫與汝爭能；汝惟不伐，天下莫與汝爭功』。然禹不自知，而舜稱之。顏子猶覺善在己的身上，比上蔡一年工夫纔去得一矜字又大也。聖賢之淺深，此亦可見。」

先生曰：「堯舜之時，去古未遠，人心純是好的，易於變化。故當時人人君子，比屋可封，雖有一二讒頑難化，止是四凶驩兜數人而已。時至春秋，則習染日深，人心不復如古了。當時孔子相事而爲君，相與而爲徒，皆是先經過一番習染來的，甚難變化。觀論語中多是因人變化，委曲造就，真如一大爐冶。使孔子得位，便是堯舜一般手段。凡看論語，於聖人此等處更須思索，不可一下看過。」

涇野子内篇卷之十六

門人歙縣許象先録

鷲峯東所語第二十一

十年冬，許象先辭歸省。先生曰：「近日諸友多北上，汝獨南還。諸友中每告以隨處力行，汝此歸亦當如是。然於此等處須是看做一樣，方始是學。出處元是一箇道理，不可謂處輕於出也。」

先生一日謂諸生曰：「『逝者如斯夫』，『子見齊衰者、冕者與瞽者』，過趨、坐作無兩心，其『純亦不已』便是如此。學者須是自強不息，體這樣子行去纔好。若見冕者尊貴，便知敬他，見瞽者是無目的，便忽略了，卻不是。且天下無目的亦廣著，如那樣有位有勢的人，皆是有目的一般，那樣無位無勢的人，皆是無目的一般，如於此等類，亦須是要看做一樣。」何堅問：「如此則無所謂分殊矣。」先生曰：「所謂殊者，如所謂三親九族之類云耳，非是將勢強的作一樣看，勢弱的又作一樣看。有目的譬之是晝，無目的譬之是夜，若但知敬冕者而忽瞽者，正是如水卻流行於晝而停止於夜矣，便不是學。」

先生曰：「夫子自謂，『吾志在春秋，行在孝經』。予謂，夫子之神在論語乎！」

章詔問格物。先生曰：「這箇物，正如孟子云『萬物皆備於我』物字一般，非是泛然不切於身的。故凡身之所到，事之所接，念慮之所起，皆是物，皆是要格的。蓋無一處非物，其功無一時可止息得的。」聶蕲曰：「蕲夜睡來，心下有所想像，念頭便覺萌動，此處亦有物可格否？」先生曰：「怎麼無物可格！『君子無終食之間違仁，造次必於是，顛沛必於是』，亦皆是格物。」章詔因曰：「先生格物之説切要，是大有功於聖門。」先生曰：「也難如此説。但這等説來覺明白些，且汝輩好去下手做工夫矣。」

聶蘄問：「好樂、憂患與畏敬、哀矜等類，何所分別？且心正後，身何以猶有偏處？」先生曰：「好樂，自心之存主處說，尚在己心上；畏敬，自身之臨接處說，已及人了。所以大學工夫，正心後，至卒然臨事時，工夫不密，不覺猶有偏僻處。」蘄意尚未釋然。少頃，先生坐後帷屏被風吹側，先生猶危坐，諸生中或有愕然失聲者，或有勃然失色者，甚或有奔扶至失手足者。先生曰：「此便是『畏敬而辟』，此便是身之卒然臨接處。即此而觀，好樂、憂患得正之後，而畏敬、哀矜不免猶有所偏，不可不加察。」諸生心始快然。

先生因講「如保赤子，心誠求之」，顧謂象先曰：「汝那裏有箇潘希平，自戶部郎陞知荆州府事，予往送之，希平因請教。予見希平嘗置其子於樓上讀書，因謂之曰：『希平視荆民如樓上之子可矣。』希平請問其所以。予謂：『希平視其子登樓，則使人扶之；下樓，則使人持之；時其饑，饋之食；時其渴，飲之漿；時其書聲不聞，則撲之恐其或惰；時其書聲不絕，則節之恐其或勞。視荆民如己子，何有不可！』希平曰：『州縣之廣，安得人人視之如己子？』予謂：『州縣之吏，有如希平這樣心的，把己之心事付託他；亦有無希平這樣心的，把己之心事詳告他，又何不可！』希平又謂：『荆州適饑饉之時，賦稅既免，而祿米廩餼之類又不可缺的；歲辦既蠲，而往來供億之類亦不可少的。此等處，卻如之何？』予謂：『子之家無饔飧，客無饋饌，則亦求之樓上之子乎？抑別有處也？』於是希平深以爲然。然此還是謂視民如子的說。若康誥云『如保赤子』，赤子卻是箇無知不能言的，視民如無知不能言之赤子，則亦何所不至哉！」又謂：「予鄉有劉先生，曾作曲沃縣來，凡民有罪，別縣多是罰金紙，他止是罰些糧米、棗、菜等物，無事時令僧道等曬貯之。後值年荒旱，別縣民皆流離失所，惟他這縣獨得生全。這樣的人皆是心誠，愛民如赤子，故害未至而預爲之防。」因謂諸生曰：「他日皆有安養元元之責，恁的這等心腸卻不可不自今日預養。」

問：「張子太和所謂道，卻遺了中字，是墮於一邊，如何？」先生曰：「儒者多謂韓退之原道而不及格物致知，爲有所遺。予謂，言道不必盡把前聖賢之語一一數過，纔謂之全盡。若孟子序恆言曰：『天下之本在國，國之本在家，家之本在身。』他連正心誠意都不曾說，不又大有所遺〔一〕乎？故易亦曰『保合太和』，安知子厚之言不有見於此？不必拘拘牽合中字來比對著，況聖賢之意，亦自多有互見處。」

聶蘄問「絜矩」。先生曰：「矩是箇爲方的器，大之而及四海，要之只在方寸。謂之『絜矩』，只是箇無不均平的意思。且如天下有權勢的是一等，有樣鰥寡孤獨、顛連無告的又是一等，天下之人便有這幾等，怎麼便得均平？故書稱堯則曰：『平章百姓，百姓昭明。』『黎民於變時雍。』此便是能絜矩的。」象先因問：「天下亦大著，怎麼便得均平如一？」先生曰：「此亦無大異術，亦只是把這些財散與百姓，便能得也。」問：「百姓亦多著，怎麼便能人人與他財得？」先生曰：「此亦無大難事，亦只是要有箇不要錢的官人，便能得。」又問：「天下非是少這般人，而莫之用，其咎安在？」先生曰：「此只是沒有這一箇臣。苟有這一箇無他技，休休有容之大臣，則用人以理財俱得其當，天下豈有不得所的道理！」問：「所以能用一箇臣，其要又在君否？」先生曰：「這更不消說了。傳中謂『仁人能好惡人』，又謂『仁者以財發身』，故其要只在君心之仁。凡視天下若不切己者，只是不仁，故與己不相干涉。苟知得這些人生生之理，無非天地生生之意，則我與這些人元初只是一箇，今又在長人之位，豈忍置之於不得所的地面！故張橫渠西銘卻備言此道理。然人所以不得生者，只是無生生之具以爲衣食，故只把這些財散與人，使人有以爲生，則天下自平矣。」

吳光祖問：「後之作詩多不古若者何？」先生曰：「只是失卻古人的意。古人作詩，只是覽物起興，皆本性情中流出。後人只是剽竊外面的字樣，湊合成詩，與性情元不相干。往日有箇朋友語人云，一部文選的字樣都喫他使盡了，再無字眼可用得。這等看來，今人之詩安望其能古若邪！故其詩雖高比漢魏人，竟亦何用！」

先生謂諸生曰：「近日講大學，亦有得處否？」一生曰：「聖經一章，先生說得血脈貫通。」先生曰：「不要說我說得貫通，須是要汝自家尋得箇下手處，方是貫通。不然，是猶以言語文字聽我說話，未免扞格不貫通也。」

〔一〕「遺」字原作「遣」，據乾隆本改。

先生曰：「聖賢每每說性命來，諸生看還是一箇，是兩箇？」章詔曰：「自天賦與爲命，自人稟受爲性。」先生曰：「此正是易『一陰一陽之謂道』一般。子思說自天命便謂之性，還只是一箇。朱子謂『氣以成形而理亦賦』，還未盡善。天與人以陰陽五行之氣，理便在裏面了，說箇亦字不得。」陳德文因問：「夫子說性相近處，是兼氣質說否？」先生曰：「說兼亦不是，卻是兩箇了。夫子此語與子思元是一般。夫子說性元來是善的，本相近，但後來加著習染，便遠了。子思說性元是打命上來的，須臾離了便不是。但子思是恐人不識性之來歷，故原之於初。夫子因人墮於習染了，故究之於後。語意有正反之不同耳。」詔問：「修道之教如何？」先生曰：「修是修爲的意思，戒懼、慎獨便是修道之功。教卽『自明誠謂之教』一般，聖人爲法於天下，學者取法於聖人皆是。張橫渠不云『糟粕煨燼，無非教也』。他把這極粗處都看做天地教人的意思，比理殊可玩。」

問：「戒懼、慎獨分作存天理、遏人欲兩件看，恐還不是。」先生曰：「此只是一箇工夫，如易閑邪則誠自存。但獨處卻廣著，不但未與事物應接時是獨，雖是應事接物時，也有獨處，人怎麼便知？惟是自家知得，這裏工夫卻要上緊做。今日諸生聚講一般，我說得有不合處，心下有未安，或只是隱忍過去，朋友中說得有不是處，或亦是隱忍過去，這等也不是慎獨。」先生語意猶未畢，何堅遽問：「喜怒哀樂前氣象如何？」先生曰：「只此便不是慎獨了。我纔說未曾了，未審汝解得否，若我就口答應，亦只是空說。此等處須是要打點過，未嘗不是慎獨的工夫。」堅由是澄思久之，先生始曰：「若說喜怒哀樂前求箇氣象，便不是。須是先用過戒懼的工夫，然後見得喜怒哀樂未發之中。若平日不曾用過工夫來，怎麼便見得這中的氣象？」問：「孟子說箇仁義禮智，子思但言喜怒哀樂，謂何？」先生曰：「人之喜怒哀樂，卽是天之二氣五行，亦只是打天命之性上來的。但仁義禮智隱於無形，而喜怒哀樂顯於有象，且切緊好下手做工夫耳。學者誠能養得此中了，卽當喜時體察這喜心，不使或流；怒時體察這怒心，不使或暴；哀樂亦然。則工夫無一毫滲漏，而發無不中節，仁義禮智亦自在是矣。」叔節又問：「顏子到得發皆中節地位否？」先生曰：「觀他怒便不遷，樂便不改，卻是做過工夫來的。」

先生曰：「時中的地位儘難。如孔子說夏時、殷輅、周冕、韶舞，有多少不同處！與上大夫言便誾誾，與下大夫言便侃侃，麻冕純儉便從衆，拜上便違衆從下，此皆是孔子的時中處。顏子仰鑽瞻忽，每在於此。若他人要隨時忘便卻中，要執中便背了時。看來這時中君子，非是致過中和來的，怎麼能得？」朱永年曰：「時中亦可分言否？」曰：「雖不可分言，然自有此脈絡。如孔子祖述堯舜，而又憲章文武，方能酌古準今矣。雖周公仰思，亦是此物。凡聖人因人變化，對時育物，皆可玩也。蓋中雖有定理，而時則無定位。」

先生曰：「舜好問好察，他的大智全生在這『好』字上。故夫子亦嘗說，我好古敏求。這『好』的意思，後人便沒有也。舜在深山、河濱、雷澤，一般與人木石居，與鹿豕遊，其所以異於野人〔一〕者幾希。若舜說我是聖人，這些人見舜訑訑的聲音，將望望然去了，誰與共居？舜雖欲聞一善言，見一善行，打那裏得來！這等看來，舜之智不全是生知，在一『好』字上。」堅問：「生輩不能好問好察，其病安在？」先生曰：「這各有箇病痛，須是各人自家檢點出來。」對曰：「只是好高，不肯下人耳。」先生曰：「此還是第二層事。元來只是視天下的人與己若不相干涉，無舜這般心腸。觀舜雖至嚚頑，猶欲並生；至於有苗，尚欲來格。視天下的人有一不得其所，皆是己性分有欠缺處。便如此，他人怎麼得有這等心腸！後來若顏子庶幾，是爲得舜的樣子，觀其自謂『舜何人也？予何人也？有爲者亦若是』，他自是能擔當得起。故子思序舜，即繼以顏子。諸生中亦有爲舜的心否？有爲舜的心，須是要以能問於不能，以多問於寡，先把顏子學起。」

易泉問：「盡道如聖人猶有不知不能，衆人便都自諉了，如何？」先生曰：「觀備道之全體如聖人，猶有未盡處，況不及聖人者乎？可見道是這樣大的，而人不可不爲。」因嘆「古聖人一箇禮樂不知，便往周問於聃、弘；一箇官不知，便往譚去問郯子。看他是何等的心地！後人猶有大於此者，亦只是隱忍將就過去了，更沒有箇要求全盡無愧的心。」仲開問：「問禮問官恐是小事。」先生曰：「道無大無小，知官可以安民生，知禮可以復民性，如何看做小的！」

泉問：「鳶飛魚躍與語大語小通否？」先生曰：「此是打做一片說得的。謂通之大可載也，一鳶之飛直至於天，一

〔一〕「人」字原脫，據光緒本補。

魚之躍直出於淵。謂道之小可破也，莫大如天，一鳶之小，制他不飛不得；莫廣如地，一魚之小，制他不躍不得。這等看來，古人滿目便見天理流行，滿目中皆是道。孔子致嘆於逝水，子思有取於鳶魚，皆是心常見得。後來程子亦是實落爲這學問的。他看到子思鳶魚之論，便提掇出來，謂子思喫緊爲人，活潑潑地。他亦不是浪說。諸生今日亦須勿忘此意，觸處見得，方是學問無間斷處。故『君子無終食之間違仁，造次必於是，顛沛必於是』。」

劉邦儒問：「顏子仰鑽瞻忽，是擇乎中庸否？」先生曰：「張子亦嘗有此說來。」問：「亦是博文約禮否？」曰：「也是。」又問：「博文約禮分先後乎？」曰：「難說博盡文纔約禮。一文之博，一禮之約，衆文之博，衆禮之約，畢竟文在先[二]。」泉因問：「『弟子入則孝』，何爲先禮而後文？」先生曰：「聖賢固有有爲而發的。爲弟子的心馳於文，恐躬行便薄了，故先行後文。若平日立教，曰文行忠信，曰博文約禮，此是定序。又如子路是箇忠信明決的，不怕行不到，故孔子只就知上覺他，如曰『由，知德者鮮矣』，又曰『知之爲知之』之類。子張文爲有餘，行恐不逮，故孔子多就行上覺他，如曰『居之無倦，行之以忠』，又曰『在邦必達』之類。此亦便是孔子一貫的去處。」因顧謂邦儒曰：「顏子仰高鑽堅，瞻前忽後，其亦在此類乎！」又曰：「今欲求夫子高堅前後，先要用仰鑽瞻忽功夫。」

先生看書之秦誓至「一箇臣」、「無他技」處，因嘆曰：「此最天下治忽興衰所繫。書始二典而終秦誓，見得須是無秦誓妨賢病國的心胸，方可做得二典時雍風動的事業。」

有一相知問：「近日有志好學，但多有不得於人處。」先生曰：「還是不得於己。孔子不嘗說來：『射有似乎！君子失諸正鵠，反求諸其身。』終不道自家不中，卻怨那正鵠，干那正鵠甚事！正鵠於我有甚恩讎！故今日亦惟修其在我者而已。」其人遂感云：「莫不是自家猶有未誠處否？」先生曰：「然。『至誠而不動者，未之有也。』此語可謂善自體會矣。」

[二] 「先」字原爲一墨釘，據乾隆本補。

有一御史言：「竊有志向上，恐同寮中或不喜，目爲好名。故近歲只會同志者三四人，更相勸勉，修行慎獨，默默做去，不使外人知。後來到京時，有一同寮者素不喜此學，朝夕與居，時或微諷，或默諭，自是亦漸覺相感化將來。」先生曰：「這等看來，其爲人知莫大矣。然道學之名，亦不消畏避人知，方是真做。纔有避人知的心，便與好名的心相近。」

詔問：「非禮勿視、聽、言、動，何以惟顔子足以當此？」先生曰：「視聽言動的工夫亦難著。吾鄉有箇行人，出使外國，黔國公請他，舉席皆是些珍寶的器皿，中有箇寶石嵌的酒盃。其行人在座中，時一視之。後宴畢，黔公舉以贈。古來有吳公子季札過徐，徐君色愛其寶劍，季子心知之。後使鄰國畢，復過徐，徐君已沒矣，遂解其劍，掛墓上而去。視瞻之不可不審，有如此者。且如雖是一箇言，條件亦多著。如在官言官，在朝言朝，或言及之而不言，未及之而言，未見顔色而言，皆是非禮處。就是一揖中間，也有過高過卑的，動容周旋，有多少曲折處。推此類可見視聽言動的工夫，極細密地位儘難，須是有顔子三月不違的境界，纔擔當得起。」

先生曰：「曾子易簀的去處，真是夭壽貳他不得的。」時象先在旁，語及尹和靖出處進退甚是分明，先生曰：「彦明曾亦應過進士舉來，策問中有議誅元祐黨人，卽嘆曰：『是尚可以干祿乎哉？』遂不對而出。看和靖這出處，去易簀事亦不遠了。人之身只有箇出處進退、死生壽夭而已，諸生做工夫過得此等關，餘處皆易矣。」

先生問：「林秀卿近日做何工夫？」穎對曰：「這幾日將撥歷，殊覺多事可厭。」先生曰：「正好在這裏下手做工夫，不可惡他多事。就是撥歷中間，或衙門遠近，道途勞逸，一以道處之，勿以這些小事動心，則他日當天下之重任，庶事之繁劇，可以無難矣。」

胡炳一日看聶蘄來，先生曰：「汝兩人相會，亦曾有幾句好說話否？」對曰：「炳見士哲，舉外人多以好名相目爲講。士哲云：『不要說你好名不好名，只看你爲己不爲己。』」先生曰：「哲這言甚合我意。看來學者爲道，亦須發得幾句出來，纔是驗也。」因謂炳曰：「汝得友如士哲，可以往來取益矣。」

詔問：「一妻子兄弟之得所，便順父母，如何？」先生曰：「試自驗來。一家之中，夫妻反目，兄弟鬩牆起來，父母之心怎得安樂？必是兄弟宜了，妻孥樂了，父母之心纔放得下。然此卻是作一家的父母看。若王者有宗子的責任，卻是以天地爲大父母了，必須是使天下萬民萬物各得其所，纔能使天地之心悅豫得。」又問：「樂妻孥，宜兄弟，亦只是性情上做功否？」先生曰：「然。如『關雎樂而不淫，哀而不傷』，舜見『象憂亦憂，象喜亦喜』是也。」問：「父母順，如何就是道之高遠？」先生曰：「『堯舜之道，孝弟而已矣。』如『舜盡事親之道而瞽叟厎豫，而天下化且定。』這等看來，順父母的道理是甚麼樣宏大！」又問：「順父母便繼以鬼神，謂何？」先生曰：「道是箇無大無小，無遠無近，無隱無顯的，始雖只造端乎夫婦，極之便可通乎鬼神。」又曰：「恁地〔二〕看來，子思實是得孔子之的傳。孔子實落是與鬼神相屈伸變化往來得的，故子貢問『人不知』，他便說『知我者其天』；子路請禱，他便說『丘之禱久』。子思非是實落見得這鬼神，怎麼既說箇『體物不遺』，便繼以『誠不可揜』，敢如此說來？」

詔云：「近日多人事，恐或廢學。」先生曰：「這便可就在人事上學。今人把事做事，學做學，分作兩樣看了。須是卽事卽學，卽學卽事，方見心事合一，體用一原的道理。」因問：「汝於人事上亦能發得出來否？」詔曰：「來見的亦未免有些俗人。」先生曰：「遇著俗人，便卽事卽物把俗言語譬曉得他來，亦未嘗不可。如舜在深山、河濱，皆俗人也。」詔顧語象先曰：「吾輩平日安得有這樣度量！」

先生曰：「諸生聞吾言，多是唯唯應下，亦未審能發得出來否？不然，只是一味包涵，恐又非『於吾言無所不說』者矣。」

先生曰：「程子謂其門人，嘗說：『賢輩在此，恐只是學得某的說話。』諸生今日會得我的意思，須是卽便行去纔好，不但學說話可。」

易泉云：「知行不可分先後。」先生一日語之曰：「汝近日做甚工夫來？」泉云：「只是做得箇矜持的工夫，於道卻

〔二〕「地」字原作「他」，據乾隆本改。

未有得處。」先生曰：「矜持亦未嘗不好，這便是『君子終日乾乾夕惕』，若戒慎不睹，恐懼不聞的工夫。」「但恐這箇心未免或有時間歇耳。」曰：「然。」因問：「心下想來，怎麼便要問歇了？」泉云：「有間歇的心，只是忘了。」又問：「你心下想，怎麼便要忘了？」泉未答。先生曰：「只緣他還是不知。他如知得身上寒，必定要討一件衣穿；知得腹中饑，必定要討一盂飯喫。只使知得這道如饑寒之於衣食一般，他不道就罷了。恁地〔一〕看來，學問思辨的工夫，須是要在戒慎、恐懼之前纔能別白得，是天理便做將去，是人欲卽便斬斷，然後能不間歇了。故某嘗說，聖門知字工夫是第一件要緊的，雖欲不先，不可得矣。」

先生因講「仲尼祖述堯舜」處，謂諸生曰：「看孔子的學問是何等樣大！後人雖有知古的，或不能知今，便流於腐儒；雖有知今的，或不能知古，便流於曲士。知天而不知地，便是能員而不能方；知地而不知天，便是能方而不能員。酌古準今，參天兩地，這便是聖人的學問。若賢人的學問，便下聖人一等了。」一生曰：「今人連賢人的學問也到不得。」先生曰：「這卻趨下了。在汝雖曰謙之至，他人視之，便覺卑之甚矣。」問：「聖人之學，恐亦只是賢人的學問做去。」先生曰：「元來規模自是不同。」

先生曰：「致曲工夫甚難。曲卽是委曲處，如水之千流萬派，欲達江達海，中間不免有些砂石障礙，山谷轉折，便有多少委曲處，須是悉致之，纔得與江海會通著。昔日有二生同欲致書於其長，一生適有事，就浼無事的這生爲之封裝，其生於己的封裝甚整飭，於人的便覺潦草，此亦是不能致曲。前日初啟東來見，說他在場屋中，一生有寒疾，不能終卷，他便把己身上衣服解下一件與他穿；其友還不能寫，又教他面向裏，背向外寫；其友猶不能，又將兩箇軍的衣服脫下來，將外面遮著，其友纔得終卷出。看這一事，便是他能致曲處，但未知他每事皆能如是否耳。凡學者，惟是這一灣難過。故予嘗說，致曲與大學之格物，中庸之慎獨，皆是一樣的工夫。」

〔一〕「地」字原作「他」，據乾隆本改。

象先問：「禎祥、妖孽，至誠怎麽的能前知？」先生曰：「雖禎祥，容或有不善者矣；雖妖孽，容或有誠善者矣。此等處，唯是至〔二〕纔知得。」問：「禎祥妖孽何處見得？」曰：「亦只在蓍龜四體上便可見得。如衛石駘仲卒，無適子，有庶子六人，卜所以爲後者。曰：『沐浴、佩玉則兆。』五人皆沐浴、佩玉。石祁子曰：『孰有執親之喪，而沐浴、佩玉者乎？』不沐浴、佩玉，石祁子以兆。衛人龜爲有知也。此便是禎祥之見蓍龜。如周公之握髮吐哺，漢高之躡足輟洗，此便是禎祥之動乎四體。妖孽則反是。若只謂麟鳳之物爲禎祥，災異之類爲妖孽，淺亦甚矣，不待至誠，人能知之。」

聶蘄與一友論作聖人事。一友謂「作聖甚難」，蘄謂「肯作聖亦易」。友問：「怎麽便見得易？」蘄謂：「吾輩今日要去挖那聖人的心，安在己心上卻難。吾輩元也有聖人那箇心，故易耳。」先生聞之，曰：「此語說得極緊切。我不嘗說來，不是天限定春秋、戰國時專生箇孔子、孟子，乾、道時專生箇周、程，淳熙時專生箇朱子，又安知今明時便沒有賢者？夫人亦在乎爲之而已。若顏子煢然在陋巷中，誰信他爲得舜也？他便謂『舜何人也？予何人也？有爲者亦若是』。看他是何等剛毅！」因念及「弟栖昔在太學時，有一老友戲曰：『看你的模樣，是要做顏子邪？』栖隨答曰：『老兄怎麽知我便做不得顏子！』恁的志向，卻是箇剛毅。今已亡矣，惜哉！」

先生曰：「胡賦這回能不責債者之償，此亦可謂能行所學矣。這等處非是見得義上重，怎生便能輕得利如此！」

吳祐云：「適見許象先，道及先生教學者克己工夫，自各人己私上克治，聞之心甚快。」先生曰：「正是各人都有箇病痛，如聖門諸子一般，子張便有子張的病痛，樊遲便有樊遲的病痛，只自各人的偏處整頓，便亦可與這中正的道路會通得。」頃之，吳祐自謂：「看來只是爲這舉業纏縛了人。」先生曰：「這便是你的病痛，你便要在這裏整頓，不可爲他纏縛了，亦便是你的克己工夫。能得此，你心不大快邪？」

吳祐問：「人心下多是好名，如何？」先生曰：「好名亦不妨，但不知你心下好甚麽名來。若心下思稷只是箇養民

〔二〕「至」下疑脫「誠」字。

的名，契只是箇教民的名，怎麼便能千萬世不泯？把這箇名之所以然上求，則得之未嘗不善。若只是空空慕箇名，不肯下手去做，卻連名也無了。」

先生問：「明相近日在監中，與朋友亦講學否？」祐對曰：「近日只是會得幾篇文字。」先生曰：「古人以文會友，便可輔得吾仁。」祐問：「以友輔仁，必須是有這志向的，不然亦難。」先生曰：「不要畏難。這去處卻是要些作用，須是因事善誘，漸漸亦化得他來纔好。」祐心未免猶有所疑，先生曰：「這回郭林宗傳不可不看。」

章詔問：「伊川諫哲宗折柳事，溫公以爲使人主不喜近儒臣。」先生曰：「伊川所言固是正經的道理，但婉轉處卻欠。使明道處此，恐便不是如此。必是先有以開其心，然後有以投其說。如折柳事，他定是有委曲，必是先把那柳枝取在手中，請哲宗把玩，若謂『這柳枝方春時發生，生意盎然可愛。天地生萬物，正如人主生萬民一般也，但一折了這枝，便沒有生意了。正如今日百姓或折了一手，傷了一足，怎麼便行動得？』如此婉轉說來，哲宗心下或亦喜悅。因想當初在翰林時，進說卻只是直說，亦欠委曲的意思。始知用過數年工夫來，自覺於明道的心事略窺測得幾分，然亦不知如何。明道必以誠意感悟人主，悟得過來，則自親親仁民愛物。愛物之心，生道也，孟子可說也；折柳之事，死道也，伊川難說也。伊川在經筵，當師道處，欲坐講，反惹哲宗惡其妄自尊大，而蘇軾亦加靳侮。事君以敬爲主，而愛亦不可缺。」〔一〕

有一御史來見先生談學。先生謂之曰：「侍御今日爲的是程伯淳的官，須是要爲程伯淳的學纔好。」問：「伯淳之學是恁地？」先生曰：「只是箇仁。他不嘗說來：『仁者以天地萬物爲一體，莫非己也。認得爲己，何所不至。』這便是他的學問。」因問：「體仁的工夫，遇著相講時，覺自有振發的意思，但過後便忘了，如何？」先生曰：「這等看來，定是還有箇忘的根子。」問：「這忘的根子在那裏？」先生曰：「亦多著也。如今好作詩的，這詩亦會忘了仁；好作文的，這文亦會忘了仁；尚勢位，亦會忘了仁；至於聲色貨利是極粗淺的，更不消說。須是尋得這根子，一下斬斷，纔不忘了仁。

〔一〕「怎麼便行動得」至「因想當」原脫；「初在翰林時」至「然亦不知如何」原在「愛亦不可缺」後，據乾隆本補乙。

故孟子說：『必有事焉，而勿正，心勿忘也。』故或是對朋友講論，或是對著書冊，或是察吾的念慮，皆是有事勿忘的工夫。故孟子說養氣以集義爲事。故予謂，侍御今日亦必以體仁爲事乎！」問：「孟子說集義，先生只說體仁，如何？」曰：「集得義，便是能體仁；體仁，義亦在其中矣。」

易泉問：「子思言『淡而不厭』云云，又言『知遠之近』云云，恐又加謹獨工夫，亦只是如此。」先生曰：「此只好就資質上說。如『淡而不〔一〕厭』，見他是有箇誠的資質了；『知遠之〔二〕近』，見他是有箇明的資質了；纔好加慎獨工夫。予前日亦曾與鄒東郭說來，聖賢說話，亦有不曾一句就說盡了的。如首章言箇戒慎、恐懼的工夫，可位育得天地了；然下面便繼以智、仁、勇，又繼以九經、五達道，又繼以誠明；然又必須要箇好資質，纔做得這工夫。故說箇慎獨，中間便自有許多條理。不然，只一句說了，下學怎麼得下手的去處？」泉曰：「何不一下說了？」曰：「恐諸君就肯用工夫也。」

有一生見先生，問：「遇事多不能忍，如何？」先生曰：「書不云：『必有忍，乃克有濟。有容，德乃大。』故君子寧使我容人，毋寧使人容我。」生感之，曰：「非是至親如父母，便無有肯把這話與我說的。」遂歸，以是記之於壁以自警。他日又來見，云：「聞教後心不敢放。適理事時有人投書，心甚不平，於是默想先生容忍之說，遂止，然心終不能釋〔三〕然，卻強制住了。」先生曰：「我不嘗說來，孔門教人，只是求仁。知得這仁的意思，於人何所不容？於事何所不忍？我們元初卻與天地一般，無一毫欠缺，但先狹隘了，便無天地覆載氣象，訑訑聲音，拒人於千里外矣。故予又每說舜好問好察之智，必先有並生之仁。故今日亦惟在默識耳。」

象先問：「平居無事之時，想所以接人待物者庶乎不謬，但纔臨事便別。就是奴僕，有不如意，雖強制不怒，未免猶有

〔一〕「不」字原脫，據乾隆本補。
〔二〕「之」字原作「知」，據上文改。
〔三〕「釋」字原作「什」，據乾隆本改。

意思在，如何？」先生曰：「這處還是不曾致中，故發不中節。若預先想箇接人待物，怎能勾事到相湊合不謬也？若致得中了，臨事自會不差，或有一二差處，演習行之久，便如輕車就熟路矣。」

先生曰：「爲政有本有末。如江上盜賊一般，只知尋那箇拏賊盜的人，不去究那生盜賊的人。如獵獸以除田害，只喜那能驅狐兔的人，卻不去求那絕狐〔一〕兔的法也。」

先生語諸生曰：「近日做工，亦有下手處否？」一生對曰：「聞先生教後，每在燈窗下便想著。」先生曰：「不但在燈窗下想著，須是時時想著纔好。」曰：「但精力不足，此心未免有放下的時候。」先生曰：「纔覺放下時，便自提掇起來，卻不好也？」又曰：「如能得此，便是上手工夫矣。」

〔一〕「狐」字原脫，據乾隆本補。

涇野子内篇卷之十七

鷲峯東所語第二十二

門人襄陽劉鸞録

鸞問：「聽先生講論，時覺有所興起。使得常常如此，聖賢可學而至乎！但恐不能持循，爲外誘所奪，奈何？」先生曰：「孟禽，楚人也。予，秦人也。焉能常常講論乎？故全靠師友，則求諸己者便懈惰，外誘由是而至也。横渠六有銘不可不常接乎目。」十一月二十一日，期當聽講，以陰雨晦冥，獨坐閉戶，頓覺此心虚明，凡有觀覽，便自省悟，似於道理有會合處，若可上達。竊謂：「一日無欲，可作一日聖人；一月無欲，可作一月聖人；終身無欲，便是終身聖人。不知是否？」先生曰：「有志之言也。但恐入市朝時或有欲，則與閉戶獨坐時之無欲又不同矣。故聖人無入而不無欲，一獨坐不可便了也。子如視金革百萬之衆，甲科烜赫之榮，文繡俊雕之美，財貨充積之盛，艱難拂亂之時，白刃顛沛之際，耄耋昏倦之日，皆如此號房之獨坐也，人雖曰子之非聖人也，吾不信矣。」

問：「顏子簞食瓢飲，不改其樂，夫子便稱之曰賢；子路衣敝緼袍，與衣狐貉者立而不恥，夫子便喜之。二者雖所造淺深不同，然今之學者若能於貧富關頭擺脱得去，便是求上達境界。」先生曰：「此是第一件學問。能乎此，可以塞天地而輕王侯矣。故曰：『君子去仁，惡乎成名！』故今日只當求仁。若於仁能有得處，更須論他箇簞瓢、狐貉也。」

問：「孔子説『可與共學』至『可與權』，以聖門諸弟子品題，如何？」先生曰：「與其品題聖門諸弟子，不若先品題在己。品題聖門諸弟子，雖是評論古今人物，然近於方人，於己猶無益。若品題乎己，便肯求己之所到處。不知孟禽今日可與立耶？可與權耶？若能審此，則由、損之立，顏、曾之權，皆可求而至也。」

問：「程子於逝者如斯章云：『此道體也。』『君子法之，自強不息。及其至也，純亦不已焉。』又曰：『自漢以來，儒者皆不識此義。』末乃曰：『有天德便可語王道。』又於可與共學章云：『自漢以來，無人識權字。』豈非以自漢而下，聖人不作，故不可以行權，不可以興王道耶？」先生曰：「程子指其全體至極處而言。若就漢人中論之，豈無有識此意者乎？自程子發此論，雖爲至當，然後學不知立言本意，乃因而推演太高，遂將數代躬行君子皆卑忽之，但馳騖於玄談高論，去權與王道益遠。若愚則不敢謂漢以後無人也。」

問：「象山云顏子爲人最有精神，然用力甚難。仲弓精神不及顏子，用工卻易。觀其問仁之時，猶下克己二字，曰：『克己復禮爲仁。』又發露其旨，曰：『一日克己復禮，天下歸仁焉。』既又告之曰：『爲仁由己，而由人乎哉！』至仲弓問仁，夫子但答：『出門如見大賓，使民如承大祭。己所不欲，勿施於人。』只此便罷也。顏子精神高，既磨礲得實，仲弓不及也。此説如何？」先生曰：「此象山想像之言，幾於捕風捉影矣。且顏子最有精神，用力宜易，今反以爲難；仲弓精神不及，用力宜難，今反以爲易，不幾於倒説乎！且如見、如承、勿施等語，亦非易事。故雖分克己、敬恕爲乾道、坤道者，亦是就顏、冉面頭上説也。故學者不當在比擬二賢上用功，只當就二賢比擬於己，有所不及，思齊之則可也。」

問：「『孔子於鄉黨，恂恂如也，似不能言者。』若臨是非利害之際，卻也須便便；如在宗廟朝廷，固是便便，若處僚友大夫，以德義行實尊讓也，須著恂恂。當時門人記載，亦就其重者論之，不知是否？」先生曰：「恂恂只可施於鄉黨，鄉黨中長幼卑尊俱無所用便便處。若恂恂處，於宗廟朝廷亦必似誾誾，不然，便陷於持祿固寵者矣。」

問：「『鄉人飲酒，杖者出，斯出矣。』若是『醉而不出』，『屢舞傞傞』，『屢舞僛僛』，聖人亦應何如處？」先生曰：「古人飲酒，既立之監，或佐之史，不苟飲也，可以聖人而同於流俗乎？其溫良恭儉格人處，自無傞傞、僛僛之徒矣。」

問：「『廄焚。子退朝，曰傷人乎？不問馬。』乍忽之際固應如此，若稍從容，亦須有言及馬也。」先生曰：「此正觀聖人貴人賤畜之心於乍忽之頃，從容時不須論矣。」

問：「學者應酬事物，若從理上做去，便自勇往直前，略不流滯；若要成就一己私意，卻徘徊顧望，不得了足。不知是否？」先生曰：「此言是非極明白，所慮者，不消如此致疑。於此致疑，則必於是者不肯是，否者不肯否矣。故見得是非後，只可直前，勿起兩心。然纔說要成一己私意，卻是徘徊顧望，不知徘徊顧望箇甚的？莫不是善心萌動，又爲私意牽扯，欲不善不能不善，欲善不能善，兩相阻礙。如看見此關，一刀斬斷，便是脫陷阱，登雲霄處也。」

問：「先生云品題聖門諸弟子，不若先品題在己，此是要生實下工夫意。今但知志道，猶不免有得失存亡之時，不識如何可以立，以到權耶？」先生曰：「纔覺乎得處存處，不使失亡，便是立得；到不知其得處存處，則於道俱化矣。如是而不可與權者，則夫子有吝言矣。」

問：「夫子告顏淵、仲弓爲仁二條，比擬於己，實未能及。但日用行事，頗有不欲，勿施意思，而又有責成他人待己，亦似己之待渠意，此又是私意了。循而上之，如見、如承、而克、而復，又當何如下手？」先生曰：「既知是私意，便在此下手去之。如見、如承亦是此，而克、而復亦是此。顏淵不是天上客，孟禽不是塵中人。天理是一箇天理，不分今古；私意無兩箇私意，因別賢愚。」

問：「下學人事，上達天理。請先生舉一二事例之，是如何樣子？」先生曰：「程子『灑掃應對是其然，必有所以然』之言極明白。今孟禽欲舉一二事爲樣子者，只是把天理看在蒼然之表，以爲上也；把人事看在眇然之軀，以爲下也。孟禽只在人事上作，則天理自隨，孟禽作處殊無高卑難易之別。」又曰：「上下只是精神顯微字樣。如易云『形而上者謂之道，形而下者謂之器』，此不是大樣子耶？」

問：「聖人過化存神，如何心所存主處，便神妙不測也？須有些作用處，請破此疑。」先生曰：「舊講舜舉皋陶，湯舉伊尹事，孟禽未之聞耶？蓋舜、湯舉此二人極爲簡易，亦無甚動作，然四海九州之不仁者，皆化而爲仁，便可觀過化存神處。易曰鼓之舞之之謂神，惟舜、湯能知此意。漢、唐諸君，雖有英賢，卻沒這箇舉皋陶、伊尹的手段，故其治或雜霸或雜夷，難與帝王比倫。且子曾入天地壇、帝王廟乎？當其入之之時，貌必莊而無惰容，心必肅而無雜念，是誰使之然哉？蓋天地、帝王過化存神，不見而章如此。」又問：「此舉皋陶、伊尹，奚比乎？」曰：「凡所謂神化者，至公而無私，至明而不昧。漢、唐之時，雖有臯陶、伊尹，或明不足以知其賢；縱或知之，又爲私意親幸所蔽，不能用其賢。此不可以反觀舜、湯之神化邪？」

問：「孔子教人，多教就事上用功，鮮有指出本原者，孟子則直指言之。如以爲時之使然，則末世人資質似不如前；以爲性善，則古今一而已矣。敢請何說？」先生曰：「道無古今之別，人有聖賢之異。聖人之言，因人變化，性在其中矣；賢人之言，不直不見，時在其中矣。性在其中，不可謂孔子之言無本原也；時在其中，不可謂孟子之言非就事上用功也。蓋孟子之學識其大，孔子之道純於化。今就其化之散見處，但以爲事上用功，則夫子之神幾乎隱矣，不亦粗淺乎！今就其大之發明處，遂以爲本原，則孟子之學入於玄矣，不亦淩恆乎！故欲孟禽事上用功，就要見本原；本原上有得，就臨事發見。岐爲兩説，非惟看孔孟之言有殊途，則孟禽之心事，恐亦有二致也。」

問：「大學謂『如惡惡臭』，『如好好色』二句，便是誠意了。『慎獨』只是起頭用功處，是否？」先生曰：「説『慎獨』是起頭用功處，足見曾用心下手學也。但與誠意對言，似又支離。將所謂起頭用功者，有外於好善惡惡邪？故念慮之起，覺得善惡，就是獨；必好必惡，就是慎。」

問：「先生云『神之聽之，終和且平』有言：『天下豈有不和平之鬼神？』此殆言其體也。如大雅思齊篇謂『神罔時怨，神罔時恫』，若有怨恫處，便是不和平矣。」先生曰：「和平之助人，不惠於宗工，則有怨恫之報，非言神也。」

問：「先生於大雅『文王在上』篇有曰：『若以爲文王既沒，在帝左右，子孫蒙其福澤，是後世神怪之說也。』然如所謂『嗟嗟烈祖，有秩斯祜』，『及爾斯所』者，其何以別？」先生曰：「通於天人之學者，可以讀詩書矣；明乎善惡之旨者，可與論禍福矣。是故『於昭』、『陟降』，不可以形象言，不然，則『在帝左右』，當列位次矣；『申錫』、『斯祜』，不可以私庇言，不然，則『及爾斯所』，真非尸解矣。知乎此，則『於昭』乃文王之道，凡命之惟新者，皆以此也；『斯祜』乃成湯之德，凡錫之無疆者，皆以此也。後世子孫不能繼述先王之道德，而徒欲憑藉先王之福澤，恐先王之福澤不如此私之甚也。」

涇野子內篇卷之十八

鷲峯東所語第二十三

門人祁門謝顧録

壬辰八月二十一日，顧與叔應熊謁先生於鷲峯東所，先生卻其幣。顧跪曰：「『自行束脩以上』，學者之禮。」先生笑曰：『拜卽是禮，焉以幣爲？吾不能依本畫葫蘆也。」問學。曰：「聖人教人，只是立志，志定則學成。」

問：「夫子吾衰之嘆，獨歸夢於周公者，豈以堯舜之道傳之禹、湯、文、武、周公，周公沒而傳泯焉？故夫子惓惓念慮，惟欲繼周公，以續斯道之行乎？」先生曰：「此亦孟子論承三聖之意，蓋指道在人臣者而言也。周公生成西周之治，孔子夢周公：『吾其爲東周乎！』傳道之論雖亦有理，不必如此牽附。」

問：「易云：『三人行，則損一人。一人行，則得其友。』與『三人行，必有我師』同否？」先生曰：「彼言致一也。雖然，只要虛心。吾心不虛，則雖千萬人有善，亦在所不取，況三人乎！吾心若虛，則雖一二人有善，亦在所取，況三人乎！」又曰：「此道學之正傳。前乎孔子，樂取於人者，此也；後乎孔子，以能同於不能者，此也。不然，則『匹夫匹婦不獲自盡』，雖民主罔以成功矣。」

先生曰：「學者開口便說仁，怎麼便能令有諸己？」象先曰：「經禮三百，曲禮三千，無一事而非仁也。故學者在隨處體認，則得之。」曰：「正是。鳶飛魚躍，無往非此，會得時活潑潑地。然學者須要用參前倚衡之功，纔見得鳶飛魚躍，無往非此。」

問：「『以能問於不能』如何？」先生曰：「某嘗說，此節與舜之大智相類。」易泉問：「何謂也？」曰：「舜之大智，止是一箇仁。蓋仁者以天地萬物爲一體，『欲並生哉』，無一毫私意間隔於其中，無一物處之不當，故人有善必取之於己，己有善必推以與人，問於耕稼，問於陶漁，問於在朝，皆非心之所得已也。今學者只是見不破這箇仁，與人物若不相干，其有不得其所者，就不肯思量去處他，更肯好問人邪！顔子之心亦與舜同，故其言曰：『舜何人也？予何人也？有爲者亦若是。』何等激昂！」講畢，又曰：「某嘗謂，大舜生於千百載之上，貴爲天子者也；顔子生於千百載之下，匹夫之微者也。自他人視之，一定把舜做箇不可到的人，又何敢曰『有爲者亦若是』？顔子不畏，而有此言，故卒能如舜。我等學顔子之學，須提醒此心，果有箇『欲並生哉』，好問好察，爲舜的心纔好。」又問：「『犯而不校〔二〕』如何？」曰：「此亦人觸犯他，他自不較爾。」泉曰：「『與『不遷怒』同乎？」曰：「然。顔子自『不遷怒』進而上之，就是孔子『不尤人』的地位。至於孟子，則曰『於禽獸又奚擇焉』，亦未免有計較的意思。故說孟子不及顔子，此等去處亦略見。」

問：「過内自訟，初無形迹著見，人誰知之？聖人遽以絶望於門人，何也？」先生曰：「此見内外合一之學也。有諸中，必形諸外，如『十目所視，十手所指』，『莫見乎隱，莫顯乎微』。能訟，必能改也。夫子當日絶望，甚言見改過之難得爾。」

十月二十一日，顧移鶯峯東所，請教。先生曰：「志學，必以聖人可到爲期。」顧對曰：「爲學莫大於立志，亦莫先於慎交。」曰：「在學者自修，固當如是。然『有容，德乃大』，不可褊隘。」顧又對曰：「先生以天地萬物爲心，固無不可。若初學未到中立不倚地位，未免爲習俗所奪。」先生曰：「然。寺中章宣之，良友也。與之日夜切磋，庶幾成學。」

二十九日，陳子虛、胡儒道告歸，先生及諸友餞之秦淮寺。子虛曰：「昌積昨日看語録，以智、仁、勇講資質，恐不親切。」先生曰：「亦是資質，亦是學問。如『淡而不厭，簡而文，温而理』，亦然。」又問：「『知風之自』如何？」先生曰：「凡事必有所自，如人之毁譽是非，必自己之得失。我嘗説，雖是箇人君，其天下生民之安否，四夷之叛服，百官之違順，其

〔二〕「校」字原作「較」，據乾隆本改。按：論語泰伯作「校」。

風端自乎己。於此而能知之，則獨必慎，德必修，如何天下不治！」昌積又問：「昨見人謂，意之發動處就是行，如何？」先生曰：「固然，然知略或先些。如今日餞二友於寺，亦必先遣人來視客之有無，察地之汙潔，客人之多寡，然後行無窒礙。使先不爲之謀，則或爲他人先入，寧不有誤！」程惟時曰：「又如請客必先發帖，以通其情，又有速帖，以促其往，然後客從其請也。夫豈因人過我門，而納於我室，強之以同飲乎？」先生笑曰：「此喻更親切。」昌積又曰：「早見程惟時與章宣之看脈，我問惟時曰：『藥可與一二劑喫乎？』惟時答曰：『未曾看你脈，如何知得病，而可以用藥乎？』看來亦與老先生之論相類。」默起曰：「這般說還不緊要。如使不知病的證候，妄意發藥，豈但不能生之，將反害之死矣，知豈獨可先邪！」先生曰：「這段議論，尤覺明白。」講畢，先生徹饌，分散羣僕。昌積謂大器曰：「此處亦見『欲並生哉』意。」

十一月初二日，先生召顧，語曰：「昨日所講，恐流於反復，涉於雜冗。」顧對曰：「諸生感發興起處多。」先生曰：「諸生感發，怎麼不見卓然爲聖爲賢的人？遇纔感發時，就要下手做工夫，聖賢地位亦不難到。」

何廷仁來見，問：「宣之在京一年，亦可謂有志者。」先生曰：「宣之甘得貧，受得苦。七月間，其僕病且危，宣之獨處一室，躬執爨，自勞筋骨，未嘗見其有慍色，可以爲難矣。」廷仁對曰：「孔明、淵明非無才也，而草廬、田園之苦；顏子非無才也，而簞瓢陋巷之窮。看來君子之學，惟重乎內而已。」先生曰：「然古人做工，亦從飲食衣服上做起。故顏子之『不改其樂』，孔明、淵明之所以獨處，皆其志有所在，『食無求飽，居無求安』者爾。某嘗云，季氏八佾舞於庭，三家以雍徹，犯分不顧，都只是恥惡衣惡食一念上起。此處最要見得，則能守得。」

廷仁問：「天下有爲親病割股者，可乎？」先生曰：「親病而已如是，亦根於天性之良，其至誠之發乎！近日連平有一楊佐，年方十四，其母病，卽於脇下割肉一塊，以奉其親。雖不能必其親之存，而佐之心甚不可及。」廷仁曰：「於道不爲過乎？」先生曰：「年始十四，無所習染，無所畏避。其幼則不爲過，由有道之後而論之，則爲過矣。」廷仁曰：「三代以上有此事乎？」曰：「紀傳不存，亦難考。」廷仁曰：「身者，親之枝也，宗祧之所托，後嗣之所承。不重其身，斯忘其親矣。」曰：「雖然，此亦事之變爾。孝童至真之情，豈可於此又索過乎！」惟時曰：「事不可常，禮所以不制。譬如人子於親之死，雖哭泣踴辟，亦不爲過；苟喪其身，則殯殮、棺槨、衣衾，誰爲之主？是故聖王制禮，以防天下之情，恐其過於慟而喪身也，抑之而使退，制其哭泣有時，踴辟有節，易其過而歸於中道。又懼人之喪其心而忘親也，作之而使進，昭其禮法，詳其度數，而亦歸於中。使割股養親而可常，禮亦載之矣。」先生曰：「然。曾子居喪七日，水漿不入口，子思以爲非。」頃之，又曰：「『喪，與其易也，寧戚。』戚不專爲喪之本，蓋言人子之於親，能厚其棺槨，精其衣衾，而安親之心與體，方爲有本。今既不能得其本，寧戚可也。夫楊佐之事，亦寧戚之始乎！」

惟時問：「先生嘗論尹彥明、朱元晦不同者何？」先生曰：「得聖門之正傳者，尹子而已，其行慤而直，其言簡而易。若朱子，大抵嚴毅處多，至於諫君，則不離格致誠正。人或問之，則曰：『平生所學，唯此四字。』如此等說話，人皆望而畏之，何以見信於上邪！」因論後世諫議多不見信於人君者，亦未免峻厲起之也。顧問：「朱子與二程如何？」先生曰：「明道爲人，盎然春陽之可掬，故雖安石輩，亦聞其言而嘆服。至於正叔，則啟人僞學之議，未必無嚴厲之過爾。」頃之，嘆曰：「凡與人言，貴春溫而賤秋肅。春溫多，則人見之而必敬，愛之而必親，故其言也感人易而入人深，不求其信，而自無不信也。秋殺多，則人聞之而必畏，畏之而必惡，畏惡生，則言之入人也難，將欲取信，而反不信也。」

問立志。先生曰：「言人便以聖爲志。」問工夫。曰：「程子云：『其要只在慎獨』。」又問：「今人不能立，如何？」曰：「學者只是或畏人之非笑，或牽扯於利欲，或淫蕩於富貴，有許多病痛，如何教他做得立也？」惟時起曰：「今人非惟不學立，卻把知天命都來講也。」先生笑曰：「不可如此說。但要立，還須從志學功夫上起。」

十一月十三日，老先生宿齋於會同館，顧與章詔同在寺中。顧曰：「良友切磋，甚爲有益。宣之將歸矣，其何以教我？」宣之曰：「學者只要常惺惺法。苟常提醒此心，不泊於貨利，不溺於聲色，纔是篤於道的。」顧曰：「再何以加之？」宣之曰：「『敏於事而慎於言。』」顧曰：「然有諸中必形諸外。著實做工夫的人，則動止語默自然不同。」來日早，問安於老先生，備陳其論，請教。先生曰：「如此聚講，又何患羣居終日者邪！」

一日，游震得曰：「學者只是意向不真切，意向真切，則適道不差。但欲做工夫，每爲氣習所奪。監中往來朋友，未必一一同志，甚至有譏刺之人，將如之何？」先生曰：「朋友往來，固所當擇，然但如夫子曰『毋友不如己者』纔好。至於人譏刺之，又何足介於心！我說人只是箇不自信，能自信了，則任他說不妨。故我常與人說，寒必要一件衣穿，穿了衣，人再說我寒，我便不信他；饑必要碗飯喫，喫了飯，人再說我饑，我亦不信他。看來此處亦只是自信。故孟子曰：『君子深造之以道，欲其自得之也。』自得之，則居富貴也不能淫，居貧賤也不能移，居患難也不能屈，無入而不自得，故曰『居之安』。不知汝近來於安處亦到一二否乎？」震得曰：「受教矣。」

江東暉曰：「學者皆有爲善之心，而今只被舉業纏繞不去，故德不能修，舉不能講爾。」先生曰：「然舉業亦是一件事。做秀才專把舉業來講固不是，棄了舉業不理也不是。」顧曰：「舉業本不害人，但於作文時無患得患失之心，好名好勝之病，就是學也。」先生曰：「此說未必然。使在窗下不能博覽經傳，誦書作文，一日遇主司考試題目不能應答，就去怨主司不取，這卻不是學了。看來還要責之自家可。」

鍾啟寅辭歸省，先生問近日工夫。對曰：「未見進處。」先生曰：「未見進就求，其進可及。」退復語顧曰：「啟寅來講一二次，此回不知果有益否？」顧對曰：「聽先生之言，肯去體貼躬行，則雖三二次，不見其爲少。聞知而不行，則雖千百言，不見其爲益。夫子嘗云『有一言而可以終身〔一〕之者』。」先生首肯。

十二月二十一日，顧侍坐。適章詔來見，先生問曰：「行期何日？」對曰：「二十四日下船，來年三月還至京，拜送考滿。」先生曰：「長江限隔，豈可盡必乎？」對曰：「志之所至，雖窮山極海，不能阻絕，長江敢畏憚乎！」次年如期果至南都，相知聞之，謂章宣之真信人也。

問：「鄉黨衣服之制，盛德之至也。今有志於道者，便侈然戴峨冠，服深衣，自以爲聖賢之徒。聖賢果在衣服間乎？」先生曰：「程子云：『制於外以養其中，由乎中以應乎外。』作聖工夫，雖不專於在外，然服堯之服，亦不可廢。惟

〔一〕「身」字下應補「行」字。論語衛靈公：「有一言可以終身行之者乎？」

以其服而已矣，乃行之不稱也，不幾於書所謂『服美於人』者乎！」

先生一晚語顧曰：「江、游二生來辭，與子亦講一二否？」顧對曰：「游云在寺諸友常得親良師，學問日進。彼離羣索居，終日孤陋寡聞。顧曰：『爲學亦只是立志。志若不立，則雖窮年寓寺，憧憧往來而無成；若立志堅定，則雖無文王猶興，烏以離索爲念！』」先生曰：「汝說固正，然親師取友功夫亦不可少。」

初六日講畢，先生召顧，語曰：「今日聚講，不覺於舜、顏發得過多。然講時初非此意，但好善之心自不容已，纔說著舜、顏，此心就覺闊大，故言重詞復爾。」顧曰：「先生之心與舜、顏同，言出與之相安。諸生心體本明，聞之未有不興起者。」曰：「人不可一毫自私。與朋友講論，務求克去私心，興起箇爲聖爲賢的念頭，則何患不舜不顏！今諸生講學時則曰興起，過後卻恐又忘也。」

良貴問：「昨講仰鑽瞻忽，生未得聞，請再發明。」先生顧謂欽德輩曰：「記得前日所言否？」諸生默然。先生曰：「是尚未曾仰鑽瞻忽也。夫高堅前後，豈可他求哉！貴卿之問，便是『瞻之在前』；諸君之忘，便是『忽焉在後』。」於是諸生皆瞻顧錯愕。先生曰：「此尚不可瞻忽邪？」已而欽德問：「約禮是書之『協於克一』、『咸有一德』否？」曰：「非也。」又問：「『協一』、『一德』尤云非約者何？」曰：「此約於書者也，非約於子敬者也。」於是諸生歎曰：「高堅前後，其惟時乎！仰鑽瞻忽，其在心乎！欲罷不能，其惟學乎！」

一日先生至寺，張子醇與顧侍坐。適一生來見，衣服盛飾，兼以其父遺像求贊，並求格言。先生曰：「遺像上烏可著格言邪！」因問：「爾父逝世幾年？」對曰：「已十載矣。」先生曰：「學者孝親之心，不可以已亡偃然自肆。昔曹生之父喪二十載，來求墓誌，予見其衣服頗美，遂語之曰：『昔將軍文子之喪，既除服，越人來弔，主人於廟垂涕洟。君子曰：亡於禮者之禮也，其動也中。故子之於親，不忍之心須要隨時發見，衣服不可過侈。』」及退，先生復語顧曰：「庠生也衣服過侈，恐累大德。況其父已亡，烏得安然而不省乎！」顧對曰：「今之學者把節文度數亦都忘了，是以如此。」先生曰：「還是先忘其本。」

十二年正月三日晚，辭老先生去江寧鎮拜吾父，問曰：「新年新月，君子小人皆相慶賀，學問若能自新，亦必有慶喜乎？」先生曰：「新年人皆慶喜，此景象可愛，世運將亨泰矣。學苟自新，則無入而不自得。汝輩不可枉過時光，務求自得，如新歲可。」

問：「士風不振，似亦科目之少乎？」先生曰：「汝以出仕者能振士風乎？譬如一處大府縣，或中鄉試三十名，或中會試二十名，求其能振士風者幾人！汝年富而能以道自任，卓然力行，則士風丕變，澆漓頓改。善人多，君子衆，在吾輩當責之於己，此正不可仰賴於人也。」

壬辰八月二十一日，何叔節問：「揚州府庠高先生專講心迹不必合之説，堅云：『人皆以心去合迹，須説觀迹以合心。』顧答曰：『誠於中，形於外，天下豈有中志於道而外僞者哉！蓋其心善則行亦善，其心僞則行亦僞。合一之論，未爲不然。」先生曰：「然。」

堅問：「在學諸友責備，在家兄弟亦每責備。」先生曰：「諸友責備，外有益友；兄弟責備，内有益親。叔節如此，何患不長進！」

顧問：「賦性粗厲，不能容人過差，如何？」先生曰：「知得粗厲，就要變化去，方是學。且不能容人過差，便是己的過差。」

堅論被人之非笑，顧曰：「『至誠而不動者，未之有也。』今人只是弗誠爾。如顧初從東郭先生，京中諸友或訕笑謗毁，或面斥其過，近來亦稍親與。」先生曰：「此可見禮義在人，良心未泯。若顧得許多非笑，則將彌縫無暇息，并己身同倒了也。」

松江有一生來見，行初見之禮，云次日拜於門下。適顧侍坐，見先生愀然不樂，辭之。请問其故，先生曰：「此生之名與吾先人同，見之甚不忍，受之則不安。」顧對曰：「此生有求教之誠，義弗可卻，其名關於上司，又難以遽改。」先生曰：「朋友處之則可，否則不可見矣。」顧出語一生，一生忻然曰：「吾從老先生，惟恐其弗納也。師若肯納，吾豈不易其名乎！」即改其字以進。先生終辭之。後宋元博見，先生亦只從其字。

揚州有一生問曰：「二程抄釋與横渠抄釋，二子之言孰爲親切？竊意張不如程也。」先生曰：「以前賢之言反之於身，都是親切；若評其優劣，就不親切。」

問：「雅頌得所如何？」先生曰：「詩至春秋，殘缺失次，夫子環聘列國以正可否，得商頌十二篇於周之大史，則序其五篇於魯頌之上。如南陔、白華、華黍、由庚、崇丘，皆有其意而忘其辭，夫子皆序，列於小雅六月之前，亦是各得其所之義。」頃之，問諸生曰：「孔子刪詩書，作春秋，無非尊周室以黜霸功。至於詩之所載，魯僖公本諸侯也，閟宮之詩反列於頌；周平王本天子也，黍離之詩反降於風，此其故何哉？」諸生未對，請問。曰：「此可以觀世變矣。蓋詩言其時，春秋正其分。如『天王狩於河陽』之類，無非正名，以統實也。」欽德曰：「孟子謂『詩亡然後春秋作』，恐是此意。」曰：「然。大抵聖人作春秋，亦因詩而挽世道者爾。」欽德又問：「此章其樂專語雅頌而遺夫風，後云『師摯之始』，專語國風而復遺雅頌何？」曰：「彼此互見。又詩之殘缺，惟雅頌獨多爾。」

顧與叔應鴻歸省，辭謝，先生留坐。適監中三四生來謁，先生曰：「昨過諸友，無一在家，何也？」一生對曰：「監中朋友處號房，因人事繁雜，多處雞鳴山爾。」顧起曰：「人貴於學爾。若不勤學，雖移居雞鳴山頂，亦與在家同也。」一生問應鴻叔曰：「汝常在家否？」叔曰：「某常在爾。」先生笑曰：「小謝言人之不勤，以見己之勤；大謝言己之常在，以見人之不在。得非欲以己之長，方人之短乎！」及請教言，遂書此以贈。至階下，復語顧曰：「汝毋以此工夫爲易也。聖門高弟，都從此處做起。」

門人鄖西朱德録

葉春芳問：「如富鄭公出使契丹，亦可謂『不辱君命』乎？」先生曰：「豈但富公，如子產、叔向之使晉，晏嬰之使楚，孔道輔之使遼，皆是不辱君命。但先要『行己有恥』爾，如不能行己有恥，未有不辱君命者也。」

德問：「『剛、毅、木、訥近仁。』如無這樣近仁的資質，又當何如用功？」先生曰：「此須要先變化了那不剛、毅、木、訥資質，尋向上去，就可近仁。若徒恃有這好資質，不去用功，亦不濟事。故曰：『十室之邑，必有忠信如丘者焉，不如丘之好學也。』」

歐陽乾元問曰：「克、伐、怨、欲不行，雖未是仁，亦做得箇仁的工夫否？」先生曰：「爲仁的工夫，不在這裏下手。克己便是爲仁的工夫，這箇工夫孔門惟顔子知之。」德對曰：「仁則自無四者之累，不行則私欲病根終是不曾剪除。」先生曰：「仁貴何以見仁則自無四者之累？」德對曰：「仁者視天下之事，皆己之所當爲故也。」先生曰：「這箇也是仁的影像。易所謂『君子體仁，足以長人』的心，就是那西銘所云的模樣一般，故能以天下爲一家，視中國猶一人，見不如己者方哀矜憫恤之不暇，又焉有四者之累乎！故予嘗爲之說曰：『知分則不克，知止則不伐，知命則不怨，知足則不欲。』」

涇野子内篇卷之十九

鷲峯東所語第二十四

門人儀真盛楷録

嘉靖壬辰，楷自京師回，入南監，乃先謁先生，問爲學工夫。先生曰：「須是忠信立誠，以進德修業。存得誠了，則發一言是一箇事業，行一事是一箇事業，至於接物，無非此意。若無事時，或博考經典，或與良朋善友切磋琢磨，自不患不日進於高明矣。」

問觀書。先生曰：「觀聖賢書，須要躬行踐履。如論語十九篇紀聖人之言，鄉黨一篇紀聖人之行。萬世之法，必擬之而後言，議之而後動，真宗師也。如以爲我是箇秀才，何敢效孔子，便是自家小了。若能厲志孔子，纔爲善讀書。」

問塞於天地之間：「六合是恁的大，吾人以眇然之軀，何以能塞之？」先生曰：「吾與天地本同一氣，吾之言卽是天言，吾之行卽是天行，與天原無二理，故與天地一般大。塞，猶是小言之也。」

或問：「觀書時，此心當如懸明鏡以照之。此心如何得如明鏡？」先生曰：「心體本明，或爲物欲遮蔽，如鏡被塵垢掩也，可用藥物擦摩。若原體或雜以鉛、錫，雖藥物擦之不明，須從新鑄過一番，故曰『學要變化氣質』。」

先生曰：「王祥，魏人也，而仕於晉；鄧攸，華人也，而仕於胡。其大節已虧。世所謂孝友者，不過一節之行爾。」

先生因論篤信好學，曰：「人之所以若存若亡，或作或輟者，只是信不及；若信得及，如寒之欲衣，饑之欲食，自住不得。如黄石公之與張良，期於圯橋至於三，乃曰『孺子可教』。夫良之所受，兵法爾，而况孔孟之道乎！昔者，孔子『信而好古』，孟子言『有諸己之謂信』，學者不可不猛省。」

因講鄉黨篇，謂諸生曰：「學須見得意思常新乃樂，學如能時習乃說也。且學聖人，須師其意，不必泥其迹。且如平日做短右袂之衣，如何使得！縱是『不得其醬不食』，亦視所處之地如何，若當疏食飲水之時，雖醬亦無矣。故鄉黨記夫子威儀、飲食、衣服，皆天理之發見處，必先學此而後達道，但不必泥爾。九經、三重，皆由此出。」

先生曰：「父母生身最難。須將聖人言行一一體貼在身上，將此身換做一箇聖賢的肢骸，方是孝順。故今置身於禮樂規矩之中者，是不負父母生身之意也。」

問：「周公之處管蔡，不如舜之處象，何也？」先生曰：「舜當時與象同其好惡，纔說好惡同，則心與之一，而未始有違，故象不格姦。若周公處管蔡者，恐不在於監殷之時，在於未使之日。公既居冢宰之位，彼其心以爲兄也，乃不冢宰，不肯帖服，且或未同其好惡，故必不能平，遂以殷畔。此管蔡者，乃小人之心也。周公者，聖人之懷也。公以聖人之懷待管蔡，於其委曲處或未察爾。管蔡以小人之心窺周公，凡其直遂處皆生忌也。故孟子謂周公爲有過，謂舜爲仁人。」

楷問：「諸經雖曾讀過，久多忘記。且讀時記性魯鈍，若其難而不知其樂，何故？」先生曰：「當時讀，只徒記誦，不曾將來身上體貼做工夫，所以易忘。且苦其難處，亦近發憤，過此則便樂矣。」

先生曰：「孔門如顓孫師，只學夫子的威儀；有若，專學夫子的言語；子游、子夏，專學夫子的文章；惟顏子、曾子、閔子，專學夫子之道德。故子夏晚年居西河，使人疑於夫子；而有子至使諸友皆以夫子之禮事他。曾子一則謂其不可，一則數其過而責之。還是學德行的終不差。」

先生謂諸生曰：「今日有疑須相質。故作宰相，須使人皆盡其情。如講論中，有疑於心處只管聽下，隱而不發，也非向往的意。」

問：「孔子亦獵較，未必是親爲之，如何？」先生曰：「將舜之陶、漁、耕稼，亦非親爲邪！夫禮從宜，使從俗，入門問諱，入國問禁，聖人行不絕俗，自是如此。」

問：「夫子之得邦家如何？」先生曰：「看來『不疾而速，不行而至』，只是一箇神。易曰鼓舞之謂神，其機在用人上。蓋其所舉用者如顏、曾、冉、閔之徒，如子產、伯玉、季札之輩，皆登庸之矣。」一生曰：「夫子何不盡用在門牆者？」先生曰：「七十子中，如聚斂之冉求，夫子必在所舍，又焉用之！蓋人明到極處，就是神了。如水之清澈，其底沙石，毫髮無遁；如鏡之明，妍媸一過，盡照了。今諸生也要如舜、湯用心，常把這意思在心上。凡世上榮華富貴，都要捐除，要淡薄方好。諸葛武侯曰：『非淡泊無以明志。』衣服、飲食俱要淡薄，苦其心志，勞其筋骨，餓其體膚。如顏子之貧不待言，如曾子耘瓜，也是貧。今學者豈肯荷鋤去耘瓜！古之聖賢，多是如此。」

先生因論衛公子荊，語諸生曰：「敝處有劉司徒，作墳所祭堂，用舊屋料。人問其故，曰：『同歸於朽。』故顏子在陋巷，他通不以此累其心。見大心泰，心泰無不足也。不但宮室，雖衣服、飲食皆是。故如武侯、孟子，其志立得大，若溺於流俗，雖營心學問，終不得進。曾有一家作屋，貫條用鐵爲之，其孫在下見之，謂其祖曰：『不用爲此，他日賣時難取卸。』未數年，已爲他人有矣。須於此等處一齊看破方好。」

問格物之格：「有說是格式之格，謂致吾之良知在格物，格字不要替他添出窮究字樣來。如何？」先生曰：「格物之義，自伏羲以來未之有改也，仰觀天文，俯察地理，遠求諸物，近取諸身。其觀察求取，卽是窮格之義。格式之格，恐不是孔子立言之意，故曰自伏羲以來，未之有改也。」

先生曰：「大道爲公氣象，如『貨惡其棄於地』，『力惡其不出於己也』云云，這等說卻過了。爲仁者只是無私便是，若又要費其所有，難以率人。」

問：「意所便安處，如何去得？」先生曰：「不止一端，如使於飲食、衣服，居處俱是。只是人受病處不同，須是於意所便安處一刀兩段，方能有爲。且有一朋友好睡，常說：『天怎麼沒箇閏五更來？』雖是戲謔，其便安於睡如此。若能於中夜之間思道理起，在愼獨上用功夫，便去其意所便安處矣。」

先生曰：「子賤之治單父也，有出郊數十里而迎者，子賤曰：『未必賢也。』有出郊數里而迎者，子賤曰：『未必賢也。』有於郭內迎者，子賤曰：『未必賢也。』及之單父，乃求未來見者師事之。此可見其至公之心，不受人諂，如之何不得聞善而治單父邪！」

問：「如何方得寡過？其肯綮處可得聞歟？」先生曰：「人惟爲聲色貨利所纏縛，如墜於井底一般。須斬去世間一切可愛、可惜、可喜、可慕的心，一於天理便好。如日月之明一般，此何等氣象！學者須從難克處克將去，久之自與天合，不患不寡過也。」

凡看論語，且須要識得聖賢氣象。若天地之所以爲天地，只是一箇至公至仁。如深山窮谷中，草木未嘗不生，如虎、豹、犀、象也生，麟、鳳、龜、龍也生，聖人與之爲一，如有一夫不得其所，與天地不相似。觀夫舜欲並生，雖頑讒之人也要化他，並生與兩間，要與我一般，此其心何如也！

先生語諸生曰：「第一要擇交。交際之間，將論語活活的見在躬行上纔親切，纔見得有至有未至處。若只敘寒暄，說俗話便了，視聖人之道反相恥一般。這五日之聚，只是空談了。蓋聖人之道，極平易近人情，只在日用行事間見得。凡談奥妙，念高遠，俱是異端。今人胡亂說話者，號曰不拘小節；又有循禮，號曰道學。然於作用處卻有欠，故二者皆非道。」

問學。先生曰：「貴自得。如今吾輩詩也讀，書也讀，如因書而知詩，因詩而知書，纔是自得。若讀書只知書，讀詩只知詩，皆不算。」

問三正。先生曰：「古之改歲，雖以十一月、十二月爲歲首，其春夏秋冬之序自仍其舊，一年自仍是十二箇月，但頒曆發號令，俱從首月書爾。」

先生曰：「所居朋友比前加敬，有感化意的，便驗得我的進處。若只泛泛如塗人，一揖而過，還未也。如有可告者，卽以己所聞者告之。若有所秘於己，亦是自私，就不廣了。故曰：『克己工夫未肯加，吝驕封閉縮如蝸。試於清夜深思省，剖破藩籬卽大家。』」

問周禮。先生曰：「周禮亦非萬世常行之道，自是周家一代禮也，行之者曾有弊。若欲行之，除是斟酌損益。故孔子便欲行夏之時，而於周特取其冕。」

問：「聖人亦重名乎？」先生曰：「觀『君子疾沒世而名不稱』，聖人也重名。故齊景公貴爲諸侯，富有千駟，死而民不稱；伯夷、叔齊無爵無位，一匹夫爾，民到於今稱之。又如嚴子陵，其名高過光武。屈原之學惟未盡純正，其言曰『與天地兮同壽，與日月兮齊明』，如今看來果是如此。但名非虛得，有實方有名也。」艾希淳曰：「有重名，必有重實。」

先生曰：「爲學須要與直諒多聞的朋友講明道理，文字就有得有進。經書之外，看一部禮書最好。禮絕得妄交，無妄交則靜定，足以進學。凡學者謹獨不至，未有不入於淫蕩者，再牽以無益之朋，其引之去不難矣。須擇交好友。不要說我是秀才，他也是秀才，我是舉人，他也是舉人，如此比將去，終無進步處。須是要以聖賢爲期。」

先生嘗說：「某初在京未中時，有友六七人者，馬子伯循、崔子子鍾、寇子子惇、張子仲修、馬子敬臣，當時相與習禮於寶卭寺中，令各人弟子爲執事。人皆以爲未中，何得如此迂闊？不知後方有所執持也。」

問：「夫役之苦，何處爲甚？」先生曰：「自河以北，夫差之苦，不分男婦。又有男把犁，婦牽犁以代牛者。曾有分守官某，繪此圖以獻。」

過江北行途中語第二十五

男昀録

涇野子至滁州，同年于子言：「張四峯家無田產，又無子息，乃更謫官遠去，真可憐也。」子曰：「子息係於天，謫官係於朝廷。無田產係於己，卻是好消息也。」于子又稱石府尹富甲南畿。子曰：「吾兄獨稱石公之富，豈以四峯爲不及乎！」

涇野子至濠梁，燕匡李侍御言：「近日有同僚題准，不許奏災傷。今南畿連年旱蝗，如此可忍不一言乎！」子曰：「燕匡巡倉於此，誠因儲蓄空虛言及災傷，於法理亦切當。」

子次宿州，令學生趙桐屬文草，桐或不達其意。子曰：「『學然後知不足』者，此類是也。博習親賢，其可缺乎！」桐拜而敬受之。至太丘，又令學生胡儒謄文章，胡生越幅而書。子曰：「資質聰敏者在沉潛。」時有洪希曾者在側，頗縝密，則謂之曰：「二生可互相學也。」

歸德王廷獻宥，久滯有司而未遷，則曰：「苟得京職，即引疾歸山矣。」子曰：「廷獻領數大縣，苟使其民皆愛廷獻，如親父母，去則立祠，雖得卿相，不與存焉。夫升沉內外，皆在外者也，不足論；此道義，千古不磨之物爾。不見往時卿相之敗者乎，其誰取之邪！廷獻與予甚相契，言及此，真可一大笑也。」

宴范明著家，明著甚言寧陵河水爲害，其言甚慘悽。既宴登舟，明著請一言，子揖手曰：「夔州行領十餘縣，願愛之如寧陵爾。」明著曰：「不敢妄也。」

石岡蔡公行取至真定，引疾而歸。涇野子至葵丘訪之，曰：「公正可行經濟之學，胡爲又在告乎？」對曰：「無甚經濟，但倦於行爾。」答曰：「昔禹八年於外不倦，今公乃倦邪？」已而石岡送至郊外別墅，有盤飧，石岡曰：「此自己之饌爾，非可以奉客也。」答曰：「公亦尚有人己之分乎？」石岡爲之大笑。

杞縣王尹修治社學、養濟院極整固，涇野子甚愛之，且稱之曰：「可謂得養老訓幼之道矣。世之學者一登仕途，輒背書冊，尹其不負所學哉！」已而出西郭，見爲社稷壇已成矣，惡其狹，令人負土數里外以增築。子嘆曰：「此卻非予之所取。」呼其縣吏，語之曰：「動土以祭土神，神不享，可已之。」

九月一日，晨起大梁書院，欲越汴城以西往。諸公皆追至西官廳，吳巡撫問曰：「何日離南京？」曰：「某日。」曰：「某日何以方至於此？」答曰：「昨過寧陵，黃河水洪大瀰漫百餘里，村落、禾稼大半淹沒。舟過之處，適有北風，浪如房起，打舟逆行，阻次茅舍者移日。子夜至睢州，次日晨飧後始行，故遲遲爾。」巡撫聞之默然。時寧陵方申水災，巡撫未准，語故及之。

王得師京、冉繼周崇禮送至中牟西十里舖，有餞饌，因講治河之事。子曰：「予六年前曾過此，見築沙隄以導河，嘗笑以爲兒戲，是以拳石塞洪流也。昨見歸德河行舟，卻悔前見之鄙。及見寧陵水害，是通改黃河以南漫然，後知初見之未謬也。」二子曰：「何以先見如此？」答曰：「予嘗習禹矣，以九手九足治水，今皆一手一足治水也。」「何謂也？」答曰：「用九州人之言，治九州之水爾。」得師曰：「此在舍己乎？」曰：「苟未有精一執中之學，雖能舍己，恐其從人者又未必是也。」

戴浩、孫漸送至鄭州西郵亭，宗孟出所作三劄五規論，子曰：「文雖博雅，然未知其切也。夫仁宗之所不足者，正在武與務實謹微爾。君實之言，真對病之藥也。」

涇野子至滎陽泥水之間，嘆曰：「此城皋虎牢之地，北遵廣武、大河，南接嵩、少、王寨、青龍諸山，真中原之要害，海内戰爭之地也。牧斯地者，誠宜慎選其人。今多處以菲才，黎民愁怨，室家蕭條，日後萬一有警〔二〕，獨不可慮乎哉！」

再過解州語第二十六

門人王舉才勿忘録

先生考尚寶績至真定，得遷太常報，未至京而回，哭寇司馬於榆次。又痛王克孝之歿也，由弘芝抵龍居，哭其墓盡哀。克孝父經府君請即其家，見書舍書籍及先師、漢唐宋以來諸賢祠，嘆曰：「不意克孝相信及此！」悲不能止。少焉，經府設席過勸，托以痰火不飲；與坐諸生皆起勸，再以痰火辭。及勸之力，方曰：「我爲克孝有一日之哀。同坐有能飲者，勿爲我嫌。」諸生亦皆不飲，悲慘移時。乃南過州，居察院。諸生相謂曰：「書院乃吾師所建，今日來，亦爲書院之興廢，及我輩肄業其中者之勤惰爾，可復入院。請移居書院，以破諸生之愚。」其日夕，合用之物皆理葺完具以待。明日，將移居，先過謁鄉賢祠。仍問各齋肄業者姓氏，乃坐考德堂。舉才呈課業，看到詩，則說：「作了這許多詩也，爲學不宜多及此。」鞏邦重問「春王正月」。答曰：「還以夏時爲正，並不曾改月數，如豳風小雅可見。予在江南，有吳副郎者以七十二家辯正

〔二〕「警」字原「驚」，據乾隆本改。

月，予曰：『君記得七十二家，我只記得一家爾。』彼問：『一家者何？』曰：『孔氏。夫子不曰行夏之時乎，何爲如此紛紛哉！』」道流適進茶已，盧政爲王經府請出，過東碑下，說：「此文字太方刻也。」比到經府宅，未及行酒，見伶人滿前，謂政曰：「今日克孝居第，我們慘悽不勝，可用此等乎！」徹去樂器。酒四五行後，經府問來經某地，答曰：「從榆次致奠寇中丞子敦爾。」因道：「昔年在太學時，與馬子伯循諸友同居，聞山右有寇子子敦名天敘者，篤道講學不倦。居寓相去數里，日暮聞至，即欲去訪。一友不悅止之，不聽輒去。及會子敦，禮度雍容，坐語移時，其歸已四鼓矣。此予今日不遠千里致奠哭也。」酒已再飯，捧盤童子相阻難行，經府君以房室窄小言。先生復舉寇公之居室以抑經府曰：「寇子敦之子主事名陽，隨予致奠乃翁畢，邀過其家。家之房舍甚隘，難於獻酬，借其叔父之屋以設席。渠因道先人薄宦所得廩祿，僅能致田一頃，至於房屋，仍祖先之舊，未暇新一椽一瓦也。予曰：『爾先人所以爲人之不可及者正在此，爾其敬承之哉！予在江南時，有一人言：禹，大聖人也。菲飲食，惡衣服，卑宮室，恐不足續堯舜之傳；危微精一之妙，不在此粗迹也。予曰：孔子嘗說：「禹，吾無間然。」子今乃云爾，無亦愈於孔子乎！不知天理不在人事之外，外人事而求天理，空焉爾矣。爾先人之見此也，爾其敬承之哉！』」經府深然之。

一生問：「周勃左袒，先儒嘗說假饒軍中有一人右袒，彼將柰何？」先生曰：「勃素服其士心，曉得軍中無他意，故敢出此令，非一時偶然爾。蓋欲借此以翕人心而倡義舉也。」明日，州守同學師來揖。先生時聞孫學正遷尹陽曲，孫以陽曲多奔走，意欲辭卻不去。先生乃就其言以折之曰：「幸勿以奔走爲非我本分事也。且人以奔走爲奔走爾，以政事爲奔走，方是箇真奔走，夫何辭！」孫前謝教，始決意入陽曲。

甲午，諸生設宴於仰山堂。有吉州張生忠言，舊學書院，時告歸，同舉才请賜一言以教。乃爲寫「屏山精舍」四大字，兼貽一絕云：「薰風十里會龍居，歸馬停鞍久待予。此去錦屏山下學，皐夔肯忘古虞初。」張生拜謝，乃行。坐間有數生列坐西廊者，日昃返照，乃令門胥擡兩屏風背遮，渾如堂室。西廊生過謝。告以「爾等莫謝我。白後有事類此者，要看得見，卻又要勿忘。能體此，則所以謝我者多矣，不可只空虛過去」。

解人送先生至靜林寺，州守石溪虞公酌於寺之潮海殿。諸生亦就其地獻酒，仍歌鹿鳴、四牡、皇華諸詩。才之兄舉善亦列歌行，時年已踰三十也。先生曰：「此生教之歌詩時，年方弱冠爾。」因感今昔之殊，少長之異，而憐其心之不改也，爲之流涕。且謂：「舉善年已長大，勇出高歌，與少者同列，不以爲嫌。當其所造，雖古浴沂之子不可及乎！」

先生西行詣王官谷，鄉約、諸生後從。適臨晉焦尹遠迎至土樂莊，莊有薛生良佐，門人也。獻飯已，出莊外，命鄉約皆回。鄉約人在道左，百叩首不肯起。先生悲感不能言，只以「作善」二字勉之。諸生從至王官，謁表聖像。焦尹宴於聚仙堂。時有蒲坂蒼谷劉公一中者，素識先生，焦尹請過陪。蒼谷因說陽明之學。先生曰：「予在江南時，有一舉人師陽明者，過予講學，因飯。彼說：『五經是糟粕，不消看，只去致吾良知便了。』是時予飯未了，而彼已釋筯。予說：『且不要遠比，只禮記裏說：主人未辯，客不虛口。你若不去看他就差了，卻從何處致良知！』」又說：「他這學把行說在知前，甚錯了。若不先知，便行箇甚！甘泉湛子與他正一正，說知行如車之兩輪並進。予說若一輪壞了，就把一輪扯住，豈能行得！還是曉得車軌是知了，把車在上面輾去，方是行。」蒼谷深以爲然。又說：「在鷲峯東所與諸生坐講，一生問飲食知味。方問間，僧人送茶，彼不知坐間長幼，把一鍾茶就送與年幼秀才，年幼者卻便轉送於年長的。我說：『只此就是知味。』」蒼谷深嘆，以爲易簡之學。先生寢白雲洞。旦日，風雨交加阻行，焦尹尤懇留。仍坐聚仙堂，命吏持紙，書二絕贈焦尹，云：「猶憶昔年作記時，亂山深處漫鐫碑。十年三晉逢焦尹，重護雲亭總未知。」又：「曾將魚雁到涇河，過此真聞老穉歌。舊是王官仙釋地，妙更書院大開科。」因問：「焦尹德政果何所長而致然？」薛良佐以四時令民居業對。先生嘆曰：「焦尹此令，其有見於潘郎中之育子乎！南京有潘郎中者，擢守某府，予就其館賀。潘以涖政所當急者問。適乃子讀書於樓，予曰：『子之育郡民，亦如今日之育爾子，則政無難矣。』」焦尹請敬服膺。

先生西過蒲坂，諸生送至大河東岸，諸生乞留教。先生曰：「六月當會於陝州，爾等其勉力哉！其勉力哉！」遂把棹，再揖而去。諸生臨流瞻望，舟過河西登岸乃退。然多有泣下者，無異往日初離解之時也。

涇野子內篇卷之二十

門人潁川魏廷萱校正
門人胡大器許象先録

太常南所語第二十七

大器問一貫、忠恕：「忠是一，恕是貫？」先生曰：「此殊支離。曾子平日教門人，唯在忠恕上用功，故因門人之問，則言所謂一貫，即我前說的忠恕便是。一時間就指出，點化門人。這處便見曾子已得了一貫了。」

象先問：「一友云於事上學恐勞攘，如何？」先生曰：「心事不相離，事上亦所以習心也。」一友又云須要養得心好，遇事便不錯，一了百了也。」曰：「事未至時，固當涵養。至於臨事時，亦須要一驗，不然，若只是靜便感而遂通，除非是渾然的聖人。故一於定靜，而惡與物接，恐又墮於禪佛。夫子不云『執事敬』！」

顧問：「『子在齊聞韶，三月不知肉味。』一友云，恐溺於好了。」先生曰：「何不教這友亦如此溺於好也！看夫子此箇好，正如纔所謂『樂在其中』一般，豈易得的！」象先問：「史記於『子在』句下有『學之』二字，不知夫子於何處學？」曰：「亦只在器數上學，而性與天道在其中矣。今只觀季札觀樂一篇，韶樂當時是甚麼感得人的！孔子見當時列國搶攘，諸侯大夫尚戰力，復觀揖遜之容、文明之德，如親見的一般，且又與他平日祖述的相契合了，故不覺感嘆之深。至如後世，亦有聞樂降自西王母者，此卻異於孔子之聞韶矣。」

象先問：「曾子臨終而啟手足，見得他平日未嘗失手失足於人。若止是形體，則世之得保首領以沒者亦多矣。」先生曰：「然。曾子一出言未嘗忘父母，一舉足而不敢忘孝，自云『戰戰兢兢』，不知用了多少工夫來！故孟子謂守身事親。今之爲宦者無見於此，而傷人害物，無所不至，故人至痛詈，有傷及祖父者，皆是辱親不孝之大者。故孝子必敬其身者，懼辱親也。」問：「『任重』何以要『弘』，『道遠』何以要『毅』？」先生曰：「天下之老皆爲吾老，天下之幼皆爲吾幼，心胸何等大著！故程子謂西銘言弘之道。心便如此弘了，而私意少有間息，便是不毅。觀曾子臨終，他人救死不暇，心中不安，雖一簣之微，亦必易之，看他是何等毅！『仁以爲己任』，『死而後已』，此曾子所以能『踐形惟肖』乎！」

象先問：「聖人仁天下之心無窮，而何不使民知也？」先生曰：「只一縣之地，數百里爾，人人能使之知乎！」問：「廣設鄉校如何？」曰：「只一學中，爲師之教同也，而士子亦便有知有不知者，況凡民乎！故只好肅條教而使之率由，斯可爾。」問：「如此則聖人仁天下之心何以遂乎？」曰：「『無君子莫治野人。』只是廣舉賢才，布列在位，導之而生養遂，教之而倫理明，強無淩弱，衆無暴寡，智無詐愚，聖人之仁心亦庶幾乎少遂。謂必使人人皆知得聖人之心，雖堯舜亦或以爲病矣。」

洲問：「有天下者之樂，所奏者何音？所舞者何容？」先生曰：「只求之聲容，亦末矣。」問：「何謂本？」曰：「予不嘗說，賈誼請文帝興禮樂，文帝謙讓未遑，世皆以爲過。殊不知文帝曾遣人口受尚書於伏生，故他曾看過二典來，如天下水土未平，便舉禹敷治；黎民阻飢，便舉棄躬稼穡；民未知教，便舉契明倫；民情不齊，便舉皋陶明刑弼教；民用不利，便舉工、虞。至於一草一木，亦必使之得所，然後禮樂可興。故然後命伯夷典禮，夔典樂。不然，只一夔安能致鳳凰來儀，百獸率舞哉！後之有天下者非不作樂，閭閻之間困苦咨嗟，聞其鐘鼓之聲，見干翟之舞，莫不疾首蹙頞相告者矣，此亦謂之能樂乎！」問：「樂作本之人心矣，而得人心何所始乎？」曰：「在得賢。故野無遺賢，則萬邦咸寧。以是知尚書是爲治根本，有天下者要思得之。不然，舍此別尋箇路蹊，只是箇小康，只是箇雜霸。」

象先問近日爲學之弊，「用心太過則傷於急迫，不及又墮於悠悠，如何？」先生曰：「有要焉，只在勿忘勿助。」

象先問：「君子『人不知而不慍』，豈由有所見乎？」謝顧曰：「亦由有所養。」先生曰：「他當初爲學，只是爲己，無心於人知與不知，故不慍。若爲人而學，則人不知時，不勝其怨且尤矣。惟孔子是此學，觀其言曰：『不怨天，不尤人，下學而上達。知我者其天乎！』故學只在不求人知。如諸生應試，或有中不中的，胸中果能無芥蔕〔二〕否？不然，只求人知，不求天知，不得謂之君子之學。吾近日過解王克孝之父，言克孝夜半苦學，嘗勸止之曰：『汝既不應科第，讀此書當誰知邪？』克孝應之曰：『豈有讀書之人要人知乎！』亦近此。」

汪洲問：「靜時看書少有得，一到擾攘時便不能入，如何？」先生曰：「雖動亦靜可也。」「然靜時無工夫乎？」曰：「怎麼無工夫？廓然大公可也。」象先曰：「程子見人靜坐，便嘆其善學。似又工夫多在靜時做也。」先生曰：「此或對世之浮泛不定者發也。定性書不云『動亦定，靜亦定』也。」「然則何以能定乎？」曰：「在知止。」

先生曰：「先儒謂曾子大賢也，尚一日三省，吾人無所不省可也。其言似矣，而實不然。」象先曰：「邢恕一日三檢點，程子謂其餘理會甚事，是乎？」曰：「是矣，而亦未盡也。我不嘗說來，此是曾子揀切己病痛處做工夫，故日以此三事自省。今日諸生病痛，或只在爲人謀上，或只在友信、師傳上，或不在此三事，只在好名與好利上，亦從自家切己病痛察治，亦便是學曾子之學。」象先曰：「如此看來，益可見曾子自治切處。」先生曰：「見得誠切處，此猶在曾子者也。行得誠切處，此方在汝賢者也。」時象先默然有省。

一生問：「爲學而苦於治生之不足，如之何？」先生曰：「無不足者。只要見得破，耕可，商可，傭、卜亦可，何妨爲學！昔管寧、華歆共鋤而獲金，歆熟視之，寧竟擲不視，此不外耕而學的。韓康伯隱於長安市，賣藥不二價，有一女子買藥長安市中，聞藥價不二，問曰：『子莫不是韓康伯否？』此不外商而學的。又如漢嚴君平賣卜，凡有父兄來問，便教以慈愛；有子弟來問，便教以孝敬。此雖賣卜，亦未嘗外學。諸生亦嘗有此學者乎？未也。故爲學不患身貧，只患無志爾。」艾希淳曰：「見得破三字是主本。」

象先問：「樂與好禮，子貢至聞性與天道，時亦幾能乎？」先生曰：「子貢嘗結駟而過原憲之門，見其家無儲儋石，

〔二〕「蔕」字原泐，據乾隆本補。

室如懸罄，曰：『若是乎子之病也。』憲曰：『是貧也，非病也。』由此觀之，無諂無驕或未之盡，況樂與好禮乎！」問：「貧非不能好禮，富非不可樂，二者恐互言之。」曰：「貧又何以爲禮？富又難於樂乎！此居冢宰而握髮吐哺，『赤舄几几』，惟周公之稱。蔬食飲水而樂在其中，簞食瓢飲而不改其樂，孔、顏之外無幾也。」

象先問：「小序於周南多言后妃之化，而不及文王，恐未然乎？」先生曰：「此序之善也。后妃如此，則主后妃者可知矣。此正可見『刑于寡妻』。」問：「文王何以能致此？」曰：「只在慎獨。故程子云，慎獨然後可以行王道。」

象先問：「孔子觀人，視以、觀由、察安；孟子觀人，只說聽言觀眸子。何以不同？」先生曰：「子試言之。」對曰：「恐孔子之法，觀人於終身者也；孟子之法，觀人於一時者也。」曰：「此亦是。但不可只去觀人，須是先要自觀在我者，果何道可以觀聖人於常如孔子，何道可以觀人於暫如孟子，乃有益。」

先生每謂仁是聖門教人第一義，故今之學者必先學仁。一生初見先生，多不省。先生曰：「今欲爲這學，須是換了這箇心腸纔好。」其生愕然，曰：「何謂也？」曰：「天始生人，這心腸元來人人都是有的。只爲生來或是氣稟欠些，或是習染雜些，把這心腸都失了，只是箇塊然血肉之軀，與仁相隔遠著。所以要把這氣習變易盡了，纔得與這仁通，如修養家所謂脫胎換骨一般，非是教諸生外面討箇仁來也。」其生至是始釋〔一〕然。

象先問：「季氏僭八佾，三家僭雍徹，其原皆起於不仁，故繼以『人而不仁』於二章之後，記者之意深乎？」先生曰：「是如此觀。其曰『可忍』，正是不仁。」問：「三家之不仁，其原又何所自？」曰：「我不嘗說來，亦只起於恥惡衣惡食。」語未畢，一生遽問：「『知其說者』之『知』字如何？」先生曰：「纔所言，汝盡知之乎？」對曰：「猶未能盡知。」曰：「未知，豈可不求知！」既而又曰：「三家正所謂『不知其說』者，苟知其說，誠敬立而仁孝之意油然生矣，而又有八佾之舞，雍詩之歌乎！」

〔一〕「釋」字原作「什」，據乾隆本改。

諸生聽講中間，適有將一卿佐送穆玄庵詩呈，中有云：「萍情分野水，宦迹等浮漚。」先生稱善，遂示諸生。一幼生徑先取看，先生曰：「此非讓道也。且不知講書是學，是處正是實學。」諸生悚然，曰：「此可見老先生無往非教。」先生曰：「非是我無往非教，正要汝輩心無往不存爾。夫孟子不云『徐行後長謂之弟』，『堯舜之道，孝弟而已矣』。只一徐行揖讓之間，而堯舜之道便在此。今人這處皆忽略過了。」象先曰：「老氏云知白守黑，知雄守雌，似亦能讓，而何以不可入堯舜之道？」曰：「老氏之心只是要討便益，幾曾有真心讓來！此正王霸之分，幾微之辨，卻又不可不慎。」

蒙問：「多聞多見則學博，擇精守約矣；而『祿在其中』是修天爵，而人爵自至否？」先生曰：「古人爲學是這般切實，只一言行間，道理便盡得了。故易云『言行，君子之樞機』也。且祿在其中，只是詩之『自求多福』一般，若說人爵自至，便與子張之病不對證了。」徐又嘆曰：「今人只肯多聞多見，便亦是學了。」象先曰：「何謂也？」曰：「如古人有一善言，或不知聞的，或知聞了，久之卽厭倦的，或又謂吾自有真知而不肯下心多聞的；古人有一善行，或不知見的，或知見了視之若不切身的，或又謂吾自有真見而不必多見的，只這心便與道理扞格著。此吾謂孔子至聖，只在好古敏求；舜之大智，只在好問好察，況下舜、孔者乎！」頃之，問：「夏殷之禮，孔子何以皆能言之？」先生曰：「亦只從多聞多見中來爾。如一箇禮不知，便問於萇弘；下至一琴不知，亦便問於師襄。學問是這樣大，是以當時一萍實之微，他亦便知得，而況二代典禮之大！」「然則何以不足徵？」曰：「或者是傷時，不能復行二代之典禮乎！然其缺略處，亦不能無也。」

先生謂諸生曰：「射只是六藝之一，何謂便稱君子？」洲曰：「進退周旋中禮，非君子不能。」象先曰：「觀子路出延射，公罔之裘、序點揚觶數語，非君子莫與。」先生曰：「也皆是。但看來射是箇極難事，如手便要執弓矢，目要審的，耳要聽詩。如射義云：『何以射？何以聽？循聲而發，發而不失正鵠者，其賢乎！』及三揖而後升堂，下堂猶揖，不勝者飲。則射雖是一藝，非禮樂具備，才德兼全者不能。此之謂不爭，『其爭也君子』。」

象先問：「和靖云命爲中人以下說，若聖人只有箇義，伊川以爲是。將恐未然乎？」先生曰：「『天命之謂性』，命還在性上的，豈止中人可言！孔孟於斯道之廢興，衛卿之得不得，皆曰有命。故我曾有送晉江顧新山語云：『命不立則義不精，義不明則命不著。』亦只是作一様看，蓋義、命元非二物也。」

王生問：「『里仁爲美』，是言擇里乎？抑擇仁乎？」先生曰：「還是擇仁，而與里亦自相通。仁如夷則頑廉、懦立，如惠則鄙寬、薄敦，所居而化矣。」語未盡，一生曰：「如某先生只著述，後世便化爲訓詁；某先生只頓悟，後世便化爲空寂。先生今日講躬行卻好也。」先生曰：「此又揚我抑人，陷於比方，失卻纔所謂仁也。」象先曰：「欲爲仁，此處恐亦須要擇。」先生曰：「擇而爲可也，擇而言不可也。」問：「比方則務外馳，故不得爲仁乎？」曰：「正是。纔比方人，便較失卻爲己。但只揀今日所言，心裏存著，身上行著，仁在其中矣。」

洲問：「好仁者所至，似又愈於惡不仁者。」先生曰：「天下之道，只有箇仁與不仁而已；人之情，亦只有箇好惡而已。」象先曰：「或有知好仁矣，係於小人之不仁，或不知惡；亦有知惡不仁矣，作主不定，或己之有仁，不能自強。如何？」先生曰：「好仁而不知惡不仁，還是好之未至也；惡不仁而不知好仁，亦是惡之未至也。未盡好惡之道者也。蓋仁元只是一箇理，好惡元只是一箇情。」

象先夜侍坐，問：「昔程子、張子在興國寺中講易，致子厚撤皋比，不知是甚樣講？」先生曰：「恐亦只在人事上推求。」問：「邵堯夫問伊川今年雷起處，伊川云起處起。此語亦徑捷。」曰：「此是伊川總説箇起處起，徑捷亦無益。」問：「若正言之當何如？」曰：「只合言君子恐懼修省。」

象先問：「卽事卽物皆是學。漆雕開謂『吾斯之未能信』，不亦拘乎？」先生曰：「謂卽仕而學在焉，可也；謂斯之未能信而以仕學焉，不可也。此孔子所以惡子路之佞。開一味自信而不苟出，夫子所以取其志。」

洲問：「程子謂曾點、漆雕開已見大意，如何？」先生曰：「開知足以守而行未大，點言有餘而行不掩。廣開之志，踐點之言，斯其見其庶幾乎！」

象先問：「子張問子文、文子之仁，夫子不許者何故？」先生曰：「此是子張之舊病又發作了。他見子文之三仕三已無慍色，文子之潔身累違之一邦，是何等聲稱，以爲仁在是矣，夫子之不許，是卽救聞以達，救行以忠信之遺旨也。且仁者所居而化，豈復有弒逆之賊！ 生於其朝，有不仁則早見豫待，又豈有僭王之人而甘爲之執政乎！」問：「如此則二子之所謂清與忠者，恐亦未之盡。」曰：「噫！ 若是則又過求矣。」

顧問：「『以約失之者』之約是約禮之約否？」先生曰：「也是。約，正如綜約一般，布絲之千條萬緒，自有理而不亂。又如人之一身，有四體、五官、百骸，總是約束於一心；不然，心不得其理，則百骸舉莫知所屬矣。是故『以約失之者鮮』。」

洲問：「狂簡，先生作兩人看，如何？」先生曰：「孟子元是做兩樣人看來。孔子曰：『不得中行而與之，必也狂狷乎！』昔董仲舒稱，仲尼之門羞稱五霸。故縱橫闔捭之徒，孔門皆是沒有的，只有這兩樣人，或過不及而已。故孔子只裁抑之，使歸中行，便可以入聖。」

一生問：「人言是，我亦應以爲是；人言非，我亦應以爲非。如此，似亦不失和氣。」先生曰：「此只是箇『無不可』爾。孔子太和元氣卻不是如此，又有箇『無可』者在也。」

象先問：「『申申』、『夭夭』，聖人盛德之至，自然形見出來，與衆不同，非有意也。學者須是一於恭敬，恐不可拘拘於此等處學。」先生曰：「學者亦須有舒展時纔是。然只要心存不放，則美在其中，暢於四肢，自是一般氣象。不然，不於大本處學，而一一於容貌上求之，是又與初學模倣紅本子無異矣。」

椿問：「『求仁得仁』，孔子取他遜國而逃；諫伐而餓，亦在其中乎？」先生曰：「此是程子後來儳入的。子貢初問只在遜國，故夫子答亦主之。」象先問：「夷齊之事，方正學譏其有未是，然乎？」先生曰：「時有中子，無害也。」問：「使無中子，則如之何？」曰：「叔齊當立。」象先曰：「長庶乃萬世之經，孤竹或一時之命，恐伯夷立爲是。」先生曰：「太王舍泰伯而立季歷，文王舍伯邑考而立武王，未聞王季、武王不是也。故父意在叔齊，伯夷當爲泰伯、伯邑考可也；叔齊當爲王季、武王可也。」問：「泰伯逃矣，仲雍或欲立則如之何？」曰：「仲雍立也，然不違父命乎！ 故伯夷之逃，是以兄遜弟，可謂之讓；若季歷不管仲雍肯與不肯，必欲據之，以弟逆兄，是謂之攘，又不可執一論。」

象先問：「子路請禱，是否？」先生曰：「怎麽是！子路此箇病痛，正如使門人爲臣一般。」問：「夫子平日謙己誨人，此處又直自任，如何？」曰：「夫子言天，便與天對得的；言地，便與地對得的；言鬼神，便與鬼神對得的。而猶曰禱，亦是謙詞。然學者須是學到質諸鬼神無疑如孔子，方是學。」問：「學者何以能便得到此？」曰：「在慎獨。始之不愧屋漏，熟之便是『丘之禱久』。」

象先問：「宋哲宗時，明堂禮成，而溫公薨。伊川云『子於是日哭則不歌』，故不弔。東坡云『未聞歌則不哭』。此言雖發得不平，卻未嘗不是。」先生曰：「聖人說毋意、必、固、我。人言是處便當從，只要己是，便是有我。」象先曰：「伊川於東坡，能如明道於安石便好。」先生曰：「明道幾於無我矣。」問：「伊川、東坡之事，恐亦成於二家之門人乎？」先生曰：「朱、陸之學亦是如此。」久之又曰：「二公亦不能辭其責。」

象先問：「近日武職甚是削弱。」先生曰：「文武並重，長久之道也。武職弱了，緩急便不可爲用。且他心下蓄憤不平，到有事時，便得以逞。如宋澶淵之役，高瓊便斥文臣云：『君何不賦一詩以退虜邪！』此可見武職亦不可輕矣。」象先曰：「今日司國計者又每言，安得此有用之糧，以養此無用之兵！」先生曰：「不養之於未用之先，安望其用於有事之日邪！凡學者於這消息盈虛之理知得了，他日用事，便會不錯。」

一生問：「『君子多乎哉？不多也』如何？」先生曰：「觀此可以知人之胸次矣。太宰便以藝看做箇極大的，子貢便以藝看做箇極小的，夫子便把這藝看做一樣，無大無小也。故太宰蔽於物，子貢猶有物，夫子無物。」又曰：「只這處教顏子如何從得！高堅前後之嘆，其亦在此乎！」

象先問：「聖人無我，人便有我者何故？」先生曰：「只是不仁，不仁故有我。人一有我，則人便得與我爲敵，雖近日兄弟朋友數人中間，亦便許多町畦藩籬隔斷了。是以西銘言乾坤便是吾父母，民便是吾與，他把己身放在天地萬物中作一樣看。故曰：『仁者以天地萬物爲一體。』」問：「顏子能幾於無我，何以於夫子猶有高堅前後之嘆乎？」曰：「顏子三月之後，未免猶一息。夫子便無息，譬之天然，其爲物不二，故今日是晴的，來日之陰雨便不可知，其生成品彙，人便不可得而測。」又曰：「此便是夫子之高堅前後處。此顏子所以猶用仰鑽瞻忽工夫。」

先生謂諸生：「昨看仰鑽瞻忽，亦有得否？」諸生未及應，一生遽問「逝者如斯」。先生曰：「看來汝還未曾仰鑽瞻忽也。」一生又默然不應。先生曰：「道體本是箇不息的，此處心不存，亦便是息了，與這逝水不相似。」頃之，又問：「程子云天德、王道，而歸其要於慎獨，與王道若不相及也。」先生曰：「舜之治起於嬀汭，文之化始於『刑于』。後世只從外面做將來，所以縱做得好，只是箇雜霸。是故王道在慎獨；久之，『自強不息』；久之，『純亦不已』。發之事業，便是純王之治。程子把慎獨、王道打做一片說，此語甚緊切。」

象先問：「抑戒、賓筵〔一〕，諸侯之詩，何以不居國風？豳風，王業根本所係也，何以不入雅？」先生曰：「抑戒、賓筵，武式〔二〕入於王朝時，爲是詩以諷厲王；豳風，周公遭流言，居東而作者也。」「然則抑、賓筵何以爲雅之變？豳何爲居變風之終？」曰：「抑戒、賓筵，刺厲王之詞，君臣相刺，其能正乎！文中子又不云：『變而克正，危而克扶，終始不失其正，其惟周公乎！』係之風，遠矣哉！」

先生曰：「夫子在鄉黨而恂恂，原他謙謙之志，自是如此，非是矯飾取容悅的。至於宗廟朝廷，也須便便，不然，或至害事病民。此處可見夫子愛兄敬長之心，爲國爲民之念。故觀聖人之言貌，當先觀聖人之心術纔得。」

象先問「『蔬食菜羹，瓜祭』，只恐作『瓜』字亦無害。」先生曰：「然。詩云『疆場有瓜』，故亦有瓜祭的。」又曰：「聖人存心不苟，只在這小節上愈加敬見得。如著件絺綌，他便欲表出，不見體；如箇席不正，亦便不坐；食饐而餲，亦便不食。皆是禮節之細。而中庸天下國家之九經，夏商周之因革損益，亦是此物。故鄉黨一篇多是飲食、衣服、言動之微，而天下萬世之大經大法，皆自此出。故每謂此篇是夫子行之一貫。」

〔一〕「抑戒賓筵」，詩經小雅有賓之初筵，大雅有抑，據小序，俱爲衛武公刺厲王之作。賓筵殆省稱。「戒」字無着，姑屬上讀。

〔二〕「式」字疑爲「公」字之誤。按史記衛世家，武公名和。

有一生喪其室，情不能自制，來見請教。先生曰：「汝父母何如？」對云：「幸康泰。」「汝兄弟何如？」對云：「能成立。」先生笑曰：「父母俱存，兄弟無故，此是最樂的，夫何憂！」又云：「但妻頗賢，故情有不能自克爾。」先生曰：「有子乎？」對云：「有三子。」先生曰：「子存卽妻存矣。若爲妻如此，萬一手足有變，當何如？萬一恃怙有變，又當何如？夫妻賢是汝刑于之功，至於死生壽殀，有命存焉，汝不得而與也。」生又云：「適見一先生，示教云此處只好爲學，如何？」先生曰：「我纔所言非是學耶！」其生時亦有悟。

涇野子內篇卷之二十一

太常南所語第二十八

門生謝顧録

乙未正月二十八日，先生至太常南所，曰：「諸友今日聚講而不懈者，必意氣之相孚也。如有疑處，俱當吐露無隱。我嘗謂，孔門諸賢真得唐虞精一之學，如『子路不悅』，又曰『子之迂也』，宛然唐虞都、俞、吁、咈之遺。看來唐虞聖賢尚相辯難，吾人萬不及前聖，如何隱而不露，蓄疑不發？」問：「『寡尤』、『寡悔』，何以謂『祿在其中』？」先生曰：「欲貴者，人之同心也。『祿在其中』者，人人有貴於己也。」「然則何以謂『多聞』、『多見』？」曰：「多聞如稽之典籍，詢之父老；多見如論古人之行事，觀今人之善迹是也。」楊應詔曰：「焉得盡天下之聞見乎？」曰：「有好問好察之心，則於聞見也惟憂其不多。」應詔又云：「如天下之兵戎邊務，必須讀天下之書，識天下之險阨，如何而爲要塞，如何而爲處置得宜，然後履斯任而不差。若未先明諸心，徒恃居官，專資於人，恐不可也。」先生笑曰：「予嘗謂，舜以四箇耳目，禹有九箇手足。蓋舜以四海之耳目爲耳目，禹以九州之手足爲手足也。舜、禹以至公至仁爲本，是故『察邇言』、『拜昌言』，自能天下風動允殖，無不在於多聞見也。邦彥如云邊務當先有聞見於己，此固是，至於中間人情之未安，土俗之未便，必須詢諸父老，度諸時勢，然後舉措克成其事。若徒持一己之見，執一定之法，而應天下之變，不幾敗乃公事乎！」生說：「舜聞善言，見善行，若決江河，其心只是虛以受人。」應詔未俟其言之畢而又問。先生曰：「一人之聞見，邦彥尚弗能取，而欲取天下之聞見，信乎難矣。看來心還要虛，如心一虛，則雖天下之聞見，不見其有餘；如或弗虛，則雖一人之聞見，亦祇見其足矣。吾輩今日聚講，亦不可徒多聞見，而心不求其虛也。」

問：「夫子嘗云『放鄭聲』，何以又詩存鄭、衛之風而不刪？」先生曰：「夫子之『放鄭聲』者，非放鄭、衛之詩也，蓋言成文謂之聲。鄭人生於沙土之上，聲音婉媚，甚蕩人心志，故特曰放之。若今鄭詩紀一國致亂之由，爲後世興亡之戒，盡目之淫亂之詩，可乎！後來唐之杜甫、鮑照諸人，或憤忠而詠，或傷時而發，雖不足以繼三百篇，然人誦之，其世之衰亂，俗之薄惡，皆得知之，此亦不可忽也。」

應詔問：「『禮樂不可斯須去身。』如應詔近來獨處靜坐，或對衆人，未免樂於放肆而惡於檢束，心欲嚴整而終不能，如之何？」先生曰：「還是不敬。心一於敬，則自莊肅矣。」應詔曰：「詔心非不欲莊肅，特無下手工夫。」先生笑曰：「敬外又豈有工夫耶！惟熟於心則自不難耳。」王材起曰：「楊邦彥通爲詩文纏縛，故有是說。」先生曰：「子卿可謂邦彥之直友矣。但人有聰明，切不可錯用。我敝省有一先生，天資甚高，筆力甚健，每作文陋韓蘇而駕馬班，賦詩卑李杜而邁漢魏，真可謂一時之才士矣。我嘗謂，使斯人而在孔門，好學不已，則何顏、曾、思、孟之不可爲！特其所見未破，故終身滯於此耳。邦彥果能先立乎其大者，由是文必法六經，詩必法三百，則凡措諸言詞者一皆胸中流出，有何不可！」

鄧廷選問：「人而不仁如禮樂何。」先生曰：「仁還是禮樂之本。夫子序此章於八佾、歌雍之後者，蓋言季氏之不仁也。故曰：『是可忍也，孰不可忍也？』忍卽是不仁。先儒嘗以公言仁，又以愛言仁，愛字最說得好。如人深有愛君親上之心，則自不敢越禮僭樂矣。」又問：「序、和與仁何以別？」先生曰：「譬如事官長，處僚友，今日之相聚，長少次立便是序；中間從容揖遜便是和；若皆出於真誠惻怛，此便謂之仁。然必仁爲之主，則自然無不和，無不序。」又問：「林放問禮之本，夫子何不告之以此，而止云儉戚？」先生曰：「儉戚豈就爲禮之本哉！蓋禮貴得中。如人家行吉禮一般，專事奢侈固過也，若一於儉而無敬，則又不及矣。至於有親之喪，專事繁文固過也，若一於哀戚，而凡附於身，附於棺者通不著意，豈得爲禮之中乎！故謂儉戚爲禮之本則不可也，謂儉戚近禮之本可也。觀一寧字自見。」

王材問：「韶之盡美與武未盡善，固在於揖遜、征伐，而謂『性之』、『反之』，何以見也？」先生曰：「舜之由仁義行，得於性之者；武之盤、盂、几、杖有銘，丹扆有箴，實由於反之。故發於音容上，皆可見也。」應詔曰：「先儒謂治定制禮，功成作樂。在三代則有大夏、大武，在漢唐亦有七德、九功之舞；我太祖之定天下，有陶凱、宋濂、王禕、牛諒博學諸賢，乃於禮樂二書不定，今禮有大明集禮，至於樂則闕然。是豈樂之難制乎？抑樂之難究其音而不制之乎？」先生曰：「如邦彥之論，似乎樂之難。以予論樂，似乎樂之易。我嘗說，賈誼每勸文帝改正朔，興禮樂，文帝謙讓曰，方今天下瘡痍，萬民失所，我於禮樂未遑也。後人云，使文帝能用賈誼，不知如何其制作也。我說，文帝不暇於制作之文，而真有制作之實。恭修玄默，示敦朴爲天下先，斯時吏[一]安其官，民樂其業，閭閻饜粱肉，海內謳歌。雖謂非文帝之禮樂，不可也。傳至武帝，以李延年爲協律郎，以公孫卿、壺[二]遂而改正朔，定曆數，斯時海內虛耗，百姓疲敝，起爲盜賊，人甚以亡秦之續譏之。雖謂武帝之能禮樂，不可也。國初之事，豈非漢文之意乎哉！吾輩今日相聚，正要學術講得明白，後有州牧、公卿之責，務要求禮樂之實，先以愛民之心爲本始得。切不可今日更一法度，明日更一禮樂，以致天下哀怨也。獨不觀宋之王安石，學問何嘗不博？亦只爲欲變禮樂，壞盡天下蒼生，至今人不屑齒者，不急其本也。邦彥所謂作樂，其亦知所先後乎！」衆愕然曰：「此先生端本之論也。」

應詔問：「『敬以行簡』與『居簡』之簡同乎？」曰：「敬是行簡之本。如居簡則一於苟，而不能臨民者也。」應詔起曰：「『敬以行簡』固然。如簿書、錢穀之繁，軍戎、祭祀之事，皆國用所不能無者，若徒執一行簡亦可乎！」先生曰：「此正見行簡有其要也。彼諸葛孔明每事必周勤，後來便食少事繁，此蓋不知其要矣。」應詔又問：「然則要在用人乎？」曰：「要在於敬。能敬以自治，而無纖毫私滯於其中，則自然會用人，自然會理財，事事有緒而不亂矣。如自家無敬之本，惟事苟簡，吾見一身且弗治，安望其能臨民！看來今日之講，不難於簡而難於敬。賢輩他日居位涖政，切不可忽此敬字。」

問：「『不遷』、『不貳』如何？」先生曰：「『不遷怒』，發而中節之和；『不貳過』，幾於喜怒哀樂未發之中。顏子逐

[一]「吏」字原作「史」，據光緒本改。

[二]「壺」字原作「壼」，據漢書律曆志改。

日在這性情上用功，怎麼不謂之好學！」又問：「何以見得性情？」曰：「七情之中，惟怒爲甚。怒而不遷，則凡七情皆得其正矣。人性至善，本無過失，過而不貳，則馴致於至善矣。」應詔問：「做不貳工夫，有甚下手？」先生曰：「不貳中要一箇勇字，能勇則改過不吝。」「不遷如何？」曰：「凡人之有怒，必先有私心繫累。故程子謂忘怒而觀理之是非。然欲到忘處，必須於私心一刀斬斷，方纔做得，非勇亦不能。邦彥若欲下手，盍先從勇上用工！」講畢，又曰：「『致廣大而盡精微』，始可語夫『不遷怒』；『極高明而道中庸』，始可語夫『不貳過』。」

先生講古有三疾，謂諸生曰：「天下人病痛甚多，夫子獨嘆三件者何？」謝顧曰：「狂者是過的一邊；矜者類乎狷，是不及一邊；愚則不能狂，又不能狷。天下只是三等人，故夫子嘆乎。」曰：「誠然。但古人之疾猶是實心，今人雖三疾亦不似古，蓋習俗之染甚可惡也。」問：「夫子言『性相近，習相遠』矣，又言『唯上智與下愚不移』者何？」「言人性相近，其本元無不善，但習染後始相遠也，除是上智下愚者則不能移耳，蓋言人性之善也。如堯、舜、桀、紂、顔回、越椒，數百年之內，億萬人之中，始有一人焉，看來天下可移者還多，而不可移者甚少，可見還是性之本善也。」一生曰：「此兼氣質之性乎？」曰：「天命之性，非氣質何處求，如何分得！」「惡亦不可不謂之性，如之何？」曰：「嘑蹴之食，乞人不屑，此亦可見。然終不如孟子曰『人無有不善，水無有不下』。合觀之，更覺親切。至於韓子性有三品之說，似有兩可之疑，誤看了上智下愚也。」

問：「鄙夫何以不能事其君？」先生曰：「鄙如邊鄙、鄙陋之鄙，非王都之內一般人。惟鄙陋則心小，阿諛爲容，逢迎爲悦，終日患得患失，更有甚念頭到君上也！」

門人歙縣許椿録

先生曰：「論語只學而與孝弟兩章，便可盡爲學之道。學箇甚麼也？只是箇仁。然學仁從那裏起？只於孝弟上起。孝弟則九族惇睦以此，百姓昭明以此，於變時雍，鳥獸魚鼈之咸若者以此。孝弟便是箇根，因而仁民愛物之枝葉花蕚油然而生，不能已也。如西銘便具爲仁的道理。」象先問：「然則西銘可以盡仁乎？」曰：「程子謂西銘言弘之道，爲仁之方也，而孝弟則所以行仁之本也。是故君子務本，不可專靠西銘。不然，則牆屋上貼的仁與身體上貼的仁豈能相干邪！」

子賓問：「『朝聞道』如何？」曰：「試言所以聞的氣象。」子賓言「是持守不變的意」，顧言「如聞性與天道之聞」，象先言「卽『存，吾順事；沒，吾寧也』一般」。先生曰：「也皆是。但所以得聞道處，汝輩皆未說及耳。」諸生請問，先生曰：「我和汝輩於這道，都是可得聞的，只緣血肉之軀包裹著，惟終日戚戚，或是居室不安，或是衣服不美，或是飲食不豐，這等念慮橫於胸中，怎麼得聞道！故須實見得這道，舉天下萬事萬物無以尚之。如好酒者惟知酒之美，好貨者惟知利之美，故雖酒貨，殺其身亦不悔焉，是聞酒聞貨者矣。觀此可求所以聞道氣象也。」諸生問：「今有一言官被罪，從容就義，亦聞道否？」先生曰：「固是好的，未知他果無怨悔否？若有一毫怨悔，猶算不得。」因勉之曰：「聞道亦是難事，不可容易看過。」

椿問：「治國治家，禮樂非仁不能。而夫子於由、赤許以治國家禮樂，不許其仁，謂何？」先生曰：「仁，體大而無不在者也。觀易『體仁足以長人』，則知天下萬物皆在仁中，是甚樣宏大！千乘百乘賓客，豈足以盡之乎！故三子或以一時一事之仁則有之，求全體不息便不能，故夫子不許。」

洲問：「寧武子之愚，何以不可及？」先生曰：「元咺爭訟，成公被囚，智巧之士所深避者，武子不避艱難，卒以全君，此其愚可得而及耶！」又問：「如此則死難者在所取，然夫子不取召忽者何？」曰：「管仲，舍邪而就正者也。召忽者，甘於輔邪者也。故曰『自經於溝瀆而莫之知也』。」象先問：「武子之事亦庶幾於仁乎？」曰：「否。仁則上下化之，或公不至於被囚，而其愚亦可泯於無跡。故曰謂之忠則可，謂之仁則未也。」

洲問：「無私心而當於理，是可言仁，而義亦在其中否？」先生曰：「只不息便是箇仁，義不待言也。」應熊言：「只爲富貴念慮擺脫不開，能如顏子之不改樂，便能不息。」先生曰：「此亦是渾淪說了。人各有箇息處，提起便會不息，便是仁。如伊尹一夫不獲，如己納之溝中；范文正自做秀才時，便以天下爲己任是也。」餘紳言：「一家之中，父子弟兄猶可推之，到他人便不相干。」先生曰：「這還要相干。」椿問：「此處卻甚難。」曰：「體西銘意思，嘗存乾父坤母之心，則推之一家如此，一鄉如此，大之一國與天下亦如此，這便相干了。患人不立志耳。」

洲問：「前日看先生，因聞其說夫子之志重在朋友信之上，如何？」先生曰：「言語各有攸重，彼亦因事而發。如與無位者交，謂之朋友；與有位者交，謂之僚友。不相信，道便不得行。如今朋友不信，道便不明；道既不明，自不能行，如何得老安少懷！以此三事雖並稱，而友信一言又最重。」

延祀問：「西銘、定性大指如何？」先生曰：「西銘是仁孝，定性是知止有定。」子實言：「『擴然大公，物來順應』是聖人事，又何用『知止』？」先生曰：「惟其真知，故『靜亦定，動亦定』，內外兩忘，擴然大公，物來順應，卽易之『寂不動〔二〕，感而遂通天下之故』者也。細思之，西銘就如孔子見齊衰者、冕衣裳者與瞽者，雖坐必作一般氣象；定性就是顏子『不遷怒，不貳過』的氣象。故求觀二篇大旨，須自孔、顏身上尋看，又要自己身上尋看得。」

洲問：「『博施濟衆』，『堯、舜猶病』如何？」先生曰：「吾舊將『能』字重看。蓋博施夫人所能博施，而濟衆則或有不能。曾以賑饑一事言，見聖人固有是心，然其所及，則非聖人一手足耳目之所能也，是聖人能於博施，而不能於濟衆。觀此則堯舜猶病可見。」洲又問：「昔有陳巡撫過徽，問：『中庸位天地，育萬物，古今人誰盡得？』諸生對：『惟堯舜能。』然陳公曰：『夫子說堯舜猶病者，看來亦未盡得。』」先生笑曰：「當時何不對曰：『惟都先生盡得。』」象先言：「猶病者，亦自其心不自足而言。」先生曰：「正是如此。不然，則堯舜之民『於變時雍』，古今之治莫有尚焉者；若真以爲病而不能位天地，育萬物，則古今何人不病！而中庸之語，夫子豈虛設無歸著的！故『猶病』二字，只可以之推堯舜之心，不可溺之而少堯舜之治。」

椿問：「『求仁得仁』，是兼遜國、諫伐否？」先生曰：「還是專言遜國。蓋子貢惟問爭國之事也。」椿又問：「使夫

〔二〕「寂不動」，周易繫辭上作「寂然不動」。「寂」下當補「然」字。

子在衛，亦有此事乎？胡氏謂命公子郢而立之，果得夫子當時處之之微意乎？」先生曰：「夫子得久於衛，必能化之，無這樣事。胡氏之言，在夫子未必如是也。」象先問：「人謂輒當迎父遜國，卒不肯立，則尊之如唐之太上皇之制，如何？」曰：「如此，則是告輒以僞矣。蓋蒯聵以淫亂之恥，乃人子之情至不忍者，非有大罪逆也；輒若誠心迎立，而蒯聵能保其宗廟，奉其祭祀，收其人心，一反其既往之愆，則雖靈公生存，不復怒焉。即昔人所謂子方回過於睢陽，而父遂解顏於溱洧者矣，況靈公已卒世乎！若是而立之，以次傳位於輒，則在靈公無逐子立孫之嫌，在蒯聵無怨父怒子之恨，在衛輒無承祖拒父之非。父父子子祖祖孫孫，又何不可！」

嶑問：「『曲肱而枕之』，富貴未嘗不可。」先生曰：「富貴則上莞下簟，何必曲肱！然夫子於疏食飲水處皆是樂，學者不是衣食不足，便是功名纏縛，怎麼得樂！」象先問：「世之隱而不仕者，志在山中，把外面功名富貴皆放得下，如何？」先生曰：「此雖不足與語聖人，外面勢利紛華似亦擺脫得開，必須察他心中安否。我嘗說箇達磨面壁十年，外面如此，未知他心下如何。隱者雖是寄跡山林，又不知他心下如何也。」

洲問：「聖人嘆有恒之難如何？」先生曰：「聖人固是神明不測者也，君子固是才德出衆者也，善人固是志仁無惡者也，故皆不易見矣。若夫有恒者，必於平日無時不然，無處不然，過此亦幾於聖人君子，如何容易得見！」

寅問：「『三以天下讓』如何？」先生曰：「還是讓周，若作讓商說，太王怎麼有取天下意？故自當時言，決是讓周。『天下』字是武王已有天下後，孔子追言之也。」寅又問：「『躬行君子』是子臣弟友之道否？」先生曰：「也是。」言未已，寅又問：「『不改其樂』是樂道忘貧乎？」先生曰：「若說樂道，便有彼此。」將發明故，寅又問「性與天道之聞云云」。先生曰：「這等如何得聞！一部論語，汝欲一時都了，亦甚看得易矣。」寅漸起曰：「是貪多。」先生曰：「欲仁而得仁，又焉貪！但還要循序而進可。」

一日，諸生請講「君子所貴乎道者三」，適有二生自監中來，因言近日方得撥歷云云。子實遂言：「司成可謂太執矣。」先生曰：「纔說『出辭氣，斯遠鄙倍』，而子遽忘之乎！此心一息不存，便會忘了。」久之曰：「以此知工夫不可一時不密。」

洲問：「記十三學樂誦詩，二十而後學禮，與夫子興詩、立禮、成樂之次不同。如何？」先生曰：「先王之世，人人知學，故其設立教條之常規如此。後世政教廢弛，士風益偷，夫子之時已大非先王之日矣，故變例以示人爾。」又曰：「興與泯滅對，立與僵仆對，成與中道而止對。」

椿問：「高堅前後如何？」先生曰：「『高明配天』，可以言高；『博厚配地』，可以言堅；『日月代明，四時錯行』，可以言瞻前忽後。此夫子之道，直是無窮盡，無方體，顏子所以難於進步，而有是嘆也。」「然則博文約禮其學之法乎？」曰：「此夫子之善教也。如易曰『遠取諸物』是博文之事，『近取諸身』是約禮之事。」「然有先後乎？」曰：「二者並進。一文之博，一禮之約，非博了文而方約禮也。顏子之竭才，正是並進。蓋高堅前後，道無一息之停，學道者亦當無一息之間。如今日讀書不得其義理，輒自阻焉。顏子惟於仰鑽瞻忽之際，愈自強不息，故『所立卓爾』。」又曰：「此章極言顏子當時學孔子的氣象，只在竭才而已。今人只緣不竭才。」

椿問：「陽明先生謂，『四十、五十無聞』，是不聞道；『疾沒世而名不稱』，是疾名不稱道。如何？」先生曰：「說不聞道，是；說疾名不稱道，則非也。蓋生而務名，固君子之所深戒；若夫沒世而猶無令名之播，則其平生無行可知矣，非君子之疾而何！」

椿問：「顏、曾『可與權』否？」先生曰：「也可與權。如用舍行藏，仰鑽瞻忽，曾子聞一貫，答門人以忠恕，謂非權不能也。二子固可與權，然須觀其所立處。『簞食瓢飲，回也不改其樂』；魯君致邑，曾子三四返而不受。故權雖難於〔一〕立，而必立後方能權。汝輩欲學顏、曾之權，請先從他立處起。」

寅問：「『唯酒無量，不及亂』，朱子講作以醉爲節而不及亂耳，如何？」先生曰：「纔醉，無有不亂者矣。若孔子言

〔一〕「於」字原作「子」，據乾隆本改。

無量者，或是三行、五行，不拘限量，庶不及亂。故書曰『德將無醉』，亦是此意。」

涇野子內篇卷之二十二

太常南所語第二十九

門人儀真盛楷錄

楷問：「今日時文體製，當何適從？」先生曰：「文字要意新，則辭自不腐，不必在字句上著力。」「何以能意新？」曰：「躬行自得之語便別。」

謝顧說：「二程抄釋某人雖有，不肯借人。」先生曰：「得之而誦，誦之而躬行，可也；得之而藏，藏之而束之高閣，不可也。」

楷問：「作文怎的是新意？」先生曰：「只要發揮本題。如樹木然，從根發出者自有生意，葉也綠，花也紅，愈看愈好。若徒擘取陳言，以爲己說，譬如攘取別處花葉縛在樹上，自莫有生意。」楷問：「此生意須是由體驗乃得。」先生曰：「要躬行。且如韓子作文，也還刻削。如漢董仲舒、汲長孺，其文質實，自然有生意。長孺對武帝，只說『陛下內多欲而外施仁義，柰何欲效唐虞之治』！又如諸葛武侯二表，皆是何等氣象！」一生曰：「韓子之文，其文與時高下，不得不然。」先生曰：「此係所養，不係於時。且如濂溪、明道之文，發出自然意新，與韓子不同。杜子美『語不驚人死不休』，陳無己閉門覓句，這都爲世俗所累，反忘其大者，不可學也。須立課程，紀載日之言動念慮，如古人黑白豆法，則時文之業亦在其中。」

楷問：「『博學於文』，切要用功何如？」先生曰：「程子言『莫若察之於吾身』。如念之所起，身之所接，事之所處，一飲食，一動靜，一衣服，都是窮理。若知到自得處，纔是約禮。」楷曰：「君子『多識前言往行』似博文，『以蓄其德』似約禮乎？」先生曰：「然。」又問：「求仁之要，在放心上求否？」先生曰：「放心各人分上都不同，或放心於貨利，或放心於飲食，或放心於衣服，或放心於宮室，或放心於勢位。其放有不同，人各隨其放處收斂之，便是爲仁。如朋友相會，或一言之善，一行之善，或威儀言語處，相觀而善。若能爲得這箇仁的學問，則他日居官自會愛民愛國也。」

楷問：「稱叔度者曰：『汪汪千頃波，澄之不清，撓之不濁。』此外不知史書上更有甚稱語否？」先生曰：「此力行之士也。只此數語，已見其全矣，不在多也。如顏子稱夫子，只說仰鑽瞻忽四句；其他游、夏何能說得到此！且其所以仰鑽瞻忽者，是箇甚麼？」

先生一日雪中坐清風亭，楷輩侍坐，言及寇司寇之善政。爲京兆尹時，武宗南巡，有太監預選女子千餘人以俟，乃居之空倉中。數日，死者一二十人。寇公請太監曰：「此女子候朝廷幸，而菜色如此，恐反取罪。」太監懼曰：「何以處之？」寇公曰：「莫若令其親人或食店、酒肆領出，置立簿籍記其姓名，臨期召用，亦未爲晚。」太監從之。女子得出，感公之仁，無不號泣者。一言而活千餘人。

楷問：「孔門諸賢之字皆有意義，不似後人誇張且俗也。」先生曰：「當時諸弟子名字，似皆經孔子所更改者。如閔損，字子騫，損是貶損，騫是騫舉。如顏回，字子淵，淵水取其回曲深遠。仲由，字子路；冉耕，字伯牛，尤更明顯。後世如王績，字無功。仲淹曰：『朋友之功缺矣。』蓋古者命字，長以伯，次以仲，少以季居多。」楷因泛舉不已。先生曰：「學貴識其大者。故孟子、武侯之學皆識其大，如曰『樂正裘、牧仲，其三人則予忘之矣』。蓋得其五人之意，雖三人忘了亦可。如屑屑於人名字句上求，恐務其近小而遺其遠大者也。」

楷問：「不失讀書之法，而有以得乎爲學之道，何如？」先生曰：「在力行耳。」曰：「如遇公卿諸侯事，欲體貼於己，如何？」先生曰：「安知你們後不爲公卿！且如遇諸侯事，則思量如何替他區處，亦是學。」

先生曰：「盛衰之數，不獨天時，地勢亦然，故人富貴貧賤如循環然。子夏曰『富貴在天』，可見只有道德仁義是不朽之物，故在我者不可不勉。」

問：「閑思雜慮何以處之？」先生曰：「要好古志篤，則雜念自不生，故曰『好仁者，無以尚之』。」

陳紹儒言：「陳白沙至京師，丘文莊曰：『當今之時，惟禮樂未備，此來請修之。』白沙不答。如何？」先生曰：「白沙奚不對曰『未遑』？」

一日講畢，先生曰：「諸生在家，作何功業？」衆未對，請教。先生曰：「須以爲仁作課程。如其所行過事，及所接友生講論，都要一一紀載，四書五經依日帖讀。其於程朱之學，皆當激昂倣傚做可。豈世上有箇到何時該生程子，又到何時該生朱子來的理！只要常自激昂。」

楷問：「古之言者如漢之賈誼、董仲舒，其治安、天人策可謂正而能婉乎？」先生曰：「正而已。如痛哭流涕之類，恐不是婉。蓋言語有正而不婉者，有婉而不正者，惟正而能婉者難。若晏子屨賤踊貴之對，數圉人三罪之說，使人君樂從者，優乎！若伊川在經筵，因哲宗折柳，對以方春發生，不可輕折，此言太方，使人主怕親儒生。不知爲伊川者如何處對爲妙，使孔子處此，必自有作用。」

陳紹儒問格物窮理工夫：「將格盡天下之物，讀盡天下之書邪？」先生曰：「朱子補傳雖曰云云，其實在學者格之，自有其要，但是因其所臨之地而然。如此做工夫，人猶以爲難，若必欲盡格天下之物與盡讀天下之書，則待何時了邪！」

梁宇問：「冠禮有賓拜，冠者受之節文，似不可行，如何？」先生曰：「還有見於母，母拜之文，此皆不可行者也。看來禮壞於周，忒繁文了。所以夫子說夏殷禮吾能言之，使文獻足，則夫子將舉行之矣。當在解時，亦令民間行冠禮，設一飯，請冠者宗親，或比鄰三五輩會食；冠者跪，令識字者曉說與他爲成人的話，令冠者謁神主，拜父母，只如此而已。又嘗過某處，有劉參政、謝僉憲師徒，俱已年七十，處深山窮谷之中，曾設飯相留，見他略去禮文，其稱道師傅如小秀才時，言論朴直，再無虛文縟禮，宛然古人風度，可愛可嘉。且如今行禮，須先體古人之意，其文可略也。若必泥古製，皮弁三加，反增褻玩耳。故曰：『禮，時爲大，順次之，體次之，宜次之，稱次之。』易『窮則變，變則通，通則久』。夫子嘗語子夏曰：『女爲君子儒！無爲小人儒！』蓋小人儒專於器數儀文上習了，故曰『德成而上，藝成而下』也。」

先生曰：「論語孔子答門弟子問仁、問孝、問政處，都以類從，如春秋屬詞比事。看來其問雖同，夫子或因病而藥，或因才而成，其告之各有不同。其作春秋亦是此法，今傳例以爲凡書盟者皆惡之，恐不得夫子之旨。」楷對曰：「聖人之心同天地，筆如化工，恐不可以例拘，如後世之史。」先生曰：「然。」

楷問：「革除年間如齊泰、方孝孺，何以致建文之亡也？」先生曰：「建文昏弱之主，諸君導他改太祖的法度，如侍郎改爲侍中，郎中改爲上士，員外改爲中士，主事改爲下士；各王府悉照古諸侯百里、七十里、五十里之制，減除祿米，有湘王不遵，合宮焚之。太祖駕崩，十日即葬，禁諸王奔喪，天下諸王已不心服。太宗時居燕藩，恐其將及己也，是以稱兵除君側之惡，遂正位號。時兵至揚州，建文懼，召孝孺曰：『柰何？』對曰：『長江萬艘，敵天下一半甲兵。』未幾，萬艘盡向北岸。時又有雷擊端門鴟吻，當北兵且至，猶以門不應古爲言，改爲皋門、應門等，以合周禮，迂闊如此。但其死節，則可取耳。」

先生曰：「秀才學術所係不淺，善則足以福斯民，不善則足以亂天下，是故學術不可不慎也。故崔清獻曰：『無以學術殺天下後世。』」

楷問：「涵養省察如何？」先生曰：「只是一件事，無兩箇工夫。纔省察是天理，便要擴充；是人欲，便要遏塞。戒慎是人己不交，耳不聞聲，目不見形時候，於念慮之萌處著工，便是慎獨工夫，亦無兩樣。」先生問：「克己以何爲先？」或對曰：「以省察爲先。」先生曰：「省察自何處爲先？漫漫從那裏下手？蓋須如曾子之三省，從受病痛重處醫治。若重處醫治得，其他輕處都可了。如好酒從酒上克，如好貨從貨上克，久之自有效。其格物致知，又在省察前一步。」

先生曰：「學不進，只是己私不除。己私不但聲色貨利，甚至於喜怒，亦只從所欲。」

先生曰：「聞薛文清公爲御史時，每至三楊閣下門首，止投刺，與今時不同。三楊慕薛之爲人，不得一見，後於朝班中尋訪誰爲薛御史，始識其面。其見重於人如此。韓雍爲御史，曾奉命點齋，至吏部直行甬道至堂上，高呼尚書某人之名。時三原王公爲冢宰，在後堂高聲應曰有，急被衣出迎。後王公會都察院，問韓某何如，曰：『曾巡按二次，甚有政聲。』王公遂奏擢僉都御史。前輩公正如此。」

春正月，南戶部桂結實纍垂，衆以爲未之今見也，須問諸涇野子。楷持以問，先生曰：「亦未之今見也。漢書云：『桂樹華不實，黃雀巢其顛。昔爲人所愛，今爲人所憐〔二〕。』豈其爲異乎！」

一生問：「志道、據德、依仁而後游藝，與博約之序若相反者何！」先生曰：「道德之說，與餘力學文之意同，因當時專事文辭者發，有爲言之也；博約之說，與格致、誠正之序同，示萬世學者定法，其序不可亂也。其他『危邦不入，亂邦不居』，『有道則見，無道則隱』，君子守身之經也。至於欲往佛肸、弗擾之召，又曰『天下有道，丘不與易』者，聖人體道之權也。」

先生曰：「學者言行須以聖人爲標埻〔三〕，則其緒餘可兼。常說若學成箇孟子，學成箇明道，沒箇舉業不精的。」

甲午秋門人歙縣胡㠓記

諸生有問：「存養省察如何用工夫？省察果存養中一事否？」先生云：「在聖人無事省察，在學者還是省察工夫多。省察就要存養，存養亦有省察，二者不可偏廢，卻是靜中有動，動而復靜意思。」

先生訓諸生曰：「心卽田也，心田之說最好。就是禮記所謂『修禮以耕之，陳義以種之，講學以耨之，本仁以聚之，播樂以安之』。此等說話當體認。」

化問：「心中如何能常明，常覺惺惺而不昧？」先生曰：「常明、常覺則聖矣，然亦難至，外誘污染之則不能矣。今當去其外誘之污而專志於道，則始而一日之間，一二時之清明，繼而三四時之清明，終而日夜之清明矣。惟患用力之不專爾。」

〔二〕 引文見漢書五行志，「雀」作「爵」，「昔」作「故」，「愛」作「羨」。
〔三〕 「埻」字乾隆本作「準」。

嶸問：「乾之初爻曰『潛龍勿用』，勿用之時，正宜用功；何至三爻，方係之以『終日乾乾』也？」先生曰：「聖人繫爻，各因其時之所在，位之所宜，盡其道焉耳，不可以例論也。」

化問：「陽卦多陰，陰卦多陽。故『坤至柔而動也剛，至靜而德方』，此陰中有陽也；何乾卦純陽而無陰乎？」先生曰：「乾雖純陽，然乾元用九，六爻能變，亦陽中有陰也。」又問：「六爻皆以聖人之德明之，何初爻之文言曰『隱而未見，行而未成』，又似有優劣也。」先生曰：「文言有自聖人之德言者，有自學者之功言者，一半言聖人，一半示學者，故不同。」

門人績溪汪遠稿

先生一日論八佾禮樂之旨，諸生因以樂經無傳，樂學未立爲缺典。先生曰：「噫，抑末也！知樂者，其惟漢文帝乎！」遠竊疑文帝有一賈生而不能用。先生極言文帝知樂之故，惜乎史臣不知，以爲未遑。雖通達如賈生者，亦不知其微意所在，而遽爲痛哭，豈帝之不能用賈生，實賈生之不能用帝也。遠意魯兩生識得此意，不從高祖之徵，其言曰：「今天下初定，死者未葬，傷者未起，又欲興禮樂；禮樂所由興，積德百年而後可也。」兩生此言，其亦文帝未遑之意哉！不識先生於二子亦曾以達禮樂之情許之否乎，願終教之。先生曰：「再講。」

門生休寧葉泓劄記

先生曰：「人之情只是好惡，天下之道仁與不仁而已。然好仁而不惡不仁，則是好之未至也；惡不仁而不好仁，則是惡之未至也。」又曰：「『有能一日用其力於仁矣乎？』古人多說箇力字，力有『自強不息』之意。若孔子祖述、憲章，上律、下襲，學堯、舜、文、武爲未足，又去學那天地，皆是學力處，所以成這箇大學問。邵子謂一人之人，十人之人，千萬億人之人，學今人未足，又去學古人，亦是此意。」應熊曰：「張子求道甚勇，亦是自強不息否？」曰：「謂之自強則可，不息則未知也。」因問學者所以息之之故。應熊舉人之志分於富貴貧賤以對。先生曰：「此是大界限。然人各有重處，須在此克去。其要只在窮理，理明然後能覺。」洲問：「先儒於應事日用之間，要察識此心所發是仁，是義、禮、智否，蓋嘗求之心而未得。先儒有謂一事上亦有仁、義、禮、智，何如？」曰：「就此問之心不安而形於言，便是惻隱；不能斷是少義；不能辨別是少智。」因謂在坐者曰：「今日所論，其間有是者，有非者。然是者未必盡是，非者未必盡非，諸君亦察及此乎？」諸生未得其旨。先生曰：「程子說得好，『有有德之言，有造道之言』。」又曰：「諸君求仁，須要見得天地萬物皆與我同一氣，一木一草不得其所，此心亦不安始得。須看伊尹謂一夫不獲，若己推而納之溝中，是甚麽樣心。」王言曰：「此氣象亦難。今人於父母兄弟間或能盡得，若見外人，如何得有此心！」曰：「只是此心用不熟，工夫只在積累。如今在旅次，處得主人停當，惟恐傷了主人；接朋友務盡恭敬，唯恐傷了朋友；處家不消說。隨事皆存此心，數年後自覺得有天地萬物爲一體氣象。」

門生歙縣汪洲録

葉生問：「子夏言『禮後乎』，似亦能引伸觸類；至作春秋，如何不能贊一辭？」先生曰：「聖人泛應曲當，如天地之化工。故春秋之褒貶，隨意所之，無不曲中事理之宜，此豈子夏所能及！若子夏初爲君子儒，又不止能贊一辭矣。」

或問：「『朝聞道』，何以『夕死可矣』？」先生曰：「此須知未聞道前景象何如始得。蓋未聞道時，只是血肉之軀，利欲牽引，心常戚戚，如何得生順死安！唯聞得此道，則耳目聰明，心志寧靜，渾身皆是道理，當生而生，當死而死，雖殺身成仁，舍生取義，亦無顧累，所謂『殀壽不貳，修身以俟之』也。且如人之好酒好色，雖終其身而無悔者，是真知其味也，聞道亦然。」又曰：「此當與『知之者不如好之者，好之者不如樂之者』，『君子坦蕩蕩』並看。」又曰：「我嘗把孟子謂『曠安宅而不居，舍正路而不由，哀哉』與此對看。彼謂雖生猶死，此謂雖死猶生也。」

門人臨海陳文祿私抄

文祿問：「道不可須臾離，朱子以靜存動察爲言。然動靜無二時，理欲無二幾，存省無二功，岐而二之，祿深疑焉。」先生曰：「此總言慎獨工夫。存省之功固不可分，能存天理，便能遏人欲；能遏人欲，便能存天理。故君子用功，惟於一念將萌之初，加之意焉。戒慎於己所不覩，恐懼於己所不聞，道在我矣。蓋此不覩不聞之境，人皆以爲隱微而可忽，孰知其至見至顯也。故君子必謹其一念將萌之獨焉，原無二截。」祿聞此語，退而思，曰：「存養之功，密於省察。既存天理，又焉用省察，以遏人欲耶！蓋克己則可以復禮，閑邪則可以存誠，矧先言存養，而後加之以省察！亦非次第之序。聞君子用功由疎以至密，未聞由密而及疎。夫子之云，實快我心。」王材曰：「陳子之言尚少體認，未得先生之旨。」

門人餘姚黃釜私録口義

釜初見，先生講「克己復禮」。問曰：「所謂己者，我之身也。何以欲克而去之？」先生曰：「己之與人，均受天地之氣以生，其血脈本相通也。人惟私意一生，是以人自爲人，己自爲己，元初之相通者始判然二之矣。是以君子貴克己，則一人己，平物我，直以天地萬物舉而屬之一身。是故志定於此，氣通於彼，而天下歸仁。堯舜一民饑曰我饑之也，一民寒曰我寒之也，一民有罪曰我陷溺之也，其真能克己復禮者乎！西銘一篇，全是發明此意。」又曰：「人惟有己，始有人；人惟無人，始無己。己者，人之敵也。」

嘗疑龜山從蔡京之召，先儒以柳下惠比之。釜謂魯男子之不可，是爲善學柳下惠者；則閔子之不就季氏，是爲善學孔子者。蔡京之惡浮於佛肸，而龜山乃欲爲孔子之行，其不逮閔子遠矣。先生曰：「亦是。」

先生曰：「樂道人之短，則爲己之功必〔一〕不真切；若爲己之功真切，自無暇說人長短。」釜聞之惕然。又曰：「人能反己，則四通八達皆坦途也；若常以責人爲心，則舉足皆荆棘也。」

釜問：「入廟見佛像揖之，何如？」先生曰：「佛老亦得聖人之一偏，見其像而揖之，亦禮也。」

吾人只是貧富二字打攪，故胸中常不快活。試嘗驗之，自朝至暮，自夜達旦，其所戚戚者此貧此富也；自少至壯，自壯至老，其所戚戚者此貧此富也。君臣之相要，貧富二字要之也；父子之相欺，貧富二字欺之也；兄弟之相戕，貧富二字戕之也。縱使求而得之，尚不可爲，況求之未必得耶！孟子曰：「得之有命。」孔子曰：「如不可求，從吾所好。」

〔一〕「必」字原作「又」，據乾隆本改。

門人歙縣李應宣録

先生曰：「貧而無怨難，是多少學問大！在吾人終日只是學此，能透此關，則富貴、利達、得喪、毁譽不足寘念中矣。然其功自無欲入，無欲故寡求，寡求故無不足，無不足故能處貧如富，而無怨心。」

紹儒問：「有過常存悔心，如何？」先生曰：「這便是頻復之厲，須是過而能改。某嘗謂三過不改爲玩過，謂其視之没緊要，便置此念，後有過時，無所憚也，此最不可。」

「無諂」、「無驕」雖知自守，猶有貧富病根在，到「樂」與「好禮」上，是甚胸次！這便把貧富都忘卻了，一面從天理上走，如何可及！子貢便能自覺在切磋琢磨上做工夫起，甚是知學，故夫子許之言詩。看來子貢非止論學，蓋知學矣。此子貢得力處。

應詔問：「立樂局使人習樂，如何？」先生言：「君相能使民衣食足而頌聲自作，樂局雖不立可也。故『人而不仁如樂何』，意思甚廣大，不然，縱能盡習得咸英韶濩來，亦不濟事。」

應詔問：「英氣還當有否？」曰：「無者不可不有，有者不可不無。」

池州徐宗魯問：「聖人何思何慮，與佛氏寂滅何以異？」先生曰：「何思何慮是『寂然不動』、『感而遂通』的意思；佛氏寂滅是死其心矣，自是不同也。」

乙未邵伯舟中語第三十

門人歙縣黄沐、祁門謝應熊録

先生北遷太學，過廣陵時，諸生十餘人同舟共送至灣頭，遇高郵守門人鄧誥迎於舟中，設酒。先生稱巡鹽徐芝南好學。一生曰：「他嘗言，人惟格物，便可平治天下，何用許多條目！」先生曰：「信如子説，則當時曾子只説物格而後天下平可也，何必許多誠、正、修、齊工夫邪！夫格物是知，必須意誠心正，然後見之躬行，不是一格物便能了盡天下事。且如子華未仕時，亦只是講明此道而已，豈能預知一郡人民土俗乎！至於今日到高郵，身親經歷，便有許多政事條理焉，能一舉而了盡一州之政乎！如芝南之說，皆今時頓悟之弊，學者不可不察。」

葛澗問：「季文子三思而後行，以愚觀之，似有可取。朱子解三則私意起而反惑，恐非。」先生曰：「朱子之言是也。」閻傅說：「周公思兼三王，坐以待旦，思不止於三，孟子取之；而季文子之思，孔子非之，何也？」先生曰：「周公之思與季文子之思不同。周公之思，但就其一事，或酌古，或準今，或宜土俗，或合人情，必待周知盡善而後行，此思之可貴也。故曰『不曰如之何如之何』，須熟思審處，亦無妨也。文子之思，不在一事上，如聘晉而思遭喪之禮，則所思者皆私意，正犯了『勿叁以三』之條，非周公之公思也。」

葛澗說：「李空同爲海內人物。」高相曰：「使空同在，必不下拜。」澗復稱其文似秦漢，詩似三謝、二陸，用心刻苦，文集可觀。先生曰：「欲看空同文集，當先觀其奏疏。如上弘治、正德二疏，甚有忠君愛國之心，氣節可取。如詩文模倣魏晉，卻差用心。使移此心爲大學、中庸，則爲曾子、子思矣。」

鄧誥問：「白沙之時，有太虛相友，何如？」先生曰：「白沙之友太虛，猶東坡之友佛印，退之之友太顛也。惟其友太虛，是以白沙之學被引入禪。至於孟子之時，不聞有此人也；周、程、張、朱之時，不聞有此人也。」誥復曰：「白沙果禪學乎？」先生曰：「然。」

子實囑子華，治高郵當去淫祠，以立近代之賢。應熊曰：「是求賢於廟矣。」先生曰：「夢卿之言是也。但聖賢與老佛不同，不必立祠。然佛老亦巢、許之流，高蹈山林，不恤生民休戚，國家安危，自討獨樂便宜。使人人爲佛老，爲巢、許，則國家誰與之理！社稷誰與之安！此孔孟之必不忍爲也。若白沙之學，其亦巢、許之流乎！」因語誥曰：「子今爲政也，當存孔孟救民之心，而絕巢、許高曠之望，庶幾高郵之民得盡受其膏澤。」蓋因子華巢、許之詩而發。

涇野子内篇卷之二十三

門人潁川魏廷萱校正
門生蘭谿趙軼　輯略

太學語第三十一

宗師曰：「讀經者不可不讀十三經註疏，其書皆漢儒所作，其源流皆自孔門傳授將來，學得其真，所宜參考，以求其義。」

監中諸生之有過者，宗師痛懲其罪，壓撥或至三次；及其改也，則又甚恕，與之更始，待之如初，壓撥者又皆與刊除。諸生撥歷，拜辭。宗師命之曰：「汝往歷事，與進士觀政一般，有錢穀者習錢穀，有刑名者習刑名。然必以忠孝信讓爲本，不可忘吾語也。」

一生以侍直爲勞，不得讀書，求三日一入班。宗師曰：「汝在此侍直，行亦是學，立亦是學；非必在號讀書，然後爲學也。」

一生言同房友病甚不食，宗師爲嘆惋，即遣知醫禮生問其疾，復出廩米以周之。

七月中，編刻儀禮圖解書成。八月中，編次詩樂圖譜書成。軼拜而言曰：「嘗聞禮樂不可斯須去身。宗師以此爲教，編成禮樂二書，興亡繼絶，有功於聖門，有大造於學者。軼自下土來，初入太學，聞絃歌之聲雍容和鳴，又見行冠射諸〔二〕禮，從容揖遜，恍若身遊於鳳儀獸舞之世。竊思古昔帝王以禮樂治天下，以今所聞見推之，亦可以想見三代當時之盛矣。」

〔二〕「諸」字以下，至「不能話談者」止，原板斷爛，據乾隆本補訂。

有一監生丁憂，具告而無戚容。宗師曰：「爾非丁憂者也。」對曰：「生新聞父喪，見有某生知證。」宗師曰：「丁憂監生而請人知證，可知爾之心與貌矣。夫當喪不戚，吾何弔爲！」乃命典簿廳罷其賻儀，本班師友亦勿弔。

先生與某先生至一寺中幽僻，某曰：「行到此寺，方知此寺模樣。可見行在知前。」先生曰：「若非知有此寺，何得行到此寺！知焉，在行前乎！」某遂不能對。

先生謂諸門人曰：「讀書無他，只要克去自己病處。如好博洽，如好文字，如好貨財，如好名之類，皆是一偏之病。各自其好而克之，即是學矣。」

先生謂徐定國公曰：「聖天子下即是一人，可謂貴矣；家積萬鍾，可謂富矣。富貴皆汝所有，此人爵也。所少者只是箇道義，天爵也。汝毋以爲與頭巾秀才在一處習學爲恥。蓋汝即管事，千萬人皆在汝掌握中，舉動應酬，非學焉能！」自此，習禮公侯咸集，先生必人人親教之。於是膏粱紈綺之人不能話談者〔一〕，亦有説得庸、學、魯論之義者矣。

先生開五經館於彝倫堂東。一日與諸生講論，有歷事數十生咸來聽講，揖先生暨諸堂師，乃又揖在監諸生。先生止之曰：「禮『見同等不起』，此不當揖。」是後每講而外士至者，俱不揖諸生。

有光祿四差，諸生告者二三十人。先生命侍直四生各收其狀在手，每生手中取一紙出，則定其差。後更有告者，先生曰：「吾亦不知其爲誰。」是後諸生知先生每事至公，亦不告也。

有報計入缺數，公卿皆有書柬，欲求與親故。先生俱不從，乃擇善行，貧而地遠如錢嘉猷輩撥之，曰：「將以抑奔競也。」是後諸生奔競者遂絶。

先生惡諸監生稱父母疾，並稱己疾者。有一生告改南，稱父發瘧疾。先生曰：「瘧亦時疾也，汝數千里之外，何得知之？」遂責其人而褫其狀。又一生告假，云己有疾。先生一見容貌，知其僞也，曰：「疾不可妄構。好學人無疾，只是不

〔一〕由乾隆本卷末署名得知，斷板處應有「沁州張鶴録」署名一款，今不審當在何處，姑録於此。

好學人有疾。」

先生在五經明道堂方講詩，一生問曰：「書堯典中命四官，有以異乎？」先生哂曰：「非所問而問焉。汝不讀記中『長者不及，毋儳言』乎？」教畢而竟告其疑。

先生與定國公講論語「子夏曰『事父母能竭其力，事君能致其身』」，言「竭力除是力所不能去處方止。如盡性、修身、顯揚之類，皆竭力也。致身只是不私其身家，如死生變故不渝之類。汝學問爲人，全在此二句。了此，將相之道得矣」。鶴問曰：「如下堂傷足，於竭力何如？」曰：「無往不通。」

先生講經畢，鶴侍側。夫子曰：「汝省得吾言乎？」鶴對曰：「鶴雖至愚，晝夜思慕師訓。」曰：「汝思則得之，然更要行也。」

先生與定國講論語禮之用章，曰：「凡人看禮字，只做道字看了，殊不知禮字正是舉這道字的器具。如謂父子有親，君臣有義，其用昏定晨省等禮是舉親之道，其朝覲等禮便是舉義之道。和字只是箇自然，從容便是。故禮必由中心自然形見出來，方是和。」

先生曰：「子貢謂孔子溫良恭儉讓。蓋溫和平易謙讓的人，人方親近得；若驕傲稜角粗慢的人，人怎生肯去親近他！儉如著好衣服的人，人難親近；若著尋常衣服的，人易親。此等處，夫子最近人情。人將聖人看的〔二〕太高遠了，反失之矣。」

歲貢生百人咸至，先生卽命長年者報名。事未畢，吏呈部取參表缺七八人，先生卽命聽點長年者過來。諸生莫知其意，猶有退縮在後者。先生冒指年長七八人，遂定其差。其又有欲去者，皆是退在後面的人，皆不許。先生曰：「此卽是數也。」諸生皆云：「夫子之無我如此。」報名中有一生急遽而過，先生呼之，曰：「這秀才還未讀定性書乎！」

〔二〕「的」字原無，據乾隆本補。

先生將升監，有班生告云：「監生蒲陽生病故矣。」先生聞而變色，即徒行往弔。至號前，見其尸寢地，服破衣，失聲悲痛。劉東會見先生哭之慟，恐傷也，兩手扶持。先生歸廂房，猶曰：「苦哉，此生也！」言未畢，一生又告云：「監生劉棹病故矣。」先生益哀戚，遂免升監，止樂三日。往弔，哭之如蒲陽生之喪。前周萬翼、賈倫之故，大子慟之亦如蒲、劉。其陽生與萬翼則甚貧，聞先生之意而興起助喪者百餘人，其賻禮約有二三十金。故先生與諸生曰：「我欲不舉善行，周、蒲等生安得全軀歸鄉乎！我舉善行，汝等何不實體我心行乎？」

有堂長受賄事覺者，先生既責之矣，其人謝罪二三次，俱瞷無侍側禮生，方云謝罪。先生曰：「我以公責汝，汝何待無人而私謝我乎！即此行，就是受賄之真也。」其人再三強辯，先生曰：「汝讀何經乎？」對曰：「春秋。」曰：「汝知誅意之法乎？」其人不敢復答。

丘生既撥歷，來見於明誠堂，曰：「一向思念老師，只是在歷上不暇，今專來謁教。」言畢，袖中取出補狀一紙，云支膳鈔。先生哂曰：「秀才說話差了，理欲不可並行。」

先生無往非敬，無行非義。凡遇上位賜筍、梅等鮮，必稽首拜而受之，使人持歸，獻諸先人。或送墨帖數葉，先生方展而觀之，內有太祖心箴數張，即速起捧讀。然非誠敬純一者，何能遽然行得出來！梓釋曰：「只是心常在。」

習禮公侯來學，先生命一生先講經義，使聽之。既畢，方自言其旨。既畢，又使友伴舉人與詳說其故。復講之日始問之。且謂諸生曰：「皇祖聖主之意，爲此輩欲知書聞道，其意不淺淺也。」

門人蕭山來端本來端言記録

先生以禮樂久荒，慨然以興起爲己任。爰命盧堯文等考訂儀禮，衛良相等編次樂章，俾諧之音律，仍令禮生演習冠、射、聘、燕、士相見等儀。於時圜橋門觀聽者如歸市，率相嘆曰：「乃今獲覩三代威儀。」每晨夕升監之先，必奏樂，詠歌和律，洋洋盈耳。諸生用是多退讓恭遜之風。

先生於彝倫堂講書後，仍擇禮生頗通經業者考問討論，親自臨決於明道堂，亹亹不倦。又立考經校史禮生，統命之曰：「凡讀書必須看大頭腦，直與身心相切，意思自別。其考經從那十三經註疏上看，那先儒所說的話，去古未遠，淵源傳授多從聖門來者，則識見自是廣大；校史者必向溫公資治通鑑、左傳、綱目等書參驗符合，議論是非，關係政體方可。」

一日，諸生有告依親者復欲改南，改南者復欲留監。先生喟然嘆曰：「這箇都是志不定。惟志不定，所以有此過失。」因進廂房諸生，謂曰：「學者全要立志。使志能有立，焉得有許多紛更擾亂之事！夫子所以說箇『三十而立』。夫以夫子之聖，尚說『三十而立』，則立也亦自不易。學者必須能立，方可謂之學。」諸生因問：「何以謂之立志？」曰：「中心見得明，執得住，外物從他不能搖動，便是聲色也不能動他，貨利也不能動他，就卓然立得住了。今之學者，且莫說耳順、從心地位，只是能立得定，便是好學者了。不要說三十而立，便是五六十歲、七八十歲能立得也好了。不然，便有活得百歲的，亦不過倒東倒西，與草木同腐朽而已。如今人但曉得七八十歲、百歲之壽，不曉得由百歲而上，有四五百歲壽的，如古人有勛業、文章傳於世者是也；有千歲、萬歲壽的，如孔子道德垂於不朽者是也。自五六十歲以至百千萬歲，惟人所爲，當自立字始。」

先生因舉人爲貧泣以告差，曰：「如此無力，爲貧所困了。且爾不觀顔子之處貧乎！簞瓢陋巷，不改其樂。我嘗說，欲知顔子樂處，當觀常人憂處。人須要克得這憂去，纔見得那樂來。」

有監生數十輩爭納監規，有失次敍。先生咈然曰：「全無遜讓之禮，何至如此！」仍進後納者獎之，書名紀善簿，先令之出。其爭先者顧抑之，使到繩愆廳紀過，且告之曰：「欲先者反居後，退後者反得先。可見謙受益，滿招損。汝等今後當痛改此等氣習。」

先生一日閒居廂房，驗諸生誦史頗解記，遂喜而笑曰：「爾等皆解記憶邪？今日在此，不可虛過了日子，必須朋友互相講習，有些益處方好。且嘗觀程子語録乎？其說話雖覺粗些，然意思卻明白易曉。我嘗有程子抄釋，第取觀之，亦自好。若便覽五經四書，聖人精藴所發，難遽通曉。先從那程子粗粗說話體貼將去，則五經四書方有進步處。」

鄭博士等進見，論及爲學當以明道自期待。先生曰：「然。」因問：「曾有程子全書否？」對曰：「未有也。」曰：

「它書不有猶可，至如程子書可不攜邪！」因問：「周子、張子何如？」曰：「看五經四書後，周程張朱四子俱不可不看。經書之後，舍數子將誰與歸！」

先生於四子俱有抄釋，會戴冠等梓行之。先生告諸士子曰：「冠輩之志遠矣。」

諸生有告改南監者，先生曰：「你們改南者，都爲著父母來？其間亦有不爲父母，圖一己私使的。夫道之不明，學之不講，雖往天外去，也只如此虛過了日子。」

先生凡遇生徒有丁憂者，必遣本班師友弔問，隨賜賻儀。比其來見，輒蹙然嘆曰：「傷哉！」即呼吏人速與文移，且曰：「你自這裏回去，尤要守著文公家禮爲好。」

監生盧堯文等刻儀禮完，印數冊送上。先生勞而受之，曰：「此書我意欲通示諸生，題本要工部刊行，爾等乃奮志刻成此書，不以衆人之事而惜己之勞費，這箇就是善行。今所進本中，已將盧堯文等名達於九重看了。爾等初亦不圖美名之上達，只是要速爲好事而行之耳。」時侍立諸生感嘆其善，先生遂進盧堯文三人，各賞紙一百，更勉勵之。

監生張九山病故，有同鄉監生楊景新稟告。先生愀然不樂，曰：『嗚呼噫嘻！得何病而至此，何故早不來我這裏說知？」對曰：「先前本生以痢疾，曾於西廂房給假來。」曰：「九山有子否？」曰：「無也。」先牛顧諸生曰：「快教典簿廳給銀殯殮。其周旋喪事，就是你同鄉者與他一處。」仍命演樂堂徹樂。時先生衣錦服，爲易襂服焉。恨初之不聞其病也，自後令西廂給病假者，咸報名知會。

友長一生匿班生膳銀，首知，檄鎖以示衆。因堂官與說，宥之。越三日，至廂房，諸生事完各退，方跪謝罪。及詢其遲來之故，多出誑言。先生曰：「汝猶無實言對我乎？」其生猶文過不已，以爲畏罪而遲來也。先生曰：「爾本畏人知己之過，重己之羞，故待人少時來見，爾猶無痛改之心。己之過，正宜於衆人在時昭暴而受罪，以示不敢復爲之意，使人之聞者無若己可也。今爾不省得，猶來斯誑我。」著繩愆廳檄鎖來說。次日升監畢，集六堂堂友長，使觀其辱。且問曰：「爾等知我檄鎖此生之意乎？」僉曰：「未也。」乃告之故，且曰：「我擇爾等爲堂友長，正謂才識德行足以表帥諸生。我之下有六堂官，六堂官之下有爾等而已，可不慎哉！故我之欲舉善行，以觀諸生，託爾等推保，即信而行之，舉得其道，人將相率而趨善。假如前蒲陽生等死無所歸，其監咸感義助銀，死者遂得殯殮還鄉。我的意思正要人是這等興起爲善，出入相友，患難相濟，疾病相扶持。古之八家同井者且然，而況爾等游於太學者乎！又聞你堂友長，其間亦有索班生銀錢，方保善行，至若著實爲善者，未必推舉。如此，卻不負我之心了？」頻蹙不樂久之。時西廂童先生在座，申命曰：「老先生惓惓懇懇，只要你們做好人。各須體知此意，有則改之，無則加勉。」先生又告曰：「今說與你知，後來若訪得有此等事，輕則墩鎖，重則送法司治罪。你既以小人之道自處，我亦難以君子之道待之矣。」諸生皆悚愧，應曰：「敢不承教。」諸生出，仍召六堂官，數其教法欠嚴焉。

先生以惡有所懲，而善無所勸，何以得人之興起，由是以己之耳目不能周知，令各堂堂友長保舉，或同號同鄉亦令保之。猶恐其私也，必徧審同班監生，有不當者，許出首除名。每季揭一善行榜，免班優待。於時通監諸生皆知相觀爲善云。

監生張、王二人相訴罵陳於東廂，二人紛攘不息。先生命繩愆廳各責。後來見，先生曰：「今你兩人都沒說了？」張曰：「是也。」王猶憤然作曰：「生員被張某罵不甘。」張言無罵。先生曰：「王生你從實說來，他果然罵你不曾？」王生曰：「他不曾罵，令他小的來罵。」爭辯不已。先生曰：「再責二十。」頃之曰：「且止。」仍問王曰：「才要責你二十，今饒了，你知道此意否？」王說不知其意。先生曰：「你說張不曾罵，此是良心不昧，饒打處在此。」王退，顧謂端本等曰：「生說張不曾罵，此是良心不昧處。爲人須在此用工夫，便是毋自欺也。」

先生見一歲貢何繼蘭齒長家貧，衣衫百結，則助銀爲買襴衫。及將撥歷，計其月日，例貢讓外少數日，先生憐而撥之。舉人李元亦貧，除例讓外，猶少三日，撥焉。侯天敍忿然告曰：「何其偏私之甚邪！」遂舉二人之事以詰先生，其言衝突無比。先生怡然應之曰：「凡士夫請託，不聽輒以取怨，皆爲你秀才也。吾於監事自以爲庶幾無私矣，而猶以爲有私乎？且李元、何繼蘭，吾始哀其老與貧而量撥之耳，非有私於二人也。由爾言之，有妨公義乎？」遂止二人不撥。會他日衛良相編樂譜既成，先生承王命正樂，詩音律以諧，乃喜而嘆曰：「是可以傳也。」欲梓行而未敢輕瀆朝廷，仍以盧堯文之事望諸義舉，於是願刻者羣起。石民賢奮而言曰：「如此全是啟人趨利之心。此輩尚未刻書，遽有超擢之望，於理爲不可，於教有未安。」先生聞之，深佳納焉，曰：「在我廂房禮生中，未聞有此直言對我者。汝能爲是言以告我，善哉！前有侯天敍，亦曾告我撥歷偏尚舉貢。爾兩生就在我廂房做箇告過禮生，今後但有過差，就禀我知。爾若知在外再有能直言者，亦舉將來做告過禮生也。」一日，衆舉人侍立，先生曰：「爾等在此，務去隆師親友，講明經史，務要體諸身心，與世間幹些好事，可傳於後，如古人能活得千百載方好。不可虛過光陰，枉在人間生一世也。」

監規久廢，諸生居監者破矩削繩，安逸自便，殊失祖宗建學育才之意。先生至，則振其怠惰之習，以循舊規，衆皆駭其勞而畏其嚴也，強勉升散，屢有犯干。由是作監規發明以示衆，使愚蒙者易曉。一日，新進歲貢僉來告曰：「諸生在學日久，頗諳軌度。」告乞免背監規。先生曰：「你輩亦爲是言乎！你輩雖在學年深，未識監中事體。我太祖皇帝爲你們費多少心思，周旋盡制，你們只一誦讀，便以爲喫力耶！故我所以發明之，正懼汝等有慢易忽略之弊也。」

先生視監事，非朝賀及風雨，未嘗一日廢。自晨至夕，未嘗一時休息，非爲諸生設教，則看古人書。嘗謂端言曰：「人須要著實用工，將那不曾讀過書每日誦記，方有進益，不可空過日子。」先生每每教人，只是實地加工，勤於向學，見善則喜而進之，見不善則矜而誨之，故有志者皆樂從焉。

一生屢給病假，先生曰：「有志用工自無病，常有病，皆不能用工者也。我如此說，中間亦有以我爲然者，亦有以我爲不然者，大抵立志以勞其筋骨，精神振作，懶病自不得而侵矣。」

一日，襲會昌侯孫應乾侍，聽講誠意章。先生曰：「此章大段工夫只在『毋自欺』上。或善或惡，苟既知之，能不自欺，則善必能實好，惡必能實惡，而意就誠矣。小人之爲不善，只是瞞昧了自家的心，不過欺得自家。至若那『心廣體胖』，非是他這等存心篤實，發言措行無不光明正大，焉得胸中快樂如此！學者必須真誠用心方好。」講畢，謂應乾等曰：「曾子說『十目所視』。何以言十目？所視者謂何？就將此作一說來看。」他日呈稿，先生曰：「此十目言視之多也，百千萬目俱在其中，卻欺得誰人的目！」又問諸生：「你道看甚麼來？」或以視善惡對，或以幽獨對。先生曰：「正是幽獨之時，視吾心之或善或惡，俱不能掩。邵子曰：『一念之發，鬼神已知。不由乎我，更由乎誰！』正此之謂也。」時有一舉人告超撥，先生曰：「汝豈惟十目十手不畏，雖千目千手亦不畏矣。」

先生命舉人張暄講說齊家治國章大意畢，問曰：「治國有許多條款，如農桑、學校、刑名、錢穀、甲兵、水利、虞衡之屬，略不說著一些，卻只說孝、弟、慈便好治國，何這等省事耶！」對曰：「也只說本源所在，節目自在其中。」曰：「你就將本源處分剖那節目，何如？」暄未有以對也。久之，先生曰：「條件雖多，推之一理。故『如保赤子』，著實以慈愛之心求之，饑爲之食，寒爲之衣，則赤子自無不保。人惟恐無孝、弟、慈之實，若能以孝、弟、慈之實用諸行事，則農桑以足民之饑寒，而與吾君固邦本，學校以教民之俊秀，而爲國得賢才，與凡兵刑以禁暴亂，錢穀以廣儲蓄者，無不可推而行之。故齊家而國亦治也。堯舜能誠心以致治，桀紂不能，故亂亡。」

先生見監中人數甚多淹滯，奏復撥歷舊規，增缺減歷。命下，撥歷寬於舉、貢兩行。照例行之，日月多者撥畢，謂諸生曰：「你們都是門人，我非有私。但歲貢在學年久，或家貧無以自給，且彼人數又少；你例貢家道俱是過得，而人數又以千計，若拘你日月而不撥歲貢，彼將何時而撥乎？故歲貢生雖日子欠者，亦有先撥於你的，每撥不過數人耳。又今減歷事例，各行俱宜均沾，豈只與你例貢耶！」次日俱進拜辭，先生曰：「爾在監中俱守我的規矩，今日出監了，你讀的書如今要求箇出仕的道理。大抵人只是一箇孝弟忠信，著實行得，便是學者。你們既到各衙門歷事，就是觀政一般，須要體著我的說話，及平日所講者，採而行之。」

二月二十八日，諭諸生：「以後監規俱要全背，不追其既往。夫全背始爲遵守祖制，他日出仕，忠藎不欺，本於此矣。」

考列優等者特加厚待，凡有差遣，與善行上榜監生兼撥。曰：「『使於四方，不辱君命』，不可非其人也。」

先生諭諸生，凡有衷曲，許令告訴，與之區處。且曰：「我與爾有師生之分，兼恩義之情，有蘊不告，卻去轉央權勢，以起奔競，是不以道爲重，定行壓撥。」

六月一日，行釋菜禮後，諸生將有少縱之情。宗師令禮生俱到本堂作揖，推其餘敬以率人，矯輕警惰之法嚴矣。自後朔望亦升堂作揖，不入班而退。

監生王永壽有孝行，諸友保呈。先生深加嘆賞，並録其來保之人，詢其行事之詳。是豈惟見永壽悅親信友之善哉，孟子所謂「與人爲善」者也。

監生賈廷傑爲其友賈倫殯殮，並檢其行李無失。宗師許其有寄託之義，仍令書諸紀善簿首獎之，曰：「克敦友誼，示民不恌。」

門人霍山王鶴齡日益録

王莘長差過限，應痛決壓撥。因其言動誠實，原情止壓一撥，兼免其責。且曰：「『事師無犯無隱』，莘有之矣。」

凡上榜監生，方收爲禮生執事。有顏涣者願親侍教，呈禀明誠堂，先生不可。有侯生者力薦其小心謹慎，復收録之。蓋不拘拘於守法，而所謂毋意、必、固、我者，殆有見於此乎！

定國公講論語首章，先生曰：「此惟在學以時習則得之。定國不可只謂進監時是學，凡處家衆有法，接賓僚有禮，馭羣下有恩義，皆是學。」

有數生請依親，先生曰：「此亦人子之情也。果出於誠，不失爲孝子。如其僞也，豈忍乎哉！吾之允汝者，允其名之必可言，言之必可行也，諸生體之。」

六月初二日升早堂，先生命諸生疾行。有侯生者舒徐而進，遂召跪階下，呼六堂堂友長而語之曰：「吾命汝疾行者，以祁暑日色已臨階砌矣。今侯生肆意緩步，豈不思爾身後千餘人皆在炎日中乎！夫禮以『時爲大，順次之』。」諸生謝過而退。

有二生禀同鄉監生物故。先生聞之惻然，俯首淚下，偕僚屬、諸生親詣喪所，大慟出聲。顧其死者曰：「人孰無死？斯死也，傷哉！」遂給己俸，命同班師友置棺槨、布帛，固於收殮，仍與回鄉關文。臨喪，師生及左右吏役罔不垂涕。畢，退處更衣，其感慨之情終日不釋，遂慘服三日，不演樂。

有二生訟者，先生命自陳其由，曰：「爾勿自欺也，友道不篤，性之戾也。」一生自首曰：「彼不詈吾，詈吾者其僕也。」先生皆貸之，問曰：『爾知之乎？』對曰：「未也。」乃誨之曰：「人之過難於自首，此卽是良心發見處。學之道豈外是哉！」

先生撥歷，有巨宦爲親戚請超撥。先生召其生跪於前而數之，且曰：「吾教汝講書，不過言語文字之細；吾教汝習禮，不過聲容器數之末。何補於諸生？惟有一公直耳。今旣以來干，吾何以爲教！」叱之去不允，紀其名於集愆冊。

先生嘗録罪之尤者，註壓撥以待自新。有數生舉同班壓撥者改過，請免壓。先生曰：「何過也？」對曰：「聞祖父母喪，著雲緞衣而給假。」先生曰：「此過大者也。爾聖人之邦人也，不如此，何以爲戒法！諸生勉之。」

涇野子內篇卷之二十四

門人穎川魏廷萱校正

門人　胡大器　録

太學語第三十二

廂房中二人並立，一人參而入焉。宗師見而問曰：「汝讀何經？」對曰：「禮記。」曰：「昨日講曲禮『離立離坐，毋往參焉』，今日便忘卻了。」其教人每類此，因而感發者甚衆。

一監生因買好扇，被人罵打，來禀。宗師斥之曰：「汝爲秀才而好淫巧妄費，又不能守身，非吾徒也。」諸監生聞之皆惕厲。

河南一監生改巡歷作正歷，曰：「願久留監中請教。」宗師曰：「不可謂無人。」遂出「曾子、子思同道」題考之。考畢，宗師看曰：「汝從何人讀書？」曰：「昔遊王科先生門下。」曰：「此人在陝西作縣時，躬行丈量田地，守正不阿，後取在科，以言去官。汝河南何栢齋之後有此人耳，久慕其人而未得，今見其徒矣。」因謂諸生曰：「此意若實，雖曾子、子思可到。但恐不實，所累反多。」

有二舉人爭告撥歷。偶因禮生引禮不由正道而由捷徑者，即謂之曰：「行不由徑，跡其行自可知其心。此皆是私心，與爭撥歷者奚異！」

有一給事其弟監生來禀事，恃其兄勢，詞貌急遽。宗師責之曰：「汝奚不立志讀書，如汝兄乎！不然，人只稱你監生而已。且顏、孟汝地所産也，奚不學之！」

沈監生哭告父母年老，宗師曰：「准汝依親。」又哭告焉，曰：「准汝養病寛假，如何？」又哭告，求許短差方已。宗師謂諸生曰：「此卽是計利人也。果有思親真意，飄然而往，何消論監中日月哉！」卒不與短差。

習禮侯伯復講日新章，宗師因謂之曰：「今日見汝們復講，聰明漸開，義理漸通。自此以後用功常如所講，自能日新不已。不然，則便茅塞汝之心也。」

宗師勉禮生曰：「今日與汝們做禮生，多是氣象可觀，志意向上，中間也有薦舉者。凡往來廂房中，有好的足以爲法，有不好的足以爲戒，卽此便是學問。若徒望我省你走班，減你課業，則是我反薄你們也。」

監生除教官，來拜辭。宗師曰：「勿忘監中所講意思。秀才有善行所當勸，有不善者所當懲，文藝次之。須牢記，見之於行，方不枉監中一遊也。」

有十數監生放利，被人騙，來稟。宗師斥之曰：「此皆是利心所使。傳所謂『利未得而害已隨之』者，此也。告我以義者，來；告我以利者，去。」

西廂禮生來銷名，宗師曰：「西廂不到，你們卽不來東廂。若我不到東廂，禮生亦不去西廂耶？這般便有彼此，殊非道理。須是『君子無終食之間違仁』，造次、顛沛必於是。」諸生感而曰：「謝教。」曰：「這是口邊頭說話，行得後來謝方算。」

有監生數告病假，宗師曰：「無病詐有病，是志爲氣所使，則真病矣。有病強無病，是氣爲志所帥，則無病矣。」諸生皆曰：「醫百病無出此言。」

宗師謂六堂先生曰：「監生皆我們弟子，須要同寅協恭，盡其職業，固不負所學，亦不孤所託。」又昭示曰：「如某位勤，某位清，不可不取法。」於是六堂先生日加振勵。

宗師舉監中有善行者勸之，當其時，人情洶洶。一日，尊官顯宦皆曰：「不可，恐有欺也。」曰：「雖然，亦有不盡然者。大抵寧使人之欺予，無使予見善不舉以欺人。且如舉善者衆，不善之徒自相勉而爲善，欺之者遠矣。外此而教人，抑末耳。」聞之者曰：「此乃『已欲立而立人，已欲達而達人』者之心，故曰：『君子莫大乎與人爲善。』」

或人云：「善行有買堂友長報上者。」宗師曰：「堂友長擇上榜者爲之，受買事雖或有之，未必皆然。且予亦不專靠堂友長，必親見其爲人，審之六堂官，斷之己心，自無所逃矣。」因謂大器曰：「易云：『火在天上，大有，君子以遏惡揚善。』此固非是細事也。」

宗師謂諸生曰：「昔在太學時，與馬伯循六七友於寶邛寺習禮，人皆譁，曰用心於無用之地。殊不知今日之所教，正昔日之所習也。今日教諸生習禮，亦爲後日計耳。不然，他日有一命之寄，則手足無所措。」

宗師謂善士曰：「今日諸生登善行榜者，甚難得。蓋太學天下人才所萃之地，一季只取汝輩數十人，或一行之善，或一事之美。苟於此勇猛前進，因一行而至百行，因一事而至萬事，是集義所生者。養浩然之氣，充天地之道，不過是也。信能如此，固不負他們所舉，亦不忝汝輩所生。不然，倒惹得人作話笑也。」

或曰：「宗師奏請皇上行養老之禮於國學，行大射之禮於澤宮，何也？」曰：「此宗師作用妙處。且行此禮，三公九卿穆穆皇皇，有揖讓之風，如唐虞之時。觀者自樂，舉天下之好無以尚之，所以基太平者，此也。而其他遊觀皆可免矣。」

宗師命監生每月習禮二次，每日歌詩一次，鼓舞作興，監生升監者自然心清氣和，身際於唐虞三代之時。雖四方來觀者，無不以爲美。

或問：「宗師撥歷，如何帶撥歲貢一二名，亦有私乎？」曰：「此至公也。嘗聞宗師云歲貢貧且老，例貢富且壯，歲貢今日帶撥一二人，雖私亦公也。何曾聽人情私撥一人乎？」

門人絳州陶梓發明

梓原籍有一書洞，請名焉。先生曰：「爾云何？」梓曰：「洞據絳城中高岡，南望汾水，未知可名以『望汾』否？」先生易望爲睇，曰：「睇，下視也。」遂大書三字。梓歸以語邦治，邦治曰：「初意如何？」曰：「文中子、薛敬軒二先生嘗講道於此，深慕之，故有是名。先生以睇易望，其必有説矣。」邦治曰：「先生其定汝之志乎！」梓恍然曰：「乃所願，則學孔子，河、汾之支流，居其下矣。雖然，道以孔子爲至，而進道未必不由二先生始也。」

先生書「甘貧改過」字方畢，梓欲請「青天白日」四字，汝勤亦欲爲梓請。皆未及言，先生復賜「光風霽月」四字。比出，與汝勤語，汝勤亦道己意，因問梓何以不卒請也。梓曰：「先生方書『甘貧改過』，卽書『光風霽月』，言光風霽月由甘貧改過而得也。先生固已賜青天白日矣，而又何請也？」以此知求先生之書，不可不會先生之意；遵先生之教，不可不體先生之心。

先生爲畢汝勤書「力行近仁」四字，大器曰：「力字太長。」先生曰：「力字要長，不然則自畫也。」

先生曰：「明道動容極可愛，看來只是學仁。」

瓚歸，請教。先生曰：「無他，與諸生前日所講甘貧改過而已。某平生無過人處，只守拙不改。」

問：「讀書精神不足，何如？」先生曰：「只是心不存，未有心存而精神有不足者。」

問：「精神倦時亦可休息否？」先生曰：「天地有陰陽晝夜，君子以嚮晦宴息。時可休息，如何不休息！若時不可休息而休息，宰予晝寢是也。」

問：「心纔動一正念，復又動一雜念，把持不定，何如？」先生曰：「此不知止也。若知止，則心自定矣。」

問：「『我欲仁斯仁至』何如？」先生曰：「看『欲』字、『至』字。若一念欲仁，一念之仁至矣；念念欲仁，念念之仁至矣；一日欲仁，一日之仁至矣；一月欲仁，一月之仁至矣；三月欲仁，三月之仁至矣。這便可幾於顏子，過此則聖人矣。」

問：「『回也其心三月不違仁』何如？」先生曰：「只是心熟，與仁爲一了。若心生，一日不違仁也難，何能三月不違仁！夫仁，亦在乎熟之而已。若要熟，須日新而不已始得。」

問：「『仁以爲己任，不亦重乎』何如？」先生曰：「仁任最重。堯仁如天，舜『欲並生哉』，纔擔當得起。孔子嘗曰：『若聖與仁，則吾豈敢？』信乎仁道至大，而爲任最重也。能克己，認得爲己，始能胸襟闊大，與物爲體而無間。呂與叔詩云，『剖破藩籬卽大家』，有見之言也。欲任仁，須以曾子論孝意思推將去，孝卽仁也。事君不忠，非仁也；交友不信，非仁也；居處不莊，非仁也；戰陣無勇，非仁也。知其非仁，則所行皆仁。日日新之而不已，則量無不弘，物無不容，真如天之無所不覆，地之無所不載，其任不亦重乎！」

問：「讀書何以能長進？」先生曰：「須日日有新的意思，纔見得長進。若不見有新的意思，終是不長進。」

問：「論語凡論心論政不一，何如？」先生曰：「聖人論心，未嘗不與政通，論政未嘗不與心通。聖人隨處發見，學者逐章體認，便見心政合一之道。」

問：「一身多病，何以爲治病之方？」先生曰：「二程抄釋，對病良方也。手此一卷不釋，身體之，則病自愈矣。」

問孝。先生曰：「父母生身，使身而爲有道之身，是愛其身也；愛其身是愛其親也，是孝也。使身而不有道焉，是辱其身也；辱其身是辱其親也，非孝也。孝莫大於愛身而爲有道之身，不孝莫大於辱身而爲無道之身。」

問：「道業、舉業何如？」先生曰：「一道也。心純則理純，理純則文純。蘊之而爲德行，措之而爲事業，道相貫也，豈有二乎哉！俗學岐而爲二者，非也。」

問：「泄柳何如？」先生曰：「古之狷者也，今寡其儔矣。」或曰：「不近於固，乃非中庸之道乎？」先生曰：「始學而遽欲學中庸，鮮不失之胡廣。」

問：「樂何如？」先生曰：「樂在心，不在器。昔予與張允薦彈梅花三弄時，損一絃，餘六絃，允薦彈之而聲和可聽。」問曰：「何謂也？」「允薦曰：『不徒六絃，雖一絃亦能彈之而聲和可聽。』由是觀之，可見樂在心，不在器也。孔子曰：『樂云樂云，鐘鼓云乎哉！』求真樂，當求之心，不當求之器也。予爲兒時，戲擊瓦礫，吹蔥筩以爲樂，悠然有自得之趣，此真樂也。追思唐虞之時，康衢之歌，擊壤之謠，謂之真樂，信然。漢賈誼請興樂，文帝辭以未遑，可謂識真樂者矣。蓋真樂必物理而後作，心和而後諧，特假器以宣之耳。不然，何武帝今日作天馬、芝房之歌，明日協寶鼎、赤雁之律，民不之樂，而海內益耗者乎！孟子論樂，必歸之與民同樂，其達真樂者哉！」

問：「子夏、子張論交何如？」先生曰：「皆是也，惜未會其全耳。子夏有以見聖人之始，而無以見聖人之大；子張有以見聖人之大，而無以見聖人之成。」

問：「損友固當遠，亦當容否？」先生曰：「若始學直當峻絶，遠如蝎蛇，豈可苟且以相容！若不遠而容，終爲彼壞，豈能成立！譬之直木，終日爲藤蘿纏繞，未免於曲，豈能條達！若脱去纏繞，則自成干霄之木矣。若學成後，亦豈涵容，彼終自化，豈能浼我耶，何不可容之有！夫遠之者，子夏之見也，聖人始學之教也。容之者，子張之見也，聖人成學之教也。隨其學與時而遠之容之可也，豈可固於必遠，亦豈可固於必容哉！」

問：「神主壞，宜修否？」先生曰：「人住居壞便欲補緝，何況神主，可不補緝乎！主壞，前人求木之不慎也。前人既失之於其始，後人可不救之於其後？」

梓輩侍先生側，適有遺胥吏擡食盒晉禮者。先生曰：「胥吏頭上有箇巾帽，他日有箇官做，當待之以禮，豈可使執此賤役之事乎！吾不忍也。」遂給扇與錢以優待之。

問：「諸子之書多矣，何獨於四子抄釋？」先生曰：「堯、舜、禹、湯、文、武之道賴周、孔而發明，周、孔之道賴顔、曾、思、孟而發明，顔、曾、思、孟之道賴周、程、張、朱而發明，此予所以獨留心於四子而抄釋之也。」

梓輩侍坐，見公子來，起。先生曰：「非禮也。獨不聞禮曰，侍於所尊，見平等不起。恐奪侍尊者之敬也。」

先生曰：「天下之血脈，皆吾乾父坤母之血脈也。昔予與一太守作序文，有曰：『一人有數子女焉，有醜者，有瞎者，有跛者，爲醜者多備裝奩，爲瞎者使學筭，爲跛者使學藝，各得其所。能如此人愛子女之心，以愛天下之民，則天下之血脈通矣，何萬物不得其所乎！』此始可謂爲孝子，爲仁人矣。易曰『體仁足以長人』，程子以手足痿痺爲不仁，其知此乎！」

涇野子内篇卷之二十五

門人潁川魏廷萱校正

門人　胡大器　録

春官外署語第三十三

文桂問：「安南不征爲上策。甚不得已征之，莫若起兩廣土兵，始與安南相攻伐，且糧草又便，熟知道路，然後可以奏功，其活百姓亦多矣。」先生嘆曰：「此等處置亦得宜。」王材曰：「西北邊上糧草每每告乏，何也？」曰：「邊上糧草仰賴陝西地方，小民肩擔驢馱，謂之窎運。某先人亦嘗親上邊粟。近來變而納銀，是以無糧草，不能濟急於一時，故古人貴儲粟。且古人立下法子，不可輕易改他的。此二件事乃今日南北之急務，爾們對策時須發揮出來，方是有用之學。」

曾、王二生問曰：「自承至教後，興起意常常見之，但不能發於事業爾。」先生曰：「興起意使是善念，只要勿忘。昔嘗謂某人見道於驢，某人見道於舟，舟、驢外無所不見，何患無事業乎！」

問：「今之守令亦有急急爲民者，未見甚效，何也？」先生曰：「那箇守令多是急急身上做的，或奉承上司，或刻罰下民，或辦理簿書而已。使其真有爲民的心，豈無效驗！故程子曰：『苟存心於愛物，於民必有所濟。』昔黄霸誠心在民身上，便知某處猪可以作祭祀，某處木可以作棺槨，如家事實實幹去，是以當時皆富庶也。求效驗不難，求守令如黄霸這樣極難。」

先生謂大器曰：「汝今户部歷事，見司官與同事舉人，要禮節有常，不諂不傲，爲他們起敬，便道在其中。」

大器與朱永年侍側，先生嘆曰：「古人明經修行，苟於此專務著，卓立不變，則與道俱化矣。」永年因言曰：「昔在鷲峯寺見一生，問曰：『程子云「養心莫善於寡欲」，此句淺近，莫若「理義之悦我心，猶芻豢之悦我口」好。』如何？」先生曰：「此古人替換法也。若專務義理上，欲不期寡而自寡矣，皆此意也。」

禮部李邦良陞衢州府知府，問：「前此四知府一時失位而去，甚難治。」先生曰：「此四知府者皆自失也。苟能正其身，雖不令而行，則民親之如父母矣，何患失位而難治！」

李惟中問：「近世作文，長篇漫說可厭。」先生嘆曰：「若教天下太平，必須文章斂華就實而後可。」程爵曰：「今之作文者未免壞心術。」先生曰：「苟作之者根據義理，如四書五經之言，自是實事，則心術由是而正。若徒字句上用功，如兩晉六朝之文，自是虛談，則心術便壞。」

有新任知府極衝要，問曰：「到任十日，迎送不絕，而於民間事全未理著。雖欲愛民，末如之何。」先生曰：「苟存心於民而勿忘，則迎送之處，皆愛民之地。」

渭崖說一生有天官材。先生問：「何以見之？」曰：「但看調和張、桂二家，他有手段也。」曰：「遨遊二氏之門，其人可知也。」曰：「不見其人，怎能知其才？」曰：「因其迹，論其心爾。」

大器回省休寧未一月，部堂上罰曠倍之，器心頗不平，曰：「似亦近刻矣。」先生曰：「此便是尤人了。他執法行事，怎知得汝數千里來爲親那樣心！」

先生問鄒茂卿：「貴處有楊月湖二程類編，如講誠敬作一處，講鬼神作一處，似此太支離了。聖賢之言，講誠敬便帶鬼神說，講鬼神便帶誠敬說。如古人編論語，就以『學而』名篇，孟子亦依此法。須如此方無病。」

先生說：「敝同年王蘖谷書云悟三易。某回云，易止是一箇易。有人說易道陰陽也，有言說天莫辨乎易，皆不是。易本爲人事設，故『立天之道曰陰與陽，立地之道曰柔與剛，立人之道曰仁與義』，借天地、陰陽、剛柔先發起，以見人之禀仁義，皆由天地、陰陽、剛柔中來，非外鑠我也。是以君子行此四德。故曰：『乾，元、亨、利、貞。』彖、象、文言若發未盡，繫辭中備言之，易本日用淺近事，無往而非易，只是後人看得高遠了。」

户部任良輔曰：「佐天資不美，悔吝日多。嘗書百忍字於壁，若忍過一事，則大圈一紅，喜之也；否則墨筆一×，戚之也。」先生曰：「悔固好，但不可久滯於胸中。且云忍，便有不忍者在。不若視人己爲一體，人有不及，卽憐惻之，斯可矣。」佐曰：「此達人之大觀，忍與不忍，不足言之也。」退而書諸冊，以識無窮之意也。

同時郎中來拜，欲旁坐，先生笑曰：「世間只有爵位，而無道義耶！」郎中笑而正坐。

吉安蕭轍與劉方興請曰：「方興常有私意不能除，奈何？」先生曰：「汝能養義理熟，而私意自除矣。」轍問：「顏子之樂如何？」曰：「知常人之憂，則知顏子之樂也。」

史起蟄與葛清拜老先生，蟄問佛老之學。先生曰：「明得孔孟之學，則知二氏之學矣。」問：「孔孟之學何在？」曰：「只是要仁與好問爾。」蟄又言清在牛首清苦，三箇月不下山。曰：「在家時，亦能如牛首三箇月方可。」

問：「自古天下任用非人則日入於亂。」先生曰：「昔二總兵論天下有事之秋方好立功，予應之曰：『寧使諸公不好立功，不可使天下有事。』天下有事，乃國之不幸也。卽昔日答陳思慎，曰不問人運而問海運意。」

大器秋中侍坐寅清堂，雷雨大作，起而曰：「天道反常。」先生嘆曰：「人事亦如之。」

解州耆老有書云，欲得老先生一字與王玉瓚，王方肯入書院。先生曰：「此正當爲善。化導鄉人，□□□□[一]可也。」

章詔與大器侍側，詔起曰：「學者只怕壞了心術。」先生點頭，指面前一枯樹曰：「人心壞了，就如此枯樹，安得有發生滋長意乎！」

一生曰：「今日到太平門外，因一監生被刑部官非刑加之，監生與那顯官親鄭甚不平，邀生輩與刑官一言。」先生問：「鄭居憂回幾日？」曰：「三日矣。」曰：「若此，顯官講他，刑官亦有言齟齬矣。」曰：「只爲不平。」曰：「不平固當講，只可央列位轉達在顯官。新憂不可舍己責人。」

[一] 此四字漫漶不清，不可辨認。乾隆、光緒本俱删此，作「化導鄉人可也」。

有生寄書云：「補廩官吏皆要錢，如何則可？」先生笑曰：「自家不可要別人錢。別人要錢，己的只可與他。」

先生謂張通判綖曰：「前日汝不欲做官，聚徒講學，甚好。然做官功業有限，而講學造就人材，功業尤大。」又曰：「古人高風，真不在言語文字之間。」

先生召諸生飲，其來有先後，先生皆禮貌之不倦。諸生欲辭去，乃留曰：「此亦要看得見列位有後來者，故不欲待耶？又安可先來而先去乎？」言未已，一生曰：「某還要到國子監去，恐天晚。」先生笑曰：「列位同一天，而汝有二天耶！」

江伯馨言：「馬通政權户部印，馬要坐侍郎公座，要司官堂上作揖，又要堂上說前件，司官又不肯從。老先生爲之處置得宜：司官堂上作揖，馬出公座地板外回揖；前件後堂說；公座另設於侍郎公座之下。」大器問：「實有此事否也？」先生曰：「然。某權吏部印，司官文書多判從之；惟吏們，不嚴謹恐誆騙人也。若司官自能了一司事，十件中有不是者看出一二件，體面自當如是爾。況堂上不當下侵細事，不然，設司官何用！如某公於文書一到，先自批了，著不下四司。才雖聰明，然於事體甚欠，初設司官爲何？」

老先生說：「羅整庵甚好。」彭用遷曰：「固有源流。乃羅老先生先好也，是以三子皆賢且貴宦也。有一子畜鹿，欲賣與官家丁祭，多得錢爾；羅老先生知其意，稱疾不起；三子跪稟，欲請醫，良久乃曰：『欲得鹿肉則疾好也。』有一子應曰：『男某有鹿。』即殺之，未用而疾瘳。其子愧悟。」先生曰：「用遷學問大進，乃一至此乎！」旁坐有二生驚問其故，答曰：「非平日用心力行，體認天理者，焉能記得此事！」

張通判來辭，與文仲芳同見老先生，大器侍側。張送詩呈看，看畢笑曰：「年已艾，還攻煉唐人詩句耶！若心馳騖乎此，甚害事。」張起曰：「陽明雖亦戒作詩，他又曰：『豪傑之士不爲沉溺，或遇友，或託物，亦間作之可也。』」大器曰：「伊川不作詩，於他無損。」先生曰：「不作尤高。」

九月九日，老先生召丘孟學、傅起巖、艾治伯與王良濟飲。大器早往北門橋同程君修登高，薄暮方歸。老先生曰：

「汝何來晚也？」大器曰：「步行遲遲爾。」笑曰：「汝習行故也。昔予同馬伯循去皇城內，清黃往來皆步行。伯循穿一雙破油靴，在他人甚不堪。孟子曰『必先苦其心志，勞其筋骨，餓其體膚』云云，程子解得甚好：『若要熟，須從這裏過。』」

先生問：「陳荷峰爲人如何？」大器曰：「巡撫江南時，貪官污吏聞風解印而逃。」曰：「昔見其常云，有一勢要常有書與他。某心甚不安。他做官好，不可以言廢人也。」

問：「今之學者，身爲不善，若罔聞知；到別人，於無過求有過。何也？」先生曰：「風俗至此極矣，可惡可嘆。如周、漢人恥言人過，今未之見也。」

先生每出遇人家子弟戴濂溪周子巾，大袖衣，成隊而遊，嘆曰：「此輩甚不忍看，周子何其多耶！今馬西玄拘來讀書甚好，縱不能讀經書，只讀得一本大學，少知道理，不至殃民壞法之極也。」

大器十三夜侍坐月下，老先生曰：「前時夏熱，諸友相會少，且受他們禮未曾答。昨日請過刑部，與大理寺諸友一敍，多朴實老成，言不能出諸口，我心甚喜。只與這般人相處最好。」明早，趙評事，山東人，爲父母求墓表，涕泣拜曰：「鯤讀書時，吾父望我中舉，既中後，父不存矣。母曰：『汝父不存，我存，猶汝父存一般。汝勉力中進士也。』既中後，母亦不存。」又泣曰：「鯤既叨門下，賴老先生表吾父母爾。」既而送出門，因謂大器曰：「趙于南年與某相上下，親喪三十年，言及之猶涕泣不已，只是一味躬行。即某昨夜與汝言之者也。」

先生謂王輿曰：「學者必須苦其心志，勞其筋骨，餓其體膚，凡百艱辛經歷一番，後來爲官，必能知民情苦樂，做出事業便好。先儒程子說得甚親切：『若要熟，須從這裏過。』某與馬谿田未嘗恥惡衣惡食，汝師法可。」

先生謂大器曰：「聞陳生尚在神樂觀而未去，使我連忙封書，豈是學問！劉元城作人自不妄語始。須樂與那周生兩箇人是一樣的。是以士人不貴講學而貴躬行。」

一生言南監生因祭酒甚嚴，滿監非議。老先生曰：「惟監生極難管，今又多良家子弟，尤爲難也。如某在北監，過三兩月人情方定。」一生曰：「某親見唐漁石做提學時，咸寧邑人就編成戲本，著封筒打到提學道去，這般生事。」老先生曰：「代州有王孝子廬墓，地出靈芝。那處有好事者一二人，作五龍王判斷蘑菇記題目，此與咸寧人作雜劇一般。蓋他原學不同，心不同也，亦不可謂天造。」

王輿問：「雅頌樂正，各得其所，指器數上講否？」先生曰：「也有本有末處也，有器數，也有情義處。必須於孔子論禮樂合而觀之可見矣。其曰：『禮云禮云，玉帛云乎哉！樂云樂云，鐘鼓云乎哉！』又曰：『人而不仁，如禮何！人而不仁，如樂何！』及至語樂師，曰『始作翕如也』云云。夫仁比鐘鼓章更大，鐘鼓章比語太師樂章更深。」因問「文質彬彬，然後君子」。曰：「亦須觀孔子論文質處。其曰『則吾從先進』，又曰『吾從周』，又曰『禮，與其奢也，寧儉』，答顏子曰『行夏之時』云云，可見文質彬彬非相等。蓋質勝文固野，若文勝其質，則又史矣。野只是無文采而已，史則是無情實也。參互考訂，則輕重本末彰彰矣。汝們早夜思之，動靜體之，有得後，則說話不得錯，行事不得錯，百姓也安，國家也治。」又曰：「惟顏子可以語此，蓋有仁爲之本也。」

王獻蓋問：「四書註不可不讀，如何？」先生曰：「不讀註固不可，溺於註尤不可，只要自得。故朱子亦曰：『先註四書，後又有或問，後來註熟了不要，又後連或問不要，久則連經文不要。』言於是，行於是矣。昔者朱子送蔡元定，赤足過山，血出不顧，豈非躬行君子哉！看註與或問者，曾到此耶！」

或問：「有一官昔忤張羅峰，云：『願明公息怒，宰相腹中容得船過。』羅峰又怒曰：『若糞船也容得過耶？』」老先生聞而笑曰：「奚不曰『容得糞船過，方謂宰相量』乎？」

霍公家訓採取古孝弟廉節故事，編列在後。一日送老先生看，及升部。老先生謂之曰：「子豪傑不羈之士也，及其家訓，亦採取此腐儒之事乎！」渭崖笑而不言。良知發見，自不容已如此。

老先生會審要囚回，大器問：「有疑獄否？」曰：「多是三法司主定了。昨衆人縱說有疑獄，彼便說情真罪當。某云，當從衆可也。則又說，曾一奏請定奪了。某又云，若如此執定了，又何必云會審耶！前日避人事，在部中看揭帖，今早臨行又看一遍，蓋爲干係重情爾，臨期有見，不得不言。」

涇野子內篇卷之二十六

門人潁川魏廷萱校正
門人建昌王材　録

春官外署語第三十四

材問：「『信而好古』，孔子之所以爲聖也。故學莫貴於信道之篤。學無前進，凡以斯之未信而已。然嘗至於朱子而疑之，其告君必以格致誠正，自謂平生所學在是，可謂篤信之學矣；然而當時莫能售其言，後世未免譏其泥，無乃非所謂信乎？」先生曰：「亦是信，但少變通爾。」曰：「無乃信之之過，將入於『必果』、『必信』之歸乎？」曰：「信果之信亦是。孟子告君，便不是如此。大抵正君處是仁，作用處卻須智。」曰：「『惟大人爲能格君心之非』，朱子恐尚未大也。」曰：「難說未大，蓋亦不曾得近君之位，立朝四十七日爾。」

材問：「自古聖賢皆有用心之說。夫心者一身之主，萬用之所由出也。而謂之用，不知用之者何物乎？豈用一心，而用之者又一心乎？」曰：「人心要做得主宰，忽忽茫茫，心不在此，此是不用心。用心只是敬。」曰：「今有用心於他技者，亦謂之敬乎？」曰：「此所謂錯用心也。」

材問：「趙苞全城而失母，當其時，孝則不忠，忠則不孝，甚有難處者。或謂姑以城降，俟得母而復圖城，則兩全矣。材以爲母得而城可必復，如其言可也；城降而或不可復，則忠孝兩失，如之何？」先生曰：「昔潞州有仇時茂者，寇將至，使其族人婦女皆入城。寇至，問時茂借馬，曰：『不得，室且焚。』時茂曰：『室可焚，馬不可得也。』室遂焚，族屬卒不及於害。易曰：『君子以思患而豫防之。』趙苞不能豫處其母於無虞之地，及其爲虜所得，則亦未如之何已。」又曰：「今人有事邊鄙，果有致身爲國、馬革裹屍之志，則家屬或不同行可也。」

先生嘗述仇時茂以其俸爲鄉中諸善人製深衣冠，可謂好古樂善者矣。

因論及孔子曰「吾豈匏瓜也哉，焉能繫而不食」，王材曰：「此處恐非孔子不可。」先生曰：「是。如楊龜山因蔡京〔一〕出來，便不曾成得事。」材曰：「是必先量在我者，有以化導得他方可。」曰：「不但化導，卻要誠，使人信。彼既真信我矣，道纔得行。」

材問：「祠堂神主之次，宋儒禮以西爲尊，今皆如賓客坐次，以中爲尊，是否？」先生曰：「禮『時爲大』，以中爲尊是也。古禮廟主皆東向，今朝廷太廟亦南向。」

一日因感時雨，材曰：「聖人時雨之化，恐不止是顏、曾，凡因善而長，因失而救，皆是時雨。」先生曰：「此是爾資質所到。如今日之雨，豈但禾苗種之美者得其益，凡園中蔬果之類皆沾被也。聖人啓憤發悱，反三隅而復，皆是時雨。」

材問：「『必有事焉，而勿正，心勿忘，勿助長也。』見朋友記先生語『勿忘』云：『若坐馳了，卻是忘心，不可。』竊意既謂之『必有事』，又何坐馳之有？」曰：「此記者誤也。『必有事』以『集義』爲事矣，若爲他念牽扯，便是忘。『勿忘』即是不息，不息最難。」材曰：「『必有事』即是『有爲者譬若掘井』，『勿忘』即是『掘井九仞，而不及泉，猶爲棄井也』。」曰：「是。」

材問：「『君子之道，淡而不厭，簡而文，溫而理，知遠之近，知風之自，知微之顯。』先生皆以資質言，恐不皆有此資質，亦要學力也。」先生曰：「是資質。無此資質者，却要學力，先變化氣質也。學要誠；爲己，誠之基本也。然雖是爲己，而無那明，亦不可，故又要明；知幾，明之基本也。『知風之自』三句最好，體認風是何等風，譬如外面有箇毀的風，便知此是我某事處有未當；有箇譽的風，便知此是我某事差强人意。知得此，方能『不怨天，不尤人』，方肯慎獨做工

〔一〕「蔡京」原作「秦檜」，據四庫本改。

夫也。」

材問：「『操則存，舍則亡，出入無時，莫知其鄉，惟心之謂與？』程子曰：『心豈有出入，亦以操舍言之爾。』材竊謂以心之軀殼言，固無出入；若以心之神言則有，所謂『仰面貪看鳥，回頭錯應人』者矣。嘗見役志於碁局者，賓客亦不知禮；馳心於文藝者，飲食每失其正。豈非神著於物耶！要在時時省察收斂，不容一物，使此心明鏡在此，妍媸隨物以應，而不逐於物。然後爲常存而不出也。不知是否？」先生曰：「是。」

材問：「『貧而無諂，富而無驕』，『未若貧而樂，富而好禮』。如今做工夫，却從樂與好禮上做，還從無諂無驕上做起也？」先生曰：「既知道無諂無驕不如樂與好禮，便從樂與好禮上做。」

材問：「程子云『人有篤志力行而不知道者』，或謂此言爲司馬溫公發，然與？」先生曰：「程子亦曾言司馬公不知道，但此言恐不專爲司馬公發。如聖門子路何等篤志力行，夫子亦不許其知德。」材曰：「此等處，還是不曾見得那一原處用功否？」曰：「是。溫公事我嘗論來，他亦可謂近道，難謂之全不知也。但不免有意、必、固、我之私，所以蔡確小人便得以行其迎合之計。學者心事須要如青天白日，都照得到，不要被他侵了我本原，動了我柄欛。若程子見識比司馬便自大，那聖人作用處他都見得了，當時就料得司馬有此事，若他來用自不同。」材曰：「此正是全體妙用。」先生曰：「然。」

因講爲仁，先生曰：「汝看帝堯『其仁如天，其知如神』。然當時四凶却也在朝，只是不柄用他。我常說，君子以厚德載物，譬如山林，麒麟、鳳凰也生，虎豹、虺蛇也容，只是不相害。嘗記馬伯循論『及其使人也器之』，論得好，如聾者司火，刖者司門，瞽者跛者各有所用。」材曰：「此正是聖人無棄人。堯時四凶不去，想是在廷君子多了，他亦不能有爲，故堯且容之；至其惡稔罪大，則舜不得而不去之矣。左傳却謂四凶堯不能去，八元愷堯不能舉。他將扶舜，便要抑堯。」先生曰：「此左氏所以爲不知道也。」

材問：「祭止高祖，禮之制也。宗子世數多速，及如宗子易世，而高祖之上當祧；有叔伯父者，視高祖以上之祖猶爲高、曾也，則將祧之於彼以祀之也乎？」曰：「祧之於彼而祀之，禮也。己親盡，彼親未盡也，可以己而絕彼乎？」曰：

「苟於彼也亦親盡，則祧矣。祧而藏之於墓所，禮與？」曰：「禮也。」

初旦問於材：「言祠堂之祭，可及伯叔祖父母、伯叔父母否？」材應之曰：「繼別爲小宗，伯叔祖父母、伯叔父母自有爲之祭者矣。其可祭者，其子姓同居與無後者乎！」問於先生，先生曰：「是也。然初氏聞其族人亦多支庶，有不能祭者，爲是而不忍，啓東之厚也。吾嘗謂父母之多男子者，衆子貧，一子富，富者豈可以衆子之貧而缺父母之養哉！伯叔父母有不能祭者，聚其子孫同祭之可也。」

材問：「孟子云：『天時不如地利，地利不如人和。』只此二言，省了多少兵家説話！孔子所謂『我戰則克』，其道想亦是如此。」先生曰：「然。看來只是要得人心，就如程子云『今將數千人，能使依時及候得飯喫，亦是難事』，左氏所謂『三軍之士皆如挾纊』，此是人和。至於『昔日之羊，子爲政；今日之事，我爲政』，雖有天時地利，何所用之！」材曰：「就是吴起所以成功，亦是能與士卒同甘苦，但此恐還是第二著。」先生曰：「是。教之孝弟忠信之行，務農講武之法，是第一著。若夫凶年饑歲，使老穉轉乎溝壑，壯者散而之四方，則所謂『夫民今而後得反之』矣。」

材問：「『一鄉之善士，斯友一鄉之善士。』註曰：『言己之善蓋於一鄉，然後盡友一鄉之善士。』夫在我之善既已蓋於一鄉，則一鄉人皆將來友於我，如晦翁之云，恐非所以論於我之取友也。」先生曰：「然。蓋言能友一鄉之善士者，乃成一鄉之善士也。其要只在心虚，若先有一毫自是自足之心，則善斯不可入矣。便是爲人君者，位已極高，勢已極隆，若不是虚心樂善，則天下之善何由而至！故曰『匹夫匹婦不獲自盡，民主罔與成厥功』。」

因論伊尹，王材曰：「觀伊尹方其在有莘之野，辭受取予一介不苟，其仕湯也，必待三聘之誠。處則樂堯舜之道，出則欲天下之人匹夫匹婦咸被堯舜之澤，此其道已不下於孔子矣。而孟子等之夷、惠，乃若是班乎？」先生曰：「子言是也，伊尹於夷、惠爲大矣。但方諸孔子，少不及爾。」材曰：「仲尼自無轍迹，伊尹不及者，其惟有迹乎？」先生曰：「然。」

有建言人材須於巖穴中求者，先生曰：「此説亦偏。今日尋吴康齋輩，恐亦少矣。即閑散之任，罷黜及致政之官，其中何嘗無人！」材曰：「前時科目未盛，故有康齋輩。今國家承平既久，科目之途多矣，所以山林全德亦少，而科目亦不可盡謂無人。」先生曰：「是。」却説康齋將安貧的事昨〔二〕日記，其學不可當，後來陳白沙亦不及康齋。材曰：「看來邵康節、陳白沙之樂，似尚與孔、顔之樂微有不同。」先生曰：「然。孔、顔之樂，只憂處解下來便是樂，故曰『發憤忘食』，曰『樂以忘憂』，曰『樂以天下，憂以天下』。」材曰：「如今言樂，却是推開了事去樂。」先生曰：「其流之弊，便是晉人竹林之風矣。」

材問：「『盡其心者，知其性也。知其性，則知天矣。存其心，養其性，所以事天也。』朱子謂前節爲造其理，後節爲履其事。竊謂孔子不惑知命，必於四十五十言之，學至於盡心知性知天，則已窮神知化，與天爲一矣，如是而後存且養而履其事乎！陽明公以前節爲生知安行之事，次節爲學知利行之事，如何？」曰：「朱子之説是也。陽明以末節爲困知勉行，不然。蓋人所最惑者，殀壽也；至於殀壽不貳，修身以俟之，則命自我立矣。到命自我立處，知天事天又不足言，此乃是至極。」「然則『知天』與『五十而知天命』不同乎？」曰：「不同。彼是兼行言，此只是知。」

材問：「二南何以皆婦人之詩？如『嘒彼小星』便説行役，丈夫雖勞而安命，未爲不可。」先生曰：「『抱衾與裯』一句，還是婦人之詩。天下易私而難化者惟婦人，婦人既化，丈夫可知矣。此文王刑于之效也。」章詔曰：「堯之試舜，亦自二女始。」先生曰：「文王之道，便自堯舜傳下來。故孔子教伯魚曰：『人而不爲周南、召南，其猶正牆面而立。』蓋就是夫婦之間，一步不可行矣。伯魚以是傳之子思，故子思曰：『君子之道，造端乎夫婦；及其至也，察乎天地。』」

材問：「射禮延射云：『敗軍之將，亡國之大夫，與爲人後者，不得入。』夫爲人後者，自是昭穆應繼，不得已而爲之，何以與敗軍之將、亡國之大夫等？」先生曰：「此爲人後，當是異姓養子之類，背父離母，失其家矣，與敗軍亡國者又何異也。若同姓爲後，禮經有明徵矣。」周璞曰：「註疏謂與爲求。」先生曰：「此説更明，可見古註疏不可不讀。」

六月二十六日，先生宴於玄真觀，王材問字焉。曰：「舊字『子卿』，心所不欲也，請更之。」先生笑曰：「卿相未爲不

〔二〕「昨」字疑爲「作」之誤。

好也。苟問本原，則以德；如問勉勵，則以難。」材曰：「德則有所諱，謂之難，則材方以材爲不足也。」先生曰：「不足者，今世之見也。難也者，古人之才也。唐虞之際，於斯爲盛，孔子猶嘆其難矣。甚哉！難易之間，不可不辨也。生民之休戚，天下之治亂，皆係於是。知其難，則所謂材者，古人之材也，生民於是乎休焉，天下於是乎治焉。止於易，則所謂材者，末世之材也，生民其戚而天下其不治矣。」胡大器曰：「古之成材也易，今之成材也難。」材退而嘆曰：「先生之所教者切，而所期者遠矣。乃孺道復加勉焉，某敢不其難其慎，以求無負於今日也哉！」

往年馮御史之獄，張廷尉具疏欲救之，問於寇涂水，曰：「此徒足以成子之名，而不足以救子仁。子如誠意於救子仁也，則非此可能也。」張問計，涂水曰：「此必會同三法司，請於汪誠齋、張羅峰，使意出於彼，事乃可濟。」張從之，子仁免於死。先生嘗稱涂水之能成事也。材曰：「大都必是不爲一己之名，而後可以濟天下之事。」先生曰：「事勢變遷又不常。亦有本不爲名，然卒止得名而事弗濟者。至若壹意於委曲濟事，此處恐又有病。」材曰：「蓋行權所以濟經。苟至於屈身，則又不可以不伸道。」先生曰：「然。」

章詔問：「自古難事之主莫如武后，而狄梁公克濟其艱。後世無是主，何爲之臣者卒無復見梁公輩？」先生曰：「不可謂無也。武氏事與呂氏同。呂氏當時周勃、劉章掌南北軍，權在劉氏，但用周勃，卻出高帝之見。狄梁公時有張柬之、桓彥範、崔玄暐、袁恕己、敬暉等，羽林軍屬他掌，唐之羽林軍猶漢之南北軍也，此卻是梁公能用人。其告武氏曰：『姑與母孰親？未聞姪爲天子而祔姑於廟。』此是通他明處。」

武功生員楊津重録

涇野子內篇卷之二十七

禮部北所語第三十五

門人潁川魏廷萱校正
門人　王獻蓋丁酉録

獻蓋問：「諭解州略載君親師固四拜矣，伯叔、外父母、母舅亦然者何？」先生曰：「伯叔，父所同出；母舅，母所同出；外父母，妻所自出；故四拜。二拜則同於常人矣。」曰：「服何以不同也？」曰：「服雖不同，拜不必拘。古者父母亦再拜，又問安再拜，後人一齊拜了，故四拜。會典載伯叔等亦四拜，兼情與分而制之也。」

獻蓋問：「『人莫不飲食，鮮能知味也。』飲食卽道否？」先生曰：「這還是譬喻，如『誰能出不由户』一般。」「所以不知味者何？」曰：「只是不察耳。觀鄉黨載夫子之飲食，及曲禮所載飲食之節，便知知味之旨。故我嘗謂，飲食知味處亦便是道也。如孔子食於有喪者未嘗飽，食於少西氏而飽，這便是知味。如前兩生飲鷲峯僧茶亦是。」

先生曰：「人皆可以爲君子，豈惟乾、道中有二程夫子，淳熙中有晦庵夫子？人只爲私欲，起了藩籬，生了物我，有了親疎，立了異同，胸中皆是一團私意，故不能爲君子。若能隨事精察，漸漸克去，撤了這藩籬，忘了這物我，知了這親疎，合了這異同，視天下之民毛髮骨爪、疾痛疴癢與我相關，便可以爲君子。故曰：『一日克己復禮，天下歸仁焉。』」獻蓋曰：「一日克己復禮，天下如何便歸仁？」先生曰：「天下歸仁不難，只是難得一日克己復禮。如顏子三月不違仁，還不筭他是一日克己復禮也。一日是舉成功之日言，前面不知用過多少工夫，不是一日纔克己復禮，天下便歸仁。歸仁就是天下歸之。如今只是沒有箇克己復禮的人，若有這樣人，如文王一般，伯夷便自東海而來，太公便自北海而來，天下豈不歸仁！」曰：「巖穴孤寒之士能克己復禮，而不能行養老之政，如何？」曰：「天下亦歸之，七十子之於孔子是也。」

獻蓋問：「心多雜念，以爲非，則亦有近正者；以爲是，則此心擾亂甚矣。如何則可？」先生曰：「程子門人亦嘗有此問，其故只是助長，亦是不得真知。真知若得，則雜念不生。故大學說『知止而後有定』。立不思坐，坐不思立，心中自然寧靜。」

獻蓋問：「戒慎不覩，恐懼不聞，亦已密矣。朱子謂『自戒懼而約之』，如何？」先生曰：「此語亦分析了。『致中和』只是戒慎、恐懼工夫，做到『純亦不已』地位便是。然必須聖人在天子之位，方能如此。故列於朝者無一人之不正，見於行者無一事之不當，然後天地位，萬物育。」曰：「『不動而敬，不言而信』，卽戒懼否？」曰：「亦是。這不動不言處，正可以觀人德行。易曰：『默而成之，不言而信，存乎德行。』故人不必言，而其所養自見。若自言我能用功，我能涵養，其德行亦薄矣。」

獻蓋問：「學者必先致知否？」先生曰：「不先致知，則德忠朝夕往來爲何？」「先道理乎？先人事乎？」曰：「除了人事。焉有道理！」

獻蓋問：「禮記是漢儒所作否？」先生曰：「董、賈，漢儒之最優者，董子及新書果有此筆力否？還是孔門所流傳者。」

獻蓋問：「家語果孔門之言否？」先生曰：「亦是。精者爲論語，粗者爲家語。」

獻蓋問：「成物是知之明而處之當否？」先生曰：「須那物成，方是成物。」曰：「堯何以不能化其子？」曰：「書稱堯『克明俊德，以親九族；九族既睦，平章百姓』。夫九族俱睦，只有一子不化，你說他是睦不是睦？丹朱不肖，不害其爲成物也。」

獻蓋問曰：「禮，庶子祭其母於私寢。蓋母早喪，嫡母在堂，既不可祔於廟，又兄弟同居，別無私寢，如何則可？」先生曰：「子亦不必別求私寢，只子平日讀書處立一主，祀之可也。」曰：「先母之喪也，蓋方八歲，未能立主。茲欲立之，書顯妣，恐同於嫡。登科録書生母，蓋欲效之，如何？」曰：「可哉。」

獻蓋問：「一日痰火上作，靜坐少頃，火退，胸中若有所得，如登高山然，此流於禪否？」先生曰：「這便是存養，非禪也。」曰：「雜念常起，雖拂去，東滅西生，如何則可？」曰：「亦當漸漸克去。這欲非由一朝 夕胎生之，始已有此種子，自後日增月長，雖陰陽寒暑，便入於我皆成私欲；積之以數十年，而遽欲去之於一旦，不亦難乎！須要以漸，如煉丹者，用文武火始得。只要把這欲盡數克去，如脫胎換骨方好。伊尹說『使先覺覺後覺』，便是這箇道理。彼人迷於欲，而覺之使正也。如人方睡，而覺之使醒，那睡得淺的人，叫他一二聲便醒，那睡得重的人，叫他四五聲還不醒。」

獻蓋問曰：「聞教後，一時便欲己盡克，禮盡復。家兄德仁因謂之曰：『克己如防〔一〕水然，遽四面絶住，鮮有不泛溢旁出者。先築三面，待水少殺，始可盡絶也。』如何？」先生曰：「亦是。但築堤防者，雖築三面，工夫不繼，餘皆傾倒矣。必漸漸築去，工夫不閒，方能有成。雖聖人『純亦不已』，亦只是這箇工夫。」適有一辦事官送手本，言語張皇，舉止錯亂。既退，先生曰：「看來只要心存。這辦事官由心不存，故言動如此。夫子告子張曰：『言忠信，行篤敬』，『立則見其參於前，在輿則見其倚於衡』。這便是心存。」

獻蓋問：「意誠亦難矣。大學意誠後猶云『心不在焉』，何也？」先生曰：「此問甚好。誠意是辨其孰爲善而實好之，孰爲惡而實惡之。意誠則所好皆善矣，但未至而迎，已去而留，雖善猶未能。中心不在者，心不在於中也；不中故視不見，聽不聞，食不知其味，身不可得而修矣。」

獻蓋問：「古禮可一一行否？」先生曰：「在得其意，不必泥其迹。程子曰：『生民之理有窮，聖王之制可改。』非見理之真者，不敢如此說也。易『窮則變，變則通，通則久』，故行禮須要變通。先儒之言，亦有不可行者乎！」

先生曰：「學者須求自得處。」

獻蓋問：「處人之道，嚴毅與和易孰愈？」先生曰：「和易須從嚴毅入。或問學明道與伊川孰愈，我說學伊川熟後，

〔一〕「防」字原作「坊」，本節下文「堤防」字亦同，均據乾隆本改。

便是明道，不是兩箇。不然，惟遷就以求悦人，則爲胡廣矣。」

獻蓋曰：「惡惡太嚴如何？」先生曰：「亦是好心，但君子於小人不惡而嚴。易曰：『鼎有實，我仇有疾，不能我即，吉。』若嚴毅，則雖有惡人不能我即，何必惡之已甚。且天下之人皆吾一體，大舜於頑讒尚欲並生，況其他乎！故君子見人不善，便憐憫之，引誘之，使入於善，豈忍惡而絶之！須要有這樣心腸。」

獻蓋問：「孟子於季子、儲子之幣受之不報，何也？」先生曰：「想當時亦交之有名。觀『後車數十乘，從者數百人，以傳食於諸侯』，便見孟子蓋以繼往開來自任。故交以道，接以禮，如『餽鑴』、『聞戒』皆受之。若子思則不同，他説：『伋雖貧，不敢以身爲溝壑。』」「今之以禮來餽者，受之可乎？」曰：「只看他有故無故。先人有言，無故而餽我者，必有故也。無故則不可受。」

獻蓋問：「孔子三月無君，胡爲乎皇皇如也？」先生曰：「聖人見天下陷溺荼毒，性未復，生未遂，皇皇然要出去救他。蓋其民胞物與之心，視天下疾痛疴癢與己相關，故如此。學者須要有這樣心腸。若他人之汲汲於仕者，蓋爲富貴利祿計耳，故曰『同行異情』。」

獻蓋問：「商賈亦可爲否？」先生曰：「商亦無害。但學者不當自爲之，或命子弟，或託親戚皆可。不然，父母、妻子之養何所取給！故日中爲市，黄帝、神農所不禁也。賤積貴賣，子貢亦爲之。但要存公直信厚，不可刻薄耳。」

獻蓋問：「庶子之母死，嫡母在，可終喪否？」先生曰：「於古則不敢，於今則無制，終喪是也。」

獻蓋問：「孔子曰：『生，事之以禮；死，葬之以禮；祭之以禮。』孟子則曰：『養生者不足以當大事。』其亦有爲而言乎？」先生曰：「孔子之言，爲僭而過於禮者發也，固是周備。然養生之禮今日未盡，明日猶可補；若送死則不同，凡附於身，附於棺者，一有不至，不可復補矣。子思言『必誠必信』，不可使有後日之悔者，此也。」獻蓋曰：「送死固不可補。若病時不能盡禮，後雖廬墓何益！然平居亦有禮，苟不能盡，病雖割股，亦不足爲孝也。故孔子論孝以生事爲首。」曰：「此固探本之論，然孟子之言亦不可不知也。」

獻藎問：「古人云治家須書百忍。夫貪昧隱忍，如受爾汝之稱者，孟子比之穿窬，何也？」先生曰：「我嘗爲山西五世同居者作同心堂記，言張公藝九世同居，只是一忍；宋花樹韋家有會族約，皆是難得。但忍猶見人有不是處，中心不能受，故忍；會約因有不合，故會。皆其心不同故也。心同便不見人有不是處，亦無離異，何必忍，又何必會！故治家之道，亦不在忍。書曰：『有容，德乃大。』彼婦人小子不曾讀書，不知道理，安可一一責他！故君子居家，須是能容。」

獻藎問：「書以達情，世多揄揚，可乎？」先生曰：「朋友相處，須要規勉，不可揄揚。心中又要光明，不必避嫌。試觀唐虞之時，君有言，臣則曰『吁』，臣自言，則又曰『都』，何等光明！惟孔門還有此等氣象，如子路以夫子爲迂，宰我以食稻衣錦爲安，後人安得有此！故程子言看論語要識得聖賢氣象，眼前氣習須要脱去。」

王獻藎戊戌録

張仲文曰：「賜『與回也孰愈』，夫子見子貢方人，故以此問。欲其知顏子是心學，不是聞見上用功。子貢不悟，乃曰：『回也聞一以知十，賜也聞一以知二。』還滯在聞見上，故夫子曰『弗如也』。」獻藎曰：「『孰愈』之問，固因其方人，舉顏子將以勵之也。聞一知十，聞一知二，以資質論，子貢之言未爲不是。夫子『與女弗如』之説，亦無貶辭，不當以『夫我不暇』之言例看。」先生曰：「仲文之言，據子貢初年而言也；德忠之言，據子貢成德之後而言也。子貢初年，亦有不足處，若説『回也聞一以知十，賜也聞一以知二』，亦説得是。聞一知十，不止是資質，蓋自博文約禮中來，子貢推測而知，故不及顏子。」仲文曰：「子貢專主聞見，與後世記誦博覽者同，非博文也。」先生曰：「亦難説子貢不是博文，但約禮的工夫未至。及後來知得性與天道在文章中，亦不是尋常的聞見。張子曰：『德性所知，非聞見小知而已。』此言固是，亦太高了。比如伏羲是開闢以來第一箇聖人，他亦不曾廢聞見，仰則觀象於天，俯則觀法於地，觀鳥獸之文與地之宜，但他遠取諸物，必近取諸身。而今人索隱窮奇，將天文地理之類無所不考，非不遠取諸物，然不肯近取諸身，畢竟何益！故大學言格物致知，必曰『壹是皆以修身爲本』。」

獻藎問：「魯禘非禮，夫子不欲觀。如得魯政，將何處而可？」先生曰：「如用夫子，當必革去。」曰：「天子之賜，如之何？」曰：「夫子必有處，如在衛正名之類可知。」曰：「陽明公嘗謂『夫子爲政，必使輒讓父而父固辭』，然乎？」曰：「聖人過化存神，不難於化，難於用耳。如弗擾、佛肸之召，夫子亦欲往，曰：『如有用我者，吾其東周乎！』況衛輒，寧有不可化之理！輒既化，而蒯聵豈有不化乎！如此類，當思其作爲如何。」

張仲文論岳飛當克復舊物，奉迎二帝，不當班師。獻蓋曰：「人臣以君命爲重，功名不足計也。孔子『君命召，不俟駕而行。』班師爲是。」仲文曰：「聖人自有過化存神之妙，不當以聖人來說。」先生曰：「仲文議論儘高，但論事須求中道，如何說不當以聖人來說？岳飛乃百煉之鋼，只是還不能自信。如伊尹便自信得過，放太甲，誰人敢做？他便做得。天下之人皆不疑他。後來反太甲，太甲亦不怨他。這樣事業從那裏得來？從一介不取予上來。聖賢的工夫，只從這細小隱微處做起，後來功業便是這樣博厚高明。岳飛只是無伊尹這樣功夫，故做不得這樣事業，能如伊尹，何必班師！」

仲文問：「太史公言，詩三百篇皆可播之管絃，以爲宗廟樂歌。若鄭、衛之詩，恐不可播之管絃也。」先生曰：「學者只當信經，史則不可盡信。如變風、變雅皆不可播之管絃，聖人存之，以爲後戒耳。若論樂歌，則漢魏以來之樂府曲辭，皆可播之管絃也。」

獻蓋問：「徽之宗祠，一族之主咸集，其椅卓盃筯徧設，則地不能容，或有局定而不加減，又甚簡褻。若只祀始祖及高、曾、祖、考之大宗，然其所費又多；取辦於支子，而其祖考不與情，如之何？」先生曰：「所祀惟始祖及高、曾、祖、考之大宗爲是。若羣主畢聚，於情則不親，於禮則不嚴，當各祭諸私寢。且始祖衆所同出，立春祭先祖，先祖亦所同出，皆支子所當祭者，亦可以伸其敬矣，何必其祖禰在此，而後爲之！若主祭則不拘宗子。」曰：「於禮則不嚴，是矣。何以謂於情則不親也？」曰：「親言乎其仁也，嚴言乎其義也。既有我之高、曾、祖、考，又以他人之高、曾、祖、考混之，其對越之情斯不親矣，其可乎！」

問：「浩然之氣如何？」先生曰：「這却難說。孟子曰：『難言也。』他說難言，便見他實有此浩然之氣。何以難言？這箇氣至大至剛，不是小可的，若能直養而不作爲以害之，便塞乎天地之間，那裏到不得！夫人以眇然之身而能塞乎天地之間，此氣是何等樣大，豈不是難言？然這箇氣亦不是光光的一箇氣，配合著這箇道義，所以能塞天地之間。若無道義，只是箇血肉之軀，卻便餒了，怎麽能浩然？惟氣配義與道，故養氣者須要『集義』，今日集一義，明日集一義，久之則自反常，直不愧於屋漏，可以對天人，可以質鬼神。至大者由此而生，至剛者由此而出，然後能塞乎天地。不是只行一事，偶合於義，便可掩襲於外而得之。若『義襲』的，他心中未免有歉，要行卻趑趄，要說却囁嚅，此氣便餒矣。告子元不知義，以義爲外，便不能集義，如何能養得浩然之氣！集義如何？只是『必有事』，如見一箇人，便思他是正是邪，當敬當遠；遇一件事，便思是義是不義；一念之動，便思是正念是邪念；無一時無事，這方是有事。又不可預期其效，如夫子與樊遲說『先難而後獲』，正是此意。又不可忘其所有事，如夫子終日不食，終夜不寢，發憤忘食，樂以忘憂，不知老之將至，只是這箇工夫。就是文王之『純亦不已』，周成王之『學有緝熙於光明』，也是這一般學問。又不可助長，如做得一件事，便要當了百十件，做得一日工夫，便要當了百十日，卻是『義襲』，如何使得！故『勿助長』。看來孟子實落在此做工夫過來，故說得親切，學者亦當在此做工。就是大學的工夫亦與此同，他說『格物』，便是這『必有事』一般。」

獻藎問：「把持此心，猶不免有雜念，如何則可？」先生曰：「我亦無法。涵養之久乃可，如何一時便要做到聖人！」獻藎曰：「收斂容貌易，收斂此心難。」先生曰：「雖然，程子亦云：『未有箕倨而心不放者。』」

先生曰：「看書有所見，可來一講。」獻藎曰：「博學而後可審問，慎思而後可明辨。且五經四書與周程張朱已發之於前，又先生於諸友講明於後，在今日只少篤行耳。」先生曰：「也說得是。然亦逐漸講明，逐漸去行始得，豈有待五經四書〔一〕盡博學了，而後行之邪！然亦須用力，『有能一日用其力於仁矣乎？我未見力不足者』。只看人用力不用力耳。你說用力當在何處？」獻藎對曰：「言語躁妄，心志不寧，皆是貪心所使，欲用力去這貪字。」先生曰：「貪却不妨，欲仁而得仁，又焉貪！惟恐你不貪，只要工夫不間斷。故孟子曰：『必有事焉而勿忘。』所謂用力，不在別處，只要學仁。彼人

〔一〕「四書」以下，至「獻藎曰獻藎」止，原脫，據乾隆本補。

之心，元與天地一般大，只爲有己便窒礙了。須要使吾心中生意常常流動，『出門如見大賓，使民如承大祭』，與凡處朋友，會親戚，待僮僕，這箇道理皆在這裏。如古人看見一箇鳶，便如天一般大；看見一箇魚，便如淵一般深。眼前皆是這箇道理，流動不息，無有窒礙，胸中何等快樂！榮顯也不見得榮顯，寂寞也不見得寂寞，只見得我這裏面是這樣美，是這樣大，是這樣富，是這樣貴，外面那些富貴，那些勢力，那些功名，都如浮雲一般，那裏見得！故孔子說『好仁者無以尚之』，這般滋味惟是孔子曉得。好，欲也；尚，加也。誰省得怎麽無以尚之？惟孔子便『發憤忘食，樂以忘憂，不知老之將至云爾』，於天也不怨，於人也不尤，『疏食飲水，曲肱而枕之，樂亦在其中矣』。若不是經歷過，如何實見得這樣滋味！我嘗有詩云：『登山見嵯峨，航海知汪洋。試與居者論，翻然斥吾盲。』可見事必經歷過，然後知之真也。須在此處用力。」獻蓋曰：「獻蓋亦嘗自勵，雖不在先生之側，如見先生一般。」先生曰：「若是又窒礙了，還要流動。比如見一箇皂隸也如見一箇聖人，見一箇守門的也如見一箇聖人，不管見甚麽人都是如此，方纔生意流動。若只思量見我，便窒礙了。凡窒礙處，便要開闊，使常常流動，方纔快樂。此意要常常體驗，不可發露出來。或驗之於夢寐，或驗之於飲食，或驗之於衣服，隨處體驗，自有所得。」獻蓋曰：「發露乃獻蓋之深病，敢不努力克去。」先生曰：「發露亦不妨，只看當發露不當發露，一向隱默著亦不是。」既而曰：「爲學還要力行。論語中顔子不曾有甚言語，却稱他是德行第一。閔子、伯牛、仲弓言語亦少，只是德行，都列在前；子貢、子游、子夏也不知說了多少，却列在後。又如子路，小國只要他一言，便不消盟得。他何曾多言，人卻是這樣信他。易曰：『默而成之，不言而信，存乎德行。』人只是重厚篤實，人便信他是有德行的；若徒高談闊論，其爲害亦不細，雖謂之邪說可也。」獻蓋曰：「『孔子於鄉黨，恂恂如也，似不能言者。』叩其中，何所不有？故作僞者高談闊論，一時或可以欺人者，久則人皆看破；務實者一時人雖不知，久之無不知其爲君子。」先生曰：「這樣說話，還是在外的心，終不能不發露出來。夫子說『夫我則不暇』，只思自己當爲的便行，那裏管後面人說好不好。」獻蓋曰：「信乎人當反求諸己。獻蓋嘗見人之惡，忿然惡之。少頃，反而自省，其氣遂平。乃知人之資質皆有明處，若用心於求人，雖先儒尚有可議，而況於他人乎！惟用心於責己，便覺在己有不是處。」先生曰：「然。我亦嘗有說來，責己則有路，責人則無途。」

先生曰：「學者真積力久，自有所得，不可旦夕期效。今人氣質不是貞元會合的，多有夾雜，或有禀得木多的，或有禀得土重濁的。及胎生之後，有聞有見，被那習俗流入漸染，皆成私欲，不是一朝一夕，如何一時去得盡！須是『必有事焉而勿忘』，『學而時習之』，久之習俗始去，貞元始復，此豈一朝一夕所能到！如孔子十五志學，三十方立。如明道先生，自謂已無獵好，周子曰『何言之易也』，十二年獵心復萌。這工夫不是容易，須要真積力久。」獻藎曰：「嘗恨見先生之晚也。」先生曰：「亦不爲晚。我嘗說，學者不難於未見之先，而難於既見之後。子可立一課簿，將所行逐一劄記，有疑處，相見時講之可也。」獻藎曰：「嘗見古人用黑白豆以記善惡念，乃效之，以忿、慾、躁三者各立數十籤，那一念起，卽投那一籤於筒，逐日劄記體驗。或云不必如此，晚間以日所行思索，有不慊〔一〕處改之亦可，若時時搜尋邪念，却反引動。如何？」先生曰：「初學還當劄記，熟後不須此矣。」

獻藎問：「仁是敬而無失否？」先生曰：「敬亦收斂身心之始事。」曰：「至『篤恭而天下平』，恐無以異也。」曰：「然。前日所言一貫之道，此之謂也。」

先生謂獻藎曰：「浙江舉人柳士亨先年在刑部歷事，部中陳正郎忠甫乃其鄉里，請去教子。當時浙江士夫在刑部者七八人，士亨來見，予問之，只知一陳正郎，其餘並不曾一拜。若解州王光祖，又是箇鐵漢，在這裏時，人請他去登山亦不去，資治通鑑他能記得，文學亦好，却不習舉業，其篤志如此。」

先生曰：「三十年前，風俗猶有古意。如三原王都御史先生至京見一閣老，以一羊毛口袋爲贄。閣老怪之，問曰：『此物何用？』王先生不以爲輕也，答曰：『這口袋盛米，二三十年也不得破。』當時風俗如此。近年來禮儀繁厚，却失此意。」

〔一〕「慊」字原作「歉」，據乾隆本改。

先生謂諸生曰：「予少聞三原王先生甚貧，與二三友在太學同窗，躬自炊爨，更衣而出，後來勳業甚好。去年予至順德府，見都御史朱公裳甚清苦，亦有古人風度。昨至成賢街，見副使李公重，予雖未知其中，但見他環堵蕭〔一〕然，不覺動吾好愛之心，乃自嘆至此數年，不得一見此人也。汝輩訪之，自當有益。」

獻蓋欲習禮，先生曰：「德忠好學之心亦切矣。但太學乃演禮之地，今非其地，不可也。爲學亦不必如此。朱子言『後覺者必效先覺之所爲』，這便是學。先覺不止是今人，雖古人亦是。如在內則誦詩讀書，以法古之聖賢，固學也；在外則友今之賢者，如所言李副使，就而問之，學亦在其中矣。」獻蓋曰：「非不欲博學審問也，恐初學未定，交非其人，鮮不爲其所移也。且奔走於諸家之門，蓋甚恥之。」先生曰：「這還是有己。子貢問仁，子曰：『事其大夫之賢者，友其士之仁者。』這是學者之事。但有勢位之人，則不可奔走於其門也。爲學亦當漸進，若待學定而後交，幾時能勾得定！」獻蓋曰：「李副使固當交，但師之則心有未安，友之又恐非其等也，如何？」先生曰：「師誠不可不慎也，如古人『謀於長者，操几杖以從之』，又何不可！但見其牆則師其牆，見其屋則師其屋，是亦師之也。」

獻蓋往見李副使，副使曰：「舊見景伯時，言呂先生切實，且有文學。昨見之，乃知其德容之盛，那樣和，那樣順，那樣正，那樣靈。而今亦有此人，還是好世界，天下之福也。」蓋歸以告，先生曰：「若靈則非我之所及也。」

獻蓋問：「明道何以不及孟子也？」先生曰：「孟子才高，還是作者。孔子之道，得孟子而道顯。若明道，則註釋孔孟者也。」曰：「『堂高數仞，得志弗爲。』明道有此語乎？」曰：「明道有語，卻少。惜乎不幸而早死，明道不死，可並顏、孟矣。」

獻蓋問：「夫子嘗言『人不知而不慍』。或人譏其不知禮，彼自不知耳，不言可也，必曰『是禮也』，如何？」先生曰：「二條自是不同。夫子說『是禮也』，不惟明在己之爲禮，而教人之意在其中矣；若『人不知而不慍』，蓋以人不舉用我而

〔一〕「蕭」字原作「瀟」，據乾隆本改。

言，他亦不愠。比如我穿著狐裘在身，人卻說我冷，又何足愠！這不愠從那裏來？從『學而時習』上來。如今人今日習了，明日便倦，明日習了，後日便倦，怎得時習！若能時習，便見得這裏面有這樣滋味，心中豈不喜悦！若私小的人，見朋來亦不樂。聖人於頑讒皆欲並生，見有朋自遠方來，人人都是這樣爲善，正如春夏之時，萬物發生長養，何等快樂！」

獻蓋問：「『夫子溫、良、恭、儉、讓』如何？」先生曰：「溫如春之和，人皆愛慕親就，若秋冬嚴肅，人斯畏而避之矣；良是平易近民，不險怪，不偏執；恭是恭敬，不怠慢，不倨傲；儉是節制，不驕溢，不侈肆；讓如咸之『以虛受人』一般，不自是，不自足，渾身皆是一團道理，連我都無了。這樣德容，如何人不敬信！到那一國，那一國之人便以其政來問，所以得聞其政。子貢說聖人溫、良、恭、儉、讓，又如日月之喻，宗廟之美，百官之富，可謂善形容聖人者矣，故曰言語子貢。若存魯敝齊之事，卻近戰國游說之士。」

獻蓋問：「『富而好禮』，亦是不僭制否？」先生曰：「好禮不止此，如周公之吐哺握髮，『赤舄几几』是也。且如天子之富，必禮賢下士，尊祖仁民，方是好禮；如公卿大夫之富，必愛君恤民，尊祖下賢，方是好禮；士庶人可以類推。」王良濟曰：「觀子貢過原憲之門之事，則『無諂』、『無驕』尚未盡得。」先生曰：「以此看來，誠有未盡，但其時之先後則不可知。若切磋琢磨之對，其識見亦不易得也。」

王良濟問：「『道之以德，齊之以禮』，刑可以不用否？」先生曰：「此亦當看所遇之時，所處之位如何。且如堯之時，不用刑罰；至舜時，『伯夷降典，折民惟刑』，皋陶『作士，五刑有服』。孔子爲政，亦誅少正卯。但其用刑皆不得已而然，亦不似後世之煩滋也。」獻蓋曰：「此亦時勢使然。」先生曰：「顧上之人以德不以德爾。且三代成康之時，黎民淳厚，刑措不用，固不消說。漢文之時亦是如此，由文帝以德化民，敦儉朴爲天下先，後宮衣不曳地，露臺惜百金之費，故天下之人賤珠玉而貴五穀，風俗如何不厚！刑罰如何不少！至武帝之時，則刑獄深刻矣。在上者果能道之以德，崇尚節儉，則刑亦可措。如不能道之以德，崇尚奢侈，則天下之人亦皆作淫巧，競珠玉，民僞日滋，刑罰如何不繁！刑罰既繁，則於刑罰之中又生奸僞，如何能勾刑措！諸君他日有民社之寄，須節儉以求德禮之地，不然，雖欲不用刑，不可得也。」

先生曰：「夫子與回言終日，由其語之不惰也，他人安能不惰！我嘗說顏子如開墾熟田，雨露無所不入，五穀之美便發出來。他人如磽确之田，雖有雨露，皆滲溜旁出，如何能入！雖有美種，亦不能發。你們說顏子因如何能入？」獻蓋對曰：「由竭才於博文約禮。」先生曰：「還是無雜念。如今日聚講一般，或思下處何事，或思朋友何事，或思居室不安，或思衣食不美，胸中有這許多夾雜，雖有言語，如何能入！若顏子一心只在學上，陋巷亦安，簞瓢亦樂，故言之惟恐其不多，人之惟恐其不勇也。」

獻蓋問：「『非其鬼而祭之，諂也』，如君父命之則如之何？」先生曰：「害義之甚者，亦當諍之。如無大害，又當以君父之命爲重矣。」

程爵問：「魯之三家，季氏爲甚乎？」先生曰：「然。自季友有功於魯僖公，賜以汶陽之田及費，俾世其卿，繼以文子相三君而無私積，妾不衣帛，馬不食粟，魯人服其忠勤，於是益盛。至宿與意如，不能體前人之心，作三軍，僭八佾，以至三家皆僭雍徹，其僭妄如此。我嘗說，這只起於恥惡衣惡食。且人欲衣食之美，從那裏來？不是貪利爭奪，如何可得！故孟子謂『不奪不厭』，成王戒百官，亦曰：『位不期驕，祿不期侈。』人之驕侈，皆生於祿位。夫前人艱難勤儉，始有此業，後人不知所從來。見有此富貴，便驕溢侈肆，不知傾覆之道即在其中，不可不謹，這皆由恥惡衣食之心生來。故夫子論季氏，亦以心上斷他，曰：『是可忍也，孰不可忍也！』」

獻蓋問：「『人而不仁如禮何』，仁是禮之本也。其告顏子又何以曰『克己復禮爲仁』？」先生曰：「『如禮何』之禮，是經禮、曲禮之禮也；『復禮』之禮，乃天理之禮也。張子曰：『經禮三百，曲禮三千，無一物而非仁也。』子思曰：『洋洋乎！發育萬物，峻極於天。優優大哉！禮儀三百，威儀三千。』威儀、禮儀，至小者也；天，至大者也。以至小者與至大者對說，以人之爲學，必須於至小至微處無有欠缺，與天相對得過，方是學。我們怎麽能有古人那樣廣大？古人心胸如天之無不覆，如地之無不載，然工夫又不間斷。如曾子只是弘毅，弘便能任重，毅便能致遠。學者當學曾子。」

張札問：「儉、戚是禮之本否？」先生曰：「這還不是禮之本。你們說本在何處？」札曰：「只是得中。」先生曰：

「却泛了。」獻蓋曰：「先生嘗言禮之本在敬，喪之本在安親。」先生曰：「我亦有此說，然此就喪與禮二者言之，禮卻不止此。當時禮尚奢、易，林放疑其本不在於此，故問之。夫子說『寧儉』、『寧戚』，乃救當時之弊，禮之本卻不在此。上章夫子不曰『人而不仁如禮何』？仁方是禮之本。不止喪、禮二者，凡禮皆然。就是軍禮亦如此，或盜賊劫殺人民，或夷狄侵害中國，出師征討，若保護斯民之仁心不甚激切，其威武亦不奮揚。可見仁爲禮之本。」

札問：「『或問禘之說』如何？」先生曰：「朱子言之備矣，只是一箇誠與分。惟誠則能通天下之志，惟分則能定天下之倫。其於治國也，如視諸掌乎！子夏曰：『禽獸知母而不知父。』野人則曰：『父母何筭焉？』都邑之士則知父母矣，士則知祖矣，卿大夫則知尊祖矣。禘其所自出之帝，信非聖人不能也。」

一生問：「『關雎樂而不淫』，果文王樂之？抑宮人樂之也？」先生曰：「近日霍公亦嘗說來，以爲文王，則未得而輾轉反側，既得而鐘鼓琴瑟，恐亦非正；以爲宮人，則未有后妃，安有宮人！此詩乃后妃爲文王求媵妾而作，其樂其哀，皆后妃也。詩序曰：『關雎，后妃之德也。』『憂在進賢，不淫其色。哀窈窕，思賢才，而無傷善之心焉。』還是后妃所在，故曰后妃之德。凡詩序首一句，疑是孔子或子夏所作，餘蓋門人及漢儒增入。」

一生問韶、武。先生曰：「韶樂不可考矣。武王之樂，樂記中亦略可見，如『總干山立，武王之事也；發揚蹈厲，太公之志也；武亂皆坐，周召之治也。武始而北出，再成而滅商，三成而南，四成而南國是疆，五成而分周公左、召公右，六成復綴以崇天子』。觀此則武王之樂可知，觀武則韶之盡善亦可知。」曰：「若是則舜優於武乎？」曰：「然。子曰：『三分天下有其二，以服事殷，周之德可謂至德也矣。』其不足武王之意亦可見。」曰：「使舜當武王之時則何如？」曰：「文王是也。」曰：「文王不死，則三分天下盡歸之乎？」曰：「歸之。歸之亦可以無征伐矣。」

獻蓋問：「顏子聞一知十，由平日博文約禮，『既竭吾才』，故一聞夫子之言便能貫通，如時雨化之者。子貢平日工夫未至，因夫子之言乃引伸觸類，以三隅反，故只知二，是否？」先生曰：「亦是資質。何以言一與十？」鄧掄曰：「十者數之終。」先生曰：「然。聞一知二與告往知來一般。夫子說『貧而樂，富而好禮』，他便悟切磋琢磨的道理。使顏子聞之，不知如何方是知十？」諸生未對，先生曰：「顏子聞之，再沒得說，只是不改其樂。」

閻調元問：「『周公思兼三王』，『坐以待旦』，孟子取之；而文子三思，孔子非之，何也？」先生曰：「周公之思，就其一事，或酌古，或準今，或宜土俗，或合人情，必周知盡善而後行，此思之可貴也。文子之思不在一事上，如聘晉而求遭喪之禮，則所思皆私意，正犯勿參以三之條，非周公之公思也。」獻蓋曰：「先生此言，或有爲而發也。蓋意此與孟子『可以取，可以無取，取傷廉』之意同。彼可以取，初思而未審也；可以無取，再思而已審也；三思而復取之，則傷廉矣，所謂私意起而反惑也。季文子之思，亦非三事，但既審而復思之，則爲多疑不斷，斯害事矣。故夫子曰：『再思可矣。』若以三思爲叁以三，則夫子之再思爲貳以二矣。且人之於事思之而審，則不必思；如其未審，雖終日不食，終夜不寢以思，又何傷也。如何？」先生曰：「然。可見義理無窮。」獻蓋曰：「蓋之所見者小也。」先生曰：「道無大無小。」獻蓋曰：「當祭而太廟火，『君薨而世子生』，曾子亦問於孔子矣，使晉而求遭喪之禮，何以不可？」先生曰：「曾子之問，設爲變故而究其理也。文子求遭喪之禮，則具賻襚等儀以行矣。夫聘，吉禮也，而備凶禮，是有貳心矣。敬者固如是乎！」

獻蓋問：「『居敬而行簡』，註以敬爲自治，簡爲臨民。蓋意居敬亦所以治人，行簡亦所以自治。居敬如利當興，弊當革，賢當舉，政當修，何者當重且急者，行之便是行簡。故夫子稱舜無爲而治，必曰『恭己正南面』。書載舜臨下以簡，必曰『溫恭允塞』也。若居簡行簡，一心簡略，而不論其輕重緩急，如老氏所謂『我好靜而民自正』，我無爲而天下化，故不可也。是否？」先生曰：「須兼內外、人己說。朱子說自治嚴甚好，比如人衣冠正，瞻視尊，言語安舒，舉動從容，則非僻之心無自而入，這便是自治嚴，不須刑罰，人自畏敬。至行事臨民，只舉其綱領，不瑣瑣於末節，人便樂從。若不莊以涖之，則民不敬；煩冗瑣碎，朝四暮三，人雖勉強聽命，以苟免刑罰，其中心能無怨乎！惟居敬則有以啓民可畏可像之心，行簡又有以順民易親易從之志，以臨其民，不亦可乎！居簡而行簡，却是無本之政，不可以臨民也。看來夫子許『雍也可使南面』，在仲弓問仁之後。彼『出門如見大賓，使民如承大祭』，便是居敬；『己所不欲，勿施於人』，便是行簡。仲弓於夫子之言實落用工體認過來，故夫子許之。諸生於此等處不可說過便了，須要著實用此居敬工夫。不但見我時如此，凡朋友相見，雖無書可講，無事可言，亦當存此『如見大賓』之心，語默動靜俱要時時省察，則放心漸收，久之可以爲賢，熟之可以入聖。他日得位臨民，可以舉而措之，雖至卿相，亦不外此居敬行簡也。」

獻藎問：「『己欲立而立人，已欲達而達人』，立卽『立之斯立』之立，達卽『道之斯行』意否？」先生曰：「這是揀好處說。凡立於德，立於位，皆是立；達於道，達於位，皆是達。如公叔文子大夫僎與文子同升諸公，亦是這意思。但欲立立人，欲達達人，却是已成的事，學者當循序漸進。」獻藎曰：「註云此言『仁者之心』，看來人只要有這樣心腸。」先生曰：「有這樣心腸，他日得位，便要有這樣博施濟衆的事業。見那鰥寡孤獨無告窮民，皆要使之各得其所。若不能預求其具，雖見這樣人，將何以濟之！如今學者把富貴說是人爵，不肯說他，不知君子非不欲富貴，但不溺於富貴耳。若非富貴，何以遂其博施濟衆之心！好色、好貨、好樂，孟子且說『與民同之』，於王何有。至論禹、稷，則曰『思天下有溺，由己溺之也』；『天下有饑者，由己饑之也。是以如是其急也』。可見聖賢之爲仁，亦不外於富貴、宮室、飲食、男女而得之也。」

鄧掄問：「『申申』、『夭夭』如何？」先生曰：「申申如屈伸之伸一般，夫子入公門，鞠躬如也，如不容；到燕居時，便申申舒展，如今所謂展拓得開亦是。夭夭，少好貌。比如人有那愁容老態，人便不愛，聖人顏色如春温一般，這樣少好，所以藹然可掬。」

札問：「『發憤忘食』如何？」先生曰：「這是聖人好學之心至老不倦，與『終日不食，終夜不寢』一般。夫子雖是天縱之聖，然自十五志學，便發憤忘食，樂以忘憂，到老來還是如此，連老也不知。如在齊聞韶，學之，『三月不知肉味』；『飯疏食飲水，曲肱而枕之，樂亦在其中矣』。我們怎麽學得他！你說他是發憤甚的？」諸生未對，先生曰：「也只是仁。聖人視四海九州之人，鰥寡孤獨不得其所，皆與我相通，只要去救他。然不知所以處之之方，雖有此心何益？故終日不食，終夜不寢，或考於古，或問於今，這樣發憤！及得此理，便樂以忘憂。若不是仁，怎能如此！看來孔子之道，豈是老佛可並！老佛只是面壁，將自己欲火退去，再不管人。孔子便欲以天地萬物爲一體，何等樣大！諸生須要學仁，凡晝之所爲，夜之所思，與夫一言一動相比，常常把這仁來體驗，自然有益，不可說過便了。」

郭岱問：「『君子所貴乎道者三』如何？」先生曰：「『動容貌，斯遠暴慢矣』作一句讀，工夫俱在前面。如曰動容貌而遠暴慢，正顏色而近信，出辭氣而遠鄙倍，此皆修身之要，君子所貴。若籩豆，器數之末，則有司存，非所貴也。曾子此言甚精粹，雖孔子言之，不過如此。孔子謂子夏曰：『女爲君子儒，無爲小人儒。』君子儒，如動容貌而遠暴慢三者便是；小人儒則籩豆器數之末而已。故曰：『弦歌于揚，樂之末節也。』童者舞之，升降，鋪筵席，禮之末節也，『有司掌之』。又曰：『德成而上，藝成而下。』看來子夏平日在器數上用功，故夫子以此箴之。後人卻把孔子看差了，學琴者便說夫子曾學琴於師襄，學禮文者又說夫子曾問禮於老聃。不知夫子天縱之聖，又多能也，故於此數者亦就其專門者而問之，不是一心在此。如今人卻把那器數之末當作一件大事，將平生精力盡用在此，卻不是孔子的學問。」

岱問：「『以能問於不能』，『能、多、有、實』四字何分？」先生曰：「上二句言顏子之事，下二句言顏子之狀。若作四字看便難說。」獻蓋曰：「『有若無，實若虛』，似言顏子之心，惟有此心，故能問。」先生曰：「然。」岱問：「『犯而不校』與『不報無道』同否？」先生曰：「略不同。」獻蓋曰：「『不報無道』，特不報耳，其心未必不校也，故不同與？」先生曰：「然。你們說顏子怎麼以能問於不能？」獻蓋曰：「先生嘗言只是箇仁，與舜好問好察一般。」先生曰：「我亦有此說，仁智實相爲用。舜有並生之心，天下之人疾痛疴癢與我相關，一民饑曰我饑之也，一民寒曰我寒之也，故好問好察，以求所以處之之方。不但問於君子，雖耕稼陶漁之人亦往問之，不自知其爲聖人。若自以爲聖人，這些人怎肯與他說！惟舜好問好察，以天下之聞見爲一己之聞見。故曰大知顏子也，有舜這樣心腸，故以能問於不能，以多問於寡。中庸言舜之大知，卽以顏子繼之，亦是此意。如今人不肯好問，看來只是不仁。若有這樣仁心，便汲汲皇皇，終日不食，終夜不寢，要去問人，豈肯自足！」獻蓋曰：「好問，其學乃大。」先生曰：「必有仁心，而後肯問。」

一生論溫泉。先生曰：「五行之氣，無處無之，故有溫泉。」獻蓋曰：「邵子言有溫泉而無寒火，陰能從陽，陽不能從陰也。」先生曰：「世間如鬼火亦不能燒，看來亦有寒火。」

爵問：「聖人雖生知，亦有學問？」先生曰：「夫子十五便志於學。」爵曰：「聖人之學亦是克己？」先生曰：「克己卻不是聖人的學。」大器曰：「聖人只是涵養。」獻藎曰：「聖人無我。昔韓持國說道則不消克。程子曰：『卻不是持國事，在聖人則無事可克。』」乃出袖中所作克己復禮爲仁論請教。先生笑曰：「就是送文字，亦不可不學。」獻藎曰：「因講『克己』，故如此。」先生曰：「也是。」他日獻藎曰：「前承教送文字之失，歸而自責。送文字之失其罪小，後爲自解之辭，其罪大，至今心猶不安。」先生曰：「此亦小過。若如此留滯，卻又不是。」獻藎曰：「因思放心未收，非言語躁妄，則舉動乖戾。連日會講，諸友寡言而過少，獻藎多言而過多，不能不愧。」先生曰：「昔程子門人見程子曰是，彼亦曰是，程子曰非，彼亦曰非，程子曰：『諸君於吾言無所不悅。』人怎麼便到得無所不悅？德忠於此，只要不已。但不已最難，若能不已，則何不可到！又要自驗。如夫子告仲弓『在邦無怨，在家無怨』，須驗之於居室，驗之於交游。如那凶暴之人，固難得其心悅，若君子怨之，卻是我學之未至，便要修省。」獻藎曰：「於常人，但不爲其所惡亦可矣，若求其悅，非同流合污不能也。詩云：『他山之石，可以攻玉。』接凶暴之人，亦覺有警惕處。」先生曰：「然見凶暴之人，只要內自省，久之彼亦可化。但學者只當做自己的工夫，人之化不化卻非所急。故曰『先難而後獲』，熟之便是不怨天尤人的工夫。到下學而上達，自然不已。然又不求人知，故曰：『知我者其天乎！』」

先生曰：「學者須要看經。」獻藎曰：「此志頗切，但一時讀不了。」先生曰：「這卻又不是。看經要體認玩索，得之於心，見之於行纔是。若只讀了，卻是記誦之學，雖多亦奚以爲！」獻藎曰：「若不玩索體認，雖讀恐亦不能記也。」先生曰：「就是心之所存，言之所發，身之所行，也是如此。要好時，亦是一齊皆好。昔謝上蔡別程子一年，程子問做甚工夫，對曰：『去得一矜字。』使問如今人，他便說讀了多少書。古人的工夫是這樣切實。」

武功生員丁鳳陽重録

涇野子內篇門人録

廉介清夫，白水舉。
張詩子言，大興隱士。
楊本源叔用，膚施，卿。
楊杲曲沃生。
任琉季聰，陝州，訓導。
高璽國信，高陵生。
崔官仲學，高陵，知縣。
王光祖克孝，解州監。
丘東郊孟都，解州生。
李愈惟中，平定州，知府。
江校成夫，休寧舉人。
汪威伯重，休寧生。
唐音希古，武進舉人。

李繼祖濟寧貢。
原勳次放，蒲城生。
吉士廷藹，高陵，訓導。
楊九功惟敘，高陵生。
姜濤渭南生。
高士華子實，高陵，訓導。
韋鸞仲禽，宜君生。
丘東魯孟學，解州，郎中。
張泰汝安，夏縣生。
魏廷萱子宜，許州，副使。
詹敬吉甫，休寧舉人。
黃惟用體行，南城監。
薛應旂仲常，武進，副使。

周官子賢，高陵生。
陳詔汝言，應州生。
孫繼芳世其，華容，副使。
劉爵仲德，渭南貢。
呂顓幼通，寧州，府尹。
陳嘉言舜謨，高陵生。
墨達時顯，高陵，訓導。
王材子難，新城，祭酒。
王玉旻仲慈，臨晉生。
胡大器儒道，休寧，經歷。
陳日旦子明，泰和舉人。
胡有恒貞甫，山陽，知府。
陳世瞻思慎，清江監。

權世用仲行，高陵貢。
張雲霄伯需，高陵貢。
張伊師尹，渭南生。
王印邢臺生。
薛祖學孝夫，渭南，員外。
薛同仲野，渭南，訓導。
李洙師魯，高陵生。
耿重光國華，解州貢。
王夔朝邑生。
陶欽夔克諧，彭澤，參政。
葉良弼監。
謝道汝中，祁門生。
裘汝中南昌監。

石希孟世瞻，華亭生。

戴　光晦之，當塗生。

葉逢陽子大，松溪，郎中。

王　朝伯啓，三原舉人。

謝良佐

林　春子仁，泰州，郎中。

陳昌積子發，又子虚，泰和解元。

李伯會宗本，進賢舉人。

王　標貞立，金壇舉人。

朱永年仲開，儀真，知縣。

汪三山季瞻，麻城舉人。

金　瀚受夫，應天舉人。

康　恕求仁，泰和舉人。

胡　炳更名文孚，孺中，休寧舉。

謝應熊夢卿，祁門生。

楮宗祿貴卿，江都舉人。

張其怡復友，華亭貢。

黄　沐仲德，江都生。

曹廷欽孟忠，休寧生。

鄭若曾伯魯，崑山監。

程　爵君錫，休寧監。

何　祉德徵，進賢，知府。

程　默惟時，歙縣，知州。

易　泉伯源，衡陽解元。

周　璞懷玉，福寧舉人。

吴光祖元德，武昌舉人。

鄧　誥子華，新城，知州。

黄　容德洪，鄖縣監生。

范永宇伯寧，桂陽舉人。

初　旦啓東，潛江舉人。

游震得汝潛，婺源進士。

杜欽德子敬，清江舉人。

許象先汝賢，歙縣生。

葛　澗子東，江都舉人。

方應亢子宿，歙縣生。

何　城叔防，江都，知府，

呂　潛時耀，長州舉人。

林　賢基學，莆田隱士。

倪　緝惟熙，閩縣，郎中。

鄒廷選際虞，清江舉人。

蕭文明時化，新淦舉人。

柳本泰時亨，建德知縣。

劉邦儒幼醇，武陵舉人。

李　樂和仲，盧溪進士。

聶　蘄士哲，金溪舉人。

劉　鸞孟禽，南漳舉人。

江東暉賓之，婺源舉人。

張重光醇夫，南鄭舉人。

何克明緝之，進賢舉人。

胡　賦全卿，休寧隱士。

劉欽順體乾，石首進士。

樊　鵬少南，信陽，郎中。

林　穎秀卿，閩縣舉人。

戴　鰲時化，鄞縣進士。

吴　佑明相，進賢舉人。

田大本子中，沅陵舉人。

仇　欄時閑，上黨隱士。

何廷仁性之，雩都，知州。

王　貴道充，清江舉人。

何　堅叔節，江都生。

陳德文子器，泰和，郎中。

謝　顧伯己，又惟命，祁門，訓導。

鍾　暘啓寅，天長舉人。

張　全德卿，婺源舉人。

朱子博名溥，華亭舉人。
葉春芳應元，上元舉人。
趙　桐宿州生。
冉崇禮繼周，中牟，御史。
鞏　鎰邦重，解州舉人。
王舉善揚之，解州生。
胡　嶸汝登，歙縣生。
許　椿壽卿，歙縣生。
張　寅汝同，鄖陽貢。
汪　遠惟明，績溪監。
黄　釜汝器，餘姚貢。
高　相仕佐，江都舉人。
錢嘉猷貴州貢。
來端言默中，蕭山監生。
楊景新石州貢。
石民賢

宋元博名溥，應天舉人。
歐陽乾元日大，泰和，員外。
胡　儒太丘生。
戴　浩宗孟，鄭州生。
盧　政以德，解州生。
焦　　知縣。
劉　椿仁夫，歙縣生。
王子實秀卿，餘姚生。
陳紹儒公聘，南海，侍郎。
葉　泓定甫，歙縣儒士。
李應宣惟德，歙縣監。
趙　軼蘭溪貢。
劉東會鄰水貢。
盧堯文惟質，東陽監生。
何繼蘭
孫應乾會昌侯。

謝應鴻漸卿，祁門生。
盛　楷範卿，儀真生。
洪希曾太丘生。
孫　漸禹卿，鄭州生。
寇　陽體乾，榆次，布政。
薛思忠良仕，臨晉生。
楊應詔邦彥，建安舉人。
徐　紳思行，建德，都御史。
梁　宇汝大，南海監。
王　言以中，祁門生。
徐宗魯惟東，建德生。
張　鶴九臯，沁州監生。
陶　梓季良，絳州，兩淮運副。
衛良相希周，絳州貢。
李　元山陽舉人。
張　暄陽信舉人。

朱　德仁貴，鄖西監生。
艾希淳治伯，米脂，都御史。
王　京得師，中牟生。
王舉才難之，解州舉人。
張　忠吉州生。
汪　洲一中，歙縣生。
鄧士元廷選，道州舉人。
王廷祀叔孝，江都舉人。
胡德化宣之，歙縣儒士。
陳文録汝學，臨海監。
閻　傳師說，江都舉人。
徐延德用修，鳳陽，定國公。
來端本則中，蕭山監生。
戴　冠章甫，休寧監。
侯天敍介休監生。
王永壽平原監生。

賈廷傑元氏監生。　　王鶴齡霍山監。　　王莘　　顔焕春暉，宜春監生。

畢用修汝勤，鳳翔舉人。　　宋瑺充之，臨潼，知州。　　文桂仲芳，鬱林舉人。　　李遂邦良，豐城，知府。

鄢茂卿惟德，豐城，侍郎。　　任佐良輔，稷山，員外。　　蕭轍季修，吉水，知縣。　　劉方興東望，吉水舉人。

史起蟄德化，江都進士。　　葛清應天舉人。　　張綖世文，高郵，通判。　　江一桂伯馨，歙縣，主事。

彭喬用遷，盧陵舉人。　　傅應詔起岩，南鄭，副使。　　王輿良濟，涇陽舉人。　　趙鯤于南，壽張，副使。

陳須樂啓節，莆田舉人。　　王獻蓋德忠，歙縣生。　　馮恩子仁，華亭，御史。　　張彬仲文，儀真監生。

張札子簡，武昌舉人。　　鄧掄子才，資縣舉人。　　閻調元　　郭岱叔東，潛江，知州。

右先君内篇門人問答姓名，昀歸田二十一載始能理之。若不登録，恐歲久弗能徵之矣。況游先君之門，或學而後舉，或舉而後士，或居館院臺省，或居部署藩臬，以至通顯，謹令姪全機書之，其不知者缺焉，以便覽者察之。可見道義之交乎，人心之相感，有如是哉！

時萬曆十五年孟春，致仕知府次男吕昀頓首謹識。

附録

附録一

涇野呂先生像贊

紹周孔之業，樂堯舜之道。隨遇而安，非怒伊教。聖賢之心，冰蘖之操。肖德表容，永舒所好。世萬罔斁，爲後賢告。

友生康海敬題

又一首

學肆而辨，行力而饒。大哉廷對，洋洋董、晁。鳳閣孤忠，河東遺愛。扶我天常，永存風概。

門生張京安拜贊

題涇野先生語録

後學麻城耿定向撰

明興，弘、正間鉅儒輩出，其奥論閎議，無論漢唐，即宋理學稱盛，亦遠軼矣。顧論篤易與，躬行難得，論世者恒嗟嘆焉。乃若清修厲節，抗志守道，皭然無可疵纇者，關中則有涇野先生云。孔子曰：「君子恥其言而過其行。」即先生生平操履，證兹緒論，猶可謂行過其言者耶！

余往聞諸學士長老述先生操行甚悉，不具論，論其大者。嘉靖中，夏貴溪怙寵負材，傲倪一世，顧獨欽心先生，常贈先生詩，云「天下有道惟涇野」，其尊信也如此。而貴溪故與霍文敏交惡。文敏之爲南京宗伯也，時先生爲貳，文敏時時嘷詬貴溪，先生乘間諷曰：「大臣誼當和衷。過，規之可也，背嘷非體。」文敏誤疑先生爲夏黨，銜之。已，先生以滿考來闕下，謁貴溪。時貴溪柄國矣，得先生甚歡，亟欲援先生助己。而數短文敏於先生，至謂不可一日近。先生毅然曰：「霍君性雖少偏，故天下才也。公兹爲國歛才，即當推轂霍君，柰何以寸朽棄連抱耶？」貴溪則以先生衷附文敏而異己，竟數歲不遷，先生乃致政歸。嗟夫！即先生之遇二公若此，可謂直且諒矣，不阿勢，不留怨，不隱賢，惟古休休大臣如此哉！孟子曰：「誦其詩，讀其書，不知其人，可乎？是以論其世也。」余讀先生語録既卒業，乃揭其行大都如此，俾世君子考鏡焉。

隆慶四年冬十二月吉日。

附録二

乾隆四年重刻序

自程張倡教關、洛，豫、秦兩地談理家言者代不乏人，率離立並峙，如比偶然。而關中藍田三呂子復與敝邑朱、劉、李三子共列程門，稱高第弟子。嗣是東西二周儒家者流，難更僕數。前明盛時，於豫則有澠池曹月川先生，於秦則有高陵呂涇野先生，屹然對立，如華挺嵩峙，矗矗天表。昭代二祖之世，徵君李二曲先生特起終南之北，宫詹耿逸庵、翰檢冉永光兩先生後先講學嵩山之陽。先祖教授公於逸庵先生爲門下士，家大人復受業於永光先生之門。余既逮事王父，又時時於過庭問對，肅聆慈訓，凡耿、冉二先生遞發洛、閩之精，遠紹鄒魯之緒，爲祖若父手録成帙者，靡不循環雒誦，研味繹抽。顧才性尫凡，見聞譾陋，未獲旁擷廣擴，互參交證，以折厥中。

倖第後奉命來秦，待罪頻陽，旋攝陵邑，謁涇野先生祠，恍然有吾生太晚之歎。偏訪遺集，率殘缺無完帙，意甚惜之。無何，貢生樊子景顔、文學党子思睿及門人雷生亨奉先生涇野内篇謁余，請倡衆重刊，始獲正襟莊誦。越幾日，標其純粹以精，明辨而晰者，例諸祖父所摭耿、冉二先生語，皆逼似無少舛，益信南海、北海，此心此理，前哲有言，良不余欺。已復披閲卷首所列門人姓氏，則有明中牟冉侍御公之諱巋然在焉。侍御者，永光先生族祖也。於是益喜大人學有本源，自涇野出。余小子得於百餘年後竊幸私淑而與有聞焉，亟諾其請，出月俸以爲陵邑人士倡。至於聞風興起，遥溯淵源，由二曲而涇野，而横渠，旁及藍田諸子，專主洛、閩正派，以上轥鄒魯之庭而造其室，不能不於關中之士有厚望焉。而碌碌如余，方苦鞅掌簿書，學殖荒落，不審他日能於正學稍稍窺見萬一否？程、張前軌，關、洛後塵，心雖嚮往，竊懼身弗能至也。

賜進士第文林郎知陝西西安府富平縣事行取主事仍暫留任辦事署高陵縣事前知鳳翔府郿縣事加一級緱陽後學喬履信頓首拜譔。

序二

關中古多豪傑，代有偉人，炳彪史冊。人以爲風高土厚，地運使然，而不知貞元之會合，光岳之鍾靈，豈僅區區將相循吏足以應扶輿之間氣，當必有出類拔萃之賢聖，繼繼承承，相綿弗替。

粤自后稷、公劉以降，歷十五王而文謨武烈，緝熙執競，周、召、畢、散，相與大見知之統。上紹堯、舜、禹、湯，下起尼山、洙泗，爰開萬世師表。鄒魯之傳，卽文武之道也。越千百年而道統中微，至宋而真儒輩出，吾於關中得一人焉，曰横渠先生，精思力踐，妙契疾書，發仁孝之要約，窮性命之精微，與濂、洛、閩共續千載之緒。自宋而明，吾又於關中得一人焉，曰涇野先生。跡其生平，富貴不能淫，貧賤不能移，威武不能屈，是蓋實用力於「格致誠正」，以爲「修齊治平」之本。使究其學術，豈僅王曾、宋庠之爲名宰相，馮京之爲名執政而已哉！其所著述，闡經翼聖，與訂頑、正蒙後先發輝，乃仁義之精華，孔、顔之道脈，而文、武、周公之真派也。

余生也晚，不獲私淑先生之門，然高山仰止，景行行止，雖不能至，心竊嚮往之。歲己未，承乏高陵，爲先生所挺生地，古稱左馮翊，與右扶風並列三輔，山川形勝，甲於天下，先生真得貞元之會合，光岳之鍾靈者與！宜其與横渠先生同爲關中理學巨儒也。正欲訪先生之車服禮器，而裔孫吕子吉人以先生内篇歲久漫漶，欲重加剞劂，求余爲敍。余遜謝不敏，因念景行嚮往已非一日，今幸備員兹土，奉先生爲矜式，倘得如先生在解州之一二，卽可無忝厥職矣。至先生之紹統緒，開來學，近接横渠，遠宗文武，爲關中出類拔萃之賢豪，載在國史，誌之邑乘，彰彰在人耳目，豈以予小子一言爲輕重哉！

時乾隆己未菊月下浣，吴門後學陸均景宋氏謹敍。

序三

古有不朽者三，曰立德，立功，立言。然必以德爲之基，則見諸事業而功有可紀，寓諸載籍而言有可傳。惟涇野先生具茲三者，是以歷時之久，而著書立説常不朽焉。先生忠信之質本於天成，學術之醇由於自得，而又以「慎獨」爲功，以「立誠」爲本，以窮理盡性，返躬實踐爲學之大端。故其學之既成也，當時已有評之者，曰：「行己端莊清慎，似胡文定；立誠自不妄語人，似司馬公；以天下爲己任，似范希文；以禮教學者，似張横渠；接人一團和氣，似程明道。」此可以觀先生之德矣。至於言語文章，皆先生之緒餘，而非其所先也。然而有德者必有言，成己者必及物，其羽翼經傳，發明性天，以教及門者，雖無意於傳，而人自不能不傳也。

先生去今幾二百餘年，其所著述以昭示後學者，僅存十之一二，而語録內篇一書，乃得之於鄰邑。今披而讀之，其訓釋經籍子史，評品古今人物，一字一句，皆躬行心得之言。味其詞如旁璞親玉，肅然無不敬；而得其意如冰釋春融，油然識所宗。可使頑者廉，懦者立，可使躁者静，寐者覺。雖謂先生至今存可也。若夫先生立朝之大節，教澤之洋溢，其功業固彰彰在人耳目間矣，又何容復贅乎！是爲序。

明乾隆四年陽月吉旦，高陵縣教諭漢南後學甘棠縻題於復古堂。

題辭

孔孟生周末，程朱繼津梁。先生應運出，天下望勗勷。名列傳臚最，品行高羲皇。兩京進退處，事業迥非常。君不見，當時宰輔忌賢者，寺人乘之蔽上方。浩然退林下，講學柳灣堂。諄諄千萬語，惜哉遭寇荒。岌岌同秦火，惟兹内篇藏。彼蒼憫吾道，千古自流芳。

時乾隆四年冬月，高陵縣儒學訓導臯蘭後學王宲敬題。

重刻紀事

康熙戊寅，景顔受書劉先生諱夏鼎之門，卽知吾邑前賢有涇野呂先生云。先生道統程朱，師法孔孟，故學問、文章、言行、德業在勝國三百年推第一。惜顔生也晚，未獲親炙，幸生同邑，世去百年，寤寐羹牆，私竊有志。但少習干祿文字，於先生遺書未讀，卽讀之，且不能以句。己丑後，承劉先生命訪先生著作，得解州約、四書因問，伏而讀之，歎十餘年讀書實未聞道，如寐初醒，每一自思，淵惕冰兢。辛丑，熊父母命顔編次先生邑乘，知先生書目三十六部。雍正壬子，丁父母仍命顔纂志，遍搜藏書，得讀先生別集諸書，但楮板俱遭兵燹，大半不存。夫先生去今僅百十餘年，而書籍散亡如此，則時事之代更，世故之遷流，可勝悼哉！

戊午春，富平喬老父母以名進士攝吾邑，既敷政於民，則慨然悼聖學之未昌也，而更汲汲以課士善俗爲本。己未夏，生員党子思睿得涇野子內篇於府城東董氏家，令生員雷亨呈喬父母重刊，委其事於七世孫呂吉人，而以校讐委顔。恭逢陸老父母新膺簡命，剖符陽陵，聞而善之，捐俸公刻。顔逐卷敬讀，見先生答問條貫縷晰，真堪羽翼聖經，紀綱世道。義理渾淪，踐履平實，教思廣遠，竊歎先生內篇非一家之書，實天下人心中各具之理也；且非一時之書，實萬世人心中共具之理也。因急理殺青，而同事諸君俱以所募學士大夫捐金來會。昔揚子法言得一桓譚而文遂千古，況涇野內篇非法言比，今得眾桓譚，而書且不朽。爰於九月中旬開局鐫木，至某月告成。卷凡若干。前此丐先生內篇，致歎於燕泥鴻爪，無處尋覓者，今人人得手攜一編，借以私淑，直可上追濂洛關閩之道，遙承唐虞孔孟之旨。顔之校閲，亦止核亥豕魚魯之似，尚惴惴焉，惟不免買櫝還珠之是懼。若以其風雪土槳，剋期竣事，謂甘貧慕道，急急表章前賢，以嘉惠來學也，則顔豈敢？

邑人後學樊景顔謹識於尋樂堂。

跋

先文簡公德業學問久已膾炙人口，故不復述。第生平著作三十部奇，當勝國兵荒，板帙散亡，徒存十四遊、解州略二三冊而已。嘗搜遺書，四書因問、文集、別集，間有藏者；五經圖説、監規發明、宋四子抄釋板貯國子監、正學書院，餘乃罔聞。噫！可慨也。

己未夏，党君思睿購得内篇於長安董氏，幸邑父母捐俸重梓，學士大夫惠然協力，不數月，告厥成功。猗歟休哉！文集坊刻，近有售者，因問諸書不將次第出乎！吉之望也。先文簡公其亦望甚。吉，武人，承邑父母、衆君子德意，敬題名卷末，志不忘也。言之無文，豈遑計及！

時乾隆四年嘉平穀旦，七世孫吉人謹書於古雲槐精舍。

嘉慶三年補刻跋

呂涇野先生高陵舊志已付諸梓，復閱先生內篇一書，其學問淵深，義理精奧，實接孔孟之心傳，綿程朱之道統，洵乎有功世教之文也。求其原版，亦復殘闕失次，爰捐俸補鐫。邑紳士樂於復古，遂成厥事。謹與志版同藏縣庫，期無再致失遺。後之君子慕先生之文，成予之志，是愛是珍，庶幾永垂不朽。禮云「有其舉之，莫敢廢也」，其斯之謂歟？

嘉慶戊午仲冬，錦里龍萬育謹跋。

咸豐四年補刻序

有明一代，吾關中理學所稱，最純者高陵涇野呂先生而已。先生著書不下數十種，而惟内篇最著，亦最難得。麟年十八，鈔先生四書因問，至謂季氏舞八佾，原亦自恥惡衣惡食始，不覺竦然。因是頗有所省，至今十餘年，耿耿於心不能忘。後閲行實録，客有謁先生者，先生方食穀麪餅，家人將收避，先生曰：「今人疏食菜羹卻去房裏喫，食前方丈又向人前喫，此最不可。」遂與客共食之。先生弟病，鳳翔毛尹善醫，先生留之，與同寢食，待之甚厚。毛見先生足布破損，語其婿周豐曰：「涇野子天下士，其勤儉如此，爾輩識之。」此二事麟嘗稱於人。其行如此，其書又可知。然常以不得讀先生之全書爲甚憾。

往歲，曾倡諸友人將印所謂内篇者，先問之先生十世孫士龍君，君乃謂殘缺久矣。及是補刻，君且以麟宜有言。蓋出貲者劉君伯穎，而成之者王君次乙維垣，劉君樹田，馮君越千，皆三原人。夫王、劉、馮三君誠慕先生之道，不忍其湮没無傳，而劉君公善之心，又豈近世所易得？士龍君雖不憚煩勞，以成先集爲己任，微劉君則亦無可如何。抑先生之德澤久而必發，亦關學日興之一機與？

當先生時，陽明王氏之説已漸熾，天下言學之士靡然向風。先生雖不欲顯立門戶，而確然程朱是守，真知實踐，其教人以安貧改過爲主，是書之中亦三致意焉。然則讀先生之書，亦必以安貧改過立其本，真知實踐要其歸，取法乎程朱，而明辨乎王氏，斯爲善學先生者。方今士習沉溺於記誦辭章，馳騖乎富貴利達，不飭廉節，不修仁義，孔子所謂懷居者也，求安飽者也，患得患失者也。無淡泊之志者，其見理必不深，無堅苦之操者，其信道必不篤，學問烏自而正？事業烏自而大？膠於見聞，害於心術，雖高才明智，亦已焉哉！苟得是書而讀之，其亦庶幾知返矣。

顧是書乾隆中雖重刻，僅歷百餘年而復不完，則不好者固不讀，欲讀者又無有，此有志之士所以致嘆於難得而道之不明，爲深可惜也。嗚呼！是補也，豈偶然哉！豈偶然哉！四書因問已有刻者，諸經説士龍君又將訪而傳之。

咸豐甲寅九月五日，三原賀瑞麟謹書。

光緒七年重刻序

咸豐甲寅，涇野先生裔孫生員呂士龍以友人補刻内篇，予既序之矣。壬戌之亂，板火於賊。至是，邑人士重鋟木焉，書成，復求序言。

夫先生資禀溫粹，涵養深醇，學問淹通，踐履篤實，有曹月川、吴康齊之誠確而業則廣，有陳白沙、王陽明之高明而見不偏。有明儒者薛、胡而外，當首屈一指，此學者所共知也。

蓋先生之道，不可謂非濂、洛、關、閩之道；先生之學，不可謂非濂、洛、關、閩之學。宋四子書，先生嘗鈔釋之矣。顧嘗讀先生諸書及是篇，竊見於朱子每多微詞，此固非後學所能深知。昔有以此問張楊園先生者，楊園曰：「想其時亦未嘗潛心遜志於朱子之書。」予謂，或其格致之功偶未精透。然吾恐後之讀先生書者，或以先生議朱子，遂妄議朱子，且以先生議朱子，乃轉議先生。不知朱子之道之學昭如日星，先生之議朱子固無損於朱子，先生之深契於朱子者何限？即議朱子，亦正無害於先生之大醇也。學者於此，但當細察其得失離合之故，以爲窮理反身之實，而毋輕置一辭焉，其必有得於先生矣。予序是篇而發此論，未知世果以爲不僭否也？光緒辛巳秋庚申朔，三原賀瑞麟謹序。

序二

涇野子内篇者，吾邑呂仲木先生與門人講學之語録也。自「執中」肇統，十六字之心傳，由堯、舜、禹、湯、文、武、周公以至孔、孟，其道亦一而已。顧六經皆載道，而説命始言學，孔子且以學之不講爲憂。周、秦而下，世衰道微，儒者各視風會所趨。漢之訓詁，唐之詞章，千有餘年，求其知道，董、韓而外無聞焉。宋興，五星聚奎，真儒輩出。當是時，講學徧海内，而吾關中之學，厥惟横渠張子。自是以來，斯道益昌。吾邑在金、元則有楊君美、元甫父子，在明則有先生。先生生平歷官多在南畿，在朝不逾五年，足迹所履，無日不以講學爲務，德充道尊，上自侯伯卿士，下至布衣耕夫，從遊者户屨常滿。所在答問，皆有語録。嗚呼！盛已！

遇道生先生之里，亦嘗聞先生之風而慕之，而性資愚懦，久溺俗學。弱時曾見所著四書因問，讀之多不解。今年，始得讀先生内篇，既卒業，喟然曰：聖賢之學，具於是矣！篇中所言，皆義理之精，身心之要，與夫爲學之方，經世之務，以及天地鬼神之奥，古今人物之辨，無不畢舉。而其中於安貧改過，篤志力行三致意焉。其要歸，則又以中庸爲標的。蓋以士之爲學，不安貧則欲不清，不改過則義不徙，不篤志則見異思遷，不力行則空言無補，而不道中庸，則又必涉於偏倚，流於隱怪也。是篇誠孔孟之功臣而「精一」之正脈矣乎！

考舊序，板鋟於勝國隆慶四年，行世已久。國朝乾隆四年，縣尹喬君履信、陸君均爲之重刊。歲久板缺，咸豐四年，先生裔孫生員士龍乃求於三原友人而補刻焉。壬戌之亂，遂無一存者。適邑人前任兩當令勵行任君懋修、前署平羅丞介卿劉君瑞玉慨欲表章，倡衆募資，以廣厥傳。梓成，謂余宜有序。余於學無所窺，立志不堅，暴寒作輟，奚足以序先生之書？第思堯、舜人人可爲者也，况鄉有名賢，能無仰企！

孟子曰：「頌其詩，讀其書，不知其人，可乎？」尹氏曰：「德行，本也；文藝，末也。知所先後，可與入德矣。」讀是篇者，因先生之語，思先生之人，步趨先生之德行，而更肆觀於濂、洛、關、閩之書，以上窺孔、孟之真傳，而不戾於堯、舜之中道，務期「以我觀書」，「以書觀我」，不至「以書觀書」，斯爲善學先生者。豈僅希慕附託之徒，止弋虛譽爲哉！竊願與鄉人士共敦勉之。

光緒七年閏七月，邑後學白遇道謹序。

重刊後記

涇野子内篇二十七卷，舊刊於乾隆己未，補刊於咸豐甲寅。回亂，書板蕩然。辛巳春，邑人士謀鋟是書，苦無底本，適劉君麟出所藏乾隆初刊本，劉君瑞玉益以補刊之本，爰付手民，摹繕開雕。經始於本年夏六月，七閱月而蕆事。懋修偕王君郊襄預校讐，盛夏溽暑，適患膝癱，匆匆校閱，豕亥魯魚，深懼不免，閱者諒之。

至先生是書繼往開來，洵足羽翼聖經，有功世道，諸名序盡之，無事贅陳。竊慨懋修早年失學，容易一出，取困而歸。今讀是書，於甘貧改過之旨兢兢持循，冀以贖前愆而堅末路，則此舉爲有當矣，豈僅附名簡端已哉！所慮先生著作甚富，懋修一官已矣，未能次第壽木，書此彌覺顔之厚，而心之負疚滋多矣。是所望於讀先生書與生斯土者。

光緒辛巳冬十一月乙卯，邑人任懋修謹識於仰雲書舍。

四庫全書總目提要

涇野子内篇，二十七卷，明吕柟撰。柟有周易説翼，已著録。柟師事渭南薛敬之，其學以薛瑄爲宗。是書乃其門人所編語録。凡雲槐精舍語二卷，東林書屋語一卷，端溪問答一卷，解梁書院語、柳灣精舍語二卷，鷲峯東所語十二卷，太常南所附邵伯舟中語三卷，太學語二卷，春官外署語二卷，禮部北所語一卷〔二〕。其子昀等類而刻之。柟爲學在格物以窮理，先知而後行。其所謂窮理，不是泛常不切於身，只在語默作止處驗之；所謂知者，卽從聞見之知以通德性之知，但事事不肯放過，其踐履最爲篤實。嘗斥王守仁言良知之非，以爲聖人教人，未嘗規規一方。今不論資禀造詣，刻數字以必人之從，不亦偏乎！觀於所言，可謂不失河津之淵源矣。

〔二〕提要所舉卷數總計二十六卷，脱記一卷。

附録三

南京禮部右侍郎涇野呂先生墓誌銘

馬理

呂涇野先生者，諱柟，字仲木，高陵人也。學行世儒所宗，稱爲涇野先生云。弘治辛酉，登鄉舉第十。正德戊辰，宗伯舉第六。廷試賜狀元及第。歷官翰林院修撰，解州判官，南京吏部考功司郎中、尚寶司卿、太常寺少卿，國子監祭酒，禮部右侍郎致仕。由考功至侍郎，率官於南，其在於朝者，惟修撰及祭酒而已。

按：呂氏本太公望後，宋時有諱世昌者居高陵，其後幾世生彬卿，彬卿生八，八生興，興生貴，貴生鑑，鑑生溥，號渭陽。渭陽公配宋氏，實生公。初，彬卿祖葬時，壙有聲如雷，卜云兆顯六世。至是生公，竟以道鳴世，符卜兆云。公之貴也，祖考、考俱贈如己官，祖妣、妣俱贈淑人。繼母以其存，封之異其妻，爲太淑人。妻李氏，封淑人。

公垂髫入學，輒有志於聖賢之道。夙夜居一矮屋，危坐莊誦，祁寒盛暑，不越户限，足寒，則籍以麥草而已。年十四，應試臨潼，貧不能僦館，宿新豐空舍。夜夢老人自驪山下，謂曰：「爾勉學，後當魁天下。」明日試，獲超補廩膳生。

母宋卒，哀毁骨立。既祥，受尚書於高教諭儔、邑人孫行人昂。又請益於渭南薛氏。又屢爲督學邃庵楊公、虎谷王公所拔，入正學書院，授以所學。復友諸髦士，由是見聞益博。嘗夢見明道程子、東萊呂氏，就正所學，益大進。

鄉舉後，入太學，擇諸嚴憚執友僦館同居，始輟舉業，日以進修爲事。時衆以爲迂，譁，而弗恤。更歷五祀，踐履篤實，光輝外著，而譁者益親。雖自謂立且不惑，其可庶幾已矣。會孝廟賓天，與執友哭臨，聲出涙下，通國异而譁之，弗變。孫行人歿，衰絰，哭拜弔者。

武宗正德三年戊辰，廷策以仁孝對稱旨，前期賜冠服帶履。至服習容觀，若固有然。明日，竊政中官來賀，卻之。祿入，祀先祝稱某之子某，何太史粹夫稱禮韙之。凡父母書至，拜使者而受之，退而跪讀。餘親友書，受讀有儀。期功緦親訃聞，必爲位而哭。凡饋遺，非禮不受。

在官二年，竊政人横甚。西夏亂，公疏請上入宫御經筵，親政事，則禍亂潛消，内外臣富貴可常保。竊政人惡其直，因嘗卻賀禮，又不往見，欲殺之。乃乞養病，歸。其人使校尉尾之至真定，不得其過而返。抵家數月，其人凌遲死。

公家居，侍渭陽公。渭陽公間怒，責次子梓，逃。公跪受朴，怒輒解。

臺諫累交薦，起用入朝。上勸學疏，略曰：「昔周文王緝熙敬止，咸和萬民，斯享靈臺之樂；元順帝廢學縱欲，我太祖皇帝一舉而取之。」蒙嘉納。乾清宫災，應詔陳言，一曰逐日臨朝聽政；二曰還處宫寢，預圖儲貳；三曰郊社禘嘗，祗肅欽承；四曰日朝兩宫，承顔順志；五曰遣去義子、番僧、邊軍，令各寧業；六曰各處鎮守中官貪婪，取回别用。又累疏勸上舉直錯枉，不報。復引疾歸。

西安秋旱，禾槁，公白當路，獲薄征。友人張御史仲修巡鹽，建河東書院，請定三晉應祀名賢，公論孔顔之學，指漢、宋貴言賤行之失，定之。渭陽公病，公侍湯藥，夜不解帶，履恒無聲。歷一年，鬢髮盡白。丙子五月，渭陽公卒，公哀毁吐血。妣宋先殯城東隅，至是啓柩，失其一指，公籲天慟哭，復得，遂合葬。時大雨，公徒跣擗踴泥淖中，觀者感泣稱孝。既葬，居廬，哭無時。陝西鎮守太監廖氏賻以金幣，卻之。有客託交遊遺三百金求書，公曰：「人心如青天白日，乃視如鳥獸耶！」交遊慚而退。

今上登極，起用。明年，改元嘉靖，復館職，纂修武廟實録。經筵進講，值仁祖淳皇后忌辰，公口奏宜襂淡服易緋，罷酒飯。癸未會試，充書經試官，得名士二十餘人。嘗上疏勸學，略曰：「學貴知要而力行，故慎獨克己，上對天心，親賢遠讒，下通民志。伏望皇上尋溫體驗。」

甲申四月，奉旨修省，以十有三事自劾。疏上，謫山西解州判官。至解，值解守歿。公視篆，爲理後事甚悉。乃首省窮民，以贖刑帛絮及米肉給之，又審丁繇重於他邑，力白當路均之。

於時解及四方髦士從遊者衆，乃卽廢寺建解梁書院，祀往開來於中。又令諸父老講行太祖皇帝教文及藍田呂氏鄉約、文公家禮。又以小學之道養蒙於中。有孝子、義士、節婦，咸遵奉詔旨，題表其門。復求子夏之後，訓諸學宮。建溫公之祠而校序其集。築隄護鹽池，疏渠以興水利，桑麻以導蠶績。於是士民各安其業，有古新民之遺風焉。御史累薦，陞南京吏部考功司郎中。中州人士感泣而送之河干。既去，則豎碑於州，識遺愛焉。

至留都，日親吏事不厭。陞尚寶司卿。南士從遊者益衆，乃講學於鷲峯寺中。壬辰，陞南京太常寺少卿，朔望命道士演樂，禁俗裝。時閣臣張再起，留都大臣多遣人迎候，有約公者，以他辭辭。時閣臣甥亦仕留都，衆與結好，公禮接之外，無交言。閣公累欲退公，未果，會復以病歸。

乙未，陞祭酒。首發明監規，上疏申明五事，上皆允行。公教人以正心修身爲本，忠孝爲先，日以所嘗體驗經學授之，又禮以立之，樂以和之。監中諸生雖衆，公弔喪視疾，哭死勸善，恩義無所不至，於是六堂師生皆心悅矜式。諸公侯子弟亦樂於聽講，以至監外進士、舉人、中官沈東之流亦胥來問學。

尋陞南京禮部右侍郎。百官謁孝陵著衫服，寅長霍曰：「盍著緋？」公曰：「望墓生哀，衫服爲是。」衆從。寅長爲蔡生請鹽商墓誌，拒之。前閣臣病歸者死，寅長約同祭，從；徵祭文，不可。寅長乃疏閣臣十善於公，公答以書，曰：「公才如此，儻不阿私黨姦，則一變而爲正人，有何不可？」寅長銜之。乙亥春，聖駕將躬視承天山陵，公累疏，留之。署南京吏部事，乃疏薦文武數人。公連年入覲，表賀聖節，再過河南，見餓殍盈塗，語所在瘞之。後值奉先殿災，自陳，乃獲致仕云。

公初入禮部，見寅長霍懸榜都市，曝閣臣夏愆，諷收其榜已，詰榜外事，弗答，以善言語之。至是屢語不合，又所浼不從，復有一變爲正人之語。公之兩入覲也，夏累詢霍愆，公弗應，以大臣當容才答之。故霍疑公黨夏，夏亦疑公黨霍，霍陰爲揭帖短公於朝，夏亦陰外公。故霍死夏去，公之心卒莫明之也，故仕止此。

公事繼母侯孝養備至，侯畏風寒，公爲艾褥進，乃安。辛丑秋後卒，公哀毁殯殮盡禮。壬寅六月，公左臂患癰，至七月一日亥時卒。公生於成化己亥四月二十一日午時，至是享年六十有四。是日，日食至亥分，有大星殞華陰，遂卒。高陵人哭，爲罷市三日。遠近弔者以千計。解梁及四方弟子聞訃，皆爲位哭。公體貌豐厚，方面微髭，輪耳海口，目光有神。平居端嚴凝重，及接人則和易可親。性至孝友儉樸，室無婢媵，事叔博如父。姊劉貧，嘗分財濟之。歲饑，宗族有饑者，則分祿贍之。痛外祖乏嗣，每展墓流涕，從舅宋堭流同州，特尋訪迎還。生平未嘗干人，亦不受人干謁。不置生産，至殁，家無長物。嘗以誠敬自持，言必由衷，行必由道。門人侍數十年，未嘗聞見偷語惰容。與執友處，唯以規過輔仁爲事，自少至老，相嚴憚如大賓，未嘗有一語相狎，一事私相囑也。

所著有四書因問、周易說翼、尚書說要、毛詩說序、春秋說志、禮問、內篇、外篇、涇野文集、詩集、宋四子抄釋、小學釋、史館獻納、南省奏稿、上陵詩賦曲頌、寒暑經圖解、渭陽公集、史約、監規發明、署解文移、高陵縣志、解州志、漢壽亭侯集、魏氏宋氏族譜、詩樂圖譜，共若干卷。

公配李氏，封見前，南京國子監典籍崇光女，有淑行，內助居多，存。生男子二，曰田，乙酉科舉人；昫，蒙廕爲國子生。田娶桑氏，繼劉氏、張氏。昫娶張氏，繼王氏。孫男二：師皋，田出；師韓，孫女二，俱昫出。田、昫以甲辰七月二十四日葬公於邑城艮隅，渭陽公墳之左。公之卒也，理率諸門人哭而殯之。已，乃使田如京師託求名世君子言，刻諸壙中及墓隅，不圖未之獲也。時理在南都，田乃不遠萬里之理所，以嘗求諸人者還相託焉，是故誌而銘。銘曰：

愚考先明，自孟子殁，漢有經史辭賦之學，晉唐人攻書及詩，宋多文士，然據其言行，考所聞見，見道者鮮。唯董仲舒爲西京醇儒，然災异之說，駁雜亦甚。東漢之末，唯孔明卓然特立，可以與權；管寧以潛龍爲德，確不可拔。兩晉人材有不爲流俗所染，異端所惑，安貧近道者，唯陶潛一人而已。李唐杜甫之詩、韓愈之文爲不背道，然甫有啜人殘杯冷炙之悲，愈有相門上書之耻，況愈闢佛老而復友其徒，任道而牽情妓妾，杜、韓如此，自餘可知。趙宋文士蘇、黄諸人皆崇尚佛教，呂、文諸賢率事僧參禪，唯濂溪周子學得其精，康節邵子學爲甚大，二程兄弟、横渠張子學爲至正，晦庵朱子能繼諸賢之緒。自元以來及今，見道而能守者，唯魯齋許氏及我明薛文清公數人而已。公則爲漢之辭賦，懷其史材，傳其經學而無駁雜之失；工晉人之書，唐人之詩，宋人以上之文，而多明道之辭；醇如魯齋，而傳書之功則多，貞如文清，而知新之業則廣。蓋其學詣周之精，幾邵之大，得程張之正，與晦庵朱子而媲美者也。

於戲！涇渭之汭，神皋之墟，邑城艮隅，葬我鉅儒。於戲！其無虞哉！

（録自谿田文集卷五）

通議大夫南京禮部右侍郎涇野呂公枏行狀

馬汝驥

公呂姓，諱枏，字仲木，號涇野，高陵人，學行爲四方學者所宗，稱爲涇野先生云。中弘治辛酉鄉舉第十，正德戊辰會試第六，廷試第一。歷官翰林院修撰，解州判官，南京吏部考功司郎中，南京尚寶司卿，南京太常寺少卿，國子監祭酒，南京禮部右侍郎致仕。

按：呂氏本太公望後，宋時有諱世昌者居高陵，故世爲高陵人。又幾世生彬卿，彬卿生八，八生興，興生貴，貴生鑑，鑑生溥，號渭陽。渭陽公配宋氏，生公。昔葬彬卿祖時，其壙有聲如雷，卜言兆顯六世，至是公生，敦厚穎敏特異。始就傅於周尚書，習小學之節。邑高郎中見曰：「此子他日必成大人君子，不但科第而已。」提學馬君奇之，命爲弟子員。時未總丱，輒有志聖賢之道，乃夏居矮屋，衣冠危坐，雖炎暑爍金，不越户限；至冬月祁寒，則履藉麥草，誦讀恒夜以繼日。年十四，應試臨潼，貧不能假館，宿新豐空舍。夜夢老人自驪山而下，謂曰：「爾力學，後當魁天下。」既試，補廩膳生。

母宋卒，公哀毁骨立。既受學於高教諭儔、邑孫行人昂，請益於渭南思庵薛氏，乃試於提學楊邃庵、王虎谷二公，屢冠多士，爰拔入正學書院，授以所學，由是見聞益博。嘗夢見明道程子、東萊呂子，就正所疑，學益大進。於時熊、李二參政聞其賢，延爲塾師，公以禮無往教辭，乃遣子就學所居寺中。一日，聞父疾，走還，二參政命驛馬追送，弗受。父疾尋愈，乃居雲槐精舍，熊、李二生及多士皆來就學。公食穀麵餅，有上客至，與共之。

鄉舉後，與三原秦憲使世觀、馬光禄伯循，榆次寇司馬子惇，安陽張憲使仲修、崔文敏公仲鳧，林慮馬都御史敬陳講學於成均。又與一二同志輟舉業，務博文約禮，規過輔仁，道相望。雖衆以爲迂，譁，而弗恤。更歷五祀而踐履篤實，睟盎外著，蓋不知夫富貴之可淫，貧賤之可移，威武之可屈矣。會孝廟賓天，公與同志哭臨，聲出淚下，通國異而譁之，弗變。孫行人沒，公服衰，哭拜弔者。

戊辰廷試，策對仁孝，武廟嘉之，賜狀元及第。傳臚之前，則欽賜冠服帶履，至友人謂服習容觀，公如言若固有之。明日，有中官橫加賀禮，卻之。祿入，祀先祝稱某之子某，何太史粹夫韙之。凡父母賜書，再拜使者受之，退而跪讀。餘親友書，受讀有儀。期功緦喪，必爲位而哭。凡贄，非禮不受。

在官二年，安西夏亂，公疏請上入宮，御經筵，親政事，可常保富貴。時中官惡其言，因嘗卻賀禮，又不往見，欲殺之。乃乞養病得歸。中官使校尉尾至真定，不得其過而返。抵家數月，中官凌遲，人服公明。

公居家，杜門謝客，糲食草茹，若將終身。渭陽公間責次子梓，公跪勸之，梓逃，乃朴公，伏地受之，怒輒解。臺諫交章薦曰：「當劉瑾擅政，縉紳側足，乃能不顧時忌求歸，且學問淵粹，安貧守分。以斯介行，使立朝，必能振起休風，勸懲頹俗。」遂起用入朝。乃上勸學疏，略曰：「昔周文王緝熙敬止，咸和萬民，斯享靈囿之樂；元順帝廢學縱欲，盛有臺沼，我太祖一舉而取之。」上嘉納。時乾清宮災，公應詔陳言，一曰逐日臨朝聽政；二曰還處宮寢，預圖儲貳；三曰郊社禘嘗，祇肅欽承；四曰日朝兩宮，承顏順志；五曰遣去義子、番僧、邊軍，令各寧業；六曰各處鎮守中官貪婪，取回別用。又累進講，勸上舉直錯枉。疏後引疾乞歸。友人崔後渠氏言於京曰：「仲木去就，可謂必矣。」

時西安秋旱禾槁，有司概征租，公言於當道，獲薄征。張仲修爲御史，築河東書院成，請定三晉應祀名賢。公既論定其祀，又答以書，爲及「上之給命，正多貴言賤行。故馬融訓詁，雖附勢殺貴，猶祀孔廟；尹焞守死善道，如朱熹亦短其致知。以孔、顏之學觀之，後儒失之遠矣。故今定祀，惟取大義，不論文辭，俾學者知所趨向」。王都御史薦公篤學好古，乞代己官。渭陽公病，公侍湯藥，晝夜衣不解帶，履恒無聲，如是一年，鬚鬢變白。丙子五月，渭陽公卒，公哀毀嘔血。先母宋權厝城東，至是啓壙，失一指，公號天痛哭，乃復得之，遂合葬。時大雨如注，公徒跣擗踴泥中，會葬者皆感泣稱孝。既葬，廬於中門之外，旦夕號慟。時陝西鎮守中官廖氏餽以金幣諸物，卻之。有客托交遊以三百金求書，公曰：「人心如青天白日，不意視如鳥獸。」交遊慚而退。盛都御史，朱、熊、曹三御史交章薦曰：「學術閎深，操履純正，甘貧體道，人望攸屬。」

今上登極，起用。明年改元嘉靖，復館職，纂修武廟實録。進講虞書，適值仁祖淳皇后忌辰，公口奏存襂服之禮，罷酒飯之賜。癸未，充會試同考試官，取士二十餘人，皆名士。嘗上疏請溫尋聖學，曰：「學貴知要而力行，故慎獨克己，上對天心，親賢遠讒，下通民志。伏望聖上尋溫體驗。」

甲申四月，奉旨修省，以十有三事自劾。疏上，出山西解州判官。至解，首恤無告及諸貧困，以贖刑木綿、米、肉給之。見解之丁差倍蓰他邑，乃懇告當路，會議分派概省，解民獲蘇。

於時解人及四方多士從遊者，乃即廢寺建解梁書院，祀往開來。復選民間俊秀子弟，俾習小學之節，歌豳風之詩。又令諸耆德俊民朔望講讀會典諸禮，及行藍田呂氏鄉約，凡冠、婚、喪、祭，俾皆尊聞行知。察諸孝子、義士、節婦，咸遵奉詔旨，題表其門。復求子夏之後，令其入學。建溫公之祀，而考序其集。築隄以護鹽池，疏渠以興水利，桑麻以導蠶績。於是士民率由，風俗丕變，屬縣亦觀感而化。盧御史交章薦曰：「興學而人才丕變，勵俗而禮讓大行。」乃陞南京吏部考功司郎中，四方從學士及州人皆冒雨送至河干。既去，解人思之不忘，竪碑以識遺愛。

至留都，日親吏牘，忘其煩勞。大司馬王浚川公薦曰：「性行淳篤，學問淵粹。」陞南京尚寶司卿。乃復授學鷲峯禪寺，東南之士及門者益眾。壬辰冬，陞南京太常寺少卿，乃迎繼母侯就養。又禁道士俗裝，每月令演樂者再。南京太廟災，例上疏自陳，乞罷黜，不許。時閣大臣再斥再起，九卿大小皆遣人候之塗。有約公者，公曰：「予與之無一面識，不敢輒通刺加禮也。」閣臣有甥官南京，納好者尤眾，公自常禮外，不交一言。後屢欲退公官，未果也，會閣臣病歸。

乙未，陞國子監祭酒，首發明監規，教人以正心爲本，忠孝爲先。取儀禮及爲詩樂圖譜，俾諸生講肄。每試，刻文之優者，以式多士。復申明監規五事，上皆允行。公在監，諸生有疾，必問而醫；有死者，必哭而歸骨其鄉；有喪，必弔且賻；有孝廉著聞者，則識諸簿榜以旌之，又先撥歷示勸。仍奏減歷，以通淹滯。於是兩廳六堂諸屬皆觀法清慎，諸生皆以德行道義相先，而禮樂并行，聲容俱美。諸公侯子弟皆率教樂學，諸觀政進士及歷事舉人數就而問業，中官沈東亦時至聽講。

乃後張御史薦云：「德行表儀諸生，文學風動天下。」陞南京禮部右侍郎。九卿謁孝陵，着襂淡衣，同寮曰：「盍着緋？」公曰：「上陵望墓生哀，服襂爲是。」衆從之。有蔡生請鹽商墓志不獲，請同寮爲之請，曰：「蔡生有相才，可勿拒。」公曰：「一書生而遨遊權貴之門，得志則下陵可知，縱爲相，吾弗取也。」終拒之。時皇太子生，以覃恩得贈祖及父如己官，祖妣、妣、繼母及妻俱得贈封淑人，次子畇蔭入太學。公有微疾，因使具疏乞歸，會公長子田在京，疏不得投，返其使，公意不遂。前閣臣病歸者死，同寮約九卿、翰林祭，公乃不拒，曰：「今不可違衆也。」初，閣臣暴横其鄉，侵田宅無算。既死，按浙御史或直之，同寮爲疏告之，冀力保其家。公與書責其阿私黨姦，且望其一變爲正人。同寮復曲以書辨，稱閣臣十善，公嘆息而止。署南京吏部印，乃疏薦時賢備任用，又薦將材數人。尋進表朝賀，畢，見閣大臣。閣臣曰：「某匪人。」公曰：「愚與居，未知其非，祇見其才耳。公合天下之才以事聖主可也。」閣臣不悦，公返留都。己亥春，累疏乞停止親視山陵，及慎重大禮，上悉納。五月復進聖節表，道過河南，見餓殍盈途，語所在郡縣墐之。抵京，值奉先殿災，例自陳，上允其致仕。公既與閣臣忤，及入京，乃閣臣先來見，餽之酒肉，語款而禮勤。已，乃得致仕，閣臣意也。

歸事繼母侯，孝養備至。侯病頭風，畏寒，親爲艾褥進，乃安。張御史按陝，薦公雅志安貧，力學敦行，忠信篤敬，規矩準繩。辛丑春，侯卒，公哀毁殯殮如禮。

壬寅六月，公左臂病癰，至七月一日卒。距生則成化己亥四月二十一日，享年六十四歲。卒之日食時，復有大星流光震隕之變。遠邇弔者以千計，大夫士及門人悲痛如私親，皆走巷哭，爲罷市三日。解梁及四方弟子聞訃，皆爲位哭。

所著述有四書因問，周易說翼，尚書說要，毛詩說序，春秋說志，禮問，內篇，外篇，涇野文集，詩集，宋四子抄釋，小學釋詩，史館獻納，南省奏議，寒暑經圖解，渭陽公集，史約，上陵詩賦曲頌，監規發明，署解文移，高陵志，解志，漢壽亭侯集，魏氏宋氏族譜，詩樂圖譜，共若干卷。

（録自焦竑獻徵録卷三十七）

明史呂柟傳

呂柟，字仲木，高陵人，別號涇野，學者稱涇野先生。正德三年登進士第一，授修撰。劉瑾以柟同鄉欲致之，謝不往。又因西夏事，疏請帝入宮親政事，潛消禍本。瑾惡其直，欲殺之，引疾去。瑾誅，以薦復官。乾清宮災，應詔陳六事，其言除義子，遣番僧，取回鎮守太監，尤人所不敢言。是年秋，以父病歸。都御史盛應期，御史朱節、熊相、曹珪累疏薦。適世宗嗣位，首召柟。上疏勸勤學以爲新政之助，略曰：「克己慎獨，上對天心，親賢遠讒，下通民志，庶太平之業可致。」大禮議興，與張、桂忤。以十三事自陳，中以大禮未定，諂言日進，引爲己罪。上怒，下詔獄，謫解州判官，攝行州事。恤煢獨，減丁役，勸農桑，興水利，築隄護鹽池，行呂氏鄉約及文公家禮，求子夏後，建司馬溫公祠。四方學者日至，御史爲闢解梁書院以居之。三年，御史盧煥等累薦，陞南京宗人府經歷，歷官尚寶司卿。吳、楚、閩、越士從者百餘人。晉南京太僕寺少卿。太廟災，乞罷黜，不允。選國子監祭酒，晉南京禮部右侍郎，署吏部事。帝將躬祀顯陵，累疏勸止，不報。值天變，遂乞致仕歸。年六十四卒，高陵人爲罷市者三日。解梁及四方學者聞之，皆設位，持心喪。訃聞，上輟朝一日，賜祭葬。

柟受業渭南薛敬之，接河東薛瑄之傳，學以窮理實踐爲主。官南都，與湛若水、鄒守益共主講席。仕三十餘年，家無長物，終身未嘗有惰容。時天下言學者，不歸王守仁，則歸湛若水，獨守程、朱不變者，惟柟與羅欽順云。所著有四書因問、易說翼、書說要、詩說序、春秋說志、禮問、内外篇、史約、小學釋、寒暑經圖解、史館獻納、宋四子抄釋、南省奏藁、涇野詩文集。萬曆、崇禎間，李禎、趙錦、周子義、王士性、蔣德璟先後請從祀孔廟，下部議，未及行。

關學編涇野呂先生傳

先生名柟，字仲木，高陵人。世居涇水北，自號涇野，學者尊之曰涇野先生。父溥，號渭陽，有隱德。先生少儁悟絶人，羈丱爲諸生，受尚書于高學諭儔、邑人孫大行昂，即有志聖賢之學。又問道于渭南薛思菴氏，克乎有得。不妄語，不苟交。夙夜居一矮屋，危坐誦讀，雖炎暑不廢衣冠。

年十七八，夢明道程子、東萊呂氏就正所學，由是學益進。督學邃菴楊公、虎谷王公拔入正學書院，與羣俊茂游。大參熊公、李公延教其子，先生辭不獲，乃館于開元寺。後聞父疾，即徒步歸，二公以夫馬追送不及。先生曰：「親在床褥，安忍俟乘爲也！」父尋愈，搆雲槐精舍，聚徒講學其中，二公仍遣子熊慶浩、李繼祖卒業焉。弘治辛酉，舉于鄉。明年，計偕不第，遊成均，與三原馬伯循、秦世觀、榆次寇子惇、安陽張仲修、崔仲鳧，林縣馬敬臣諸同志講學寶邛寺。嘗約曰：「文必載道，行必顧言。毋徒舉業以要利祿，毋徒任重弗克有終。」日孜孜惟以古聖賢進德修業爲事。遺弟栖師事伯循，其入學儀式京師傳以爲法。同邑高朝用時爲地官郎，謂檢討王敬夫曰：「予邑有顏子，子知之乎？」敬夫曰：「豈呂仲木耶？」自是納爲厚交。

乙丑，敬皇帝賓天，與諸生哭臨，先生聲出淚下，衆譁爲迂弗恤也。孫行人殁于京，遺孤不在側，先生衰絰哭拜，弔者或曰：「禮與？」曰：「禮，喪無主，比隣爲主，況師乎？」及返葬于鄉，猶是服也。宿館下三日，哭而相葬事。既歸，復講學于精舍，從游者日衆。

正德戊辰，舉南宮第六人，廷對擢第一，授翰林修撰。凡知先生者皆喜曰：「今得其狀元矣！」時閹瑾竊政，以枌榆故致賀，先生卻之，瑾銜甚。自是遜避不與往來。在翰林二年，操介益勵。祿入，祗祀其先；父母書問至，必再拜使者受之，退而跪讀。期功喪爲位而哭，門無饋遺。時何粹夫瑭爲編修，以道自守，不爲流俗所喜，先生日相切劘歡如也。會西夏搆亂，疏請上入宮御經筵，親政事，不報。瑾惡其言，益銜甚。乃與粹夫相繼引去。未幾，瑾敗，禍延朝紳，人咸服先生之明。家居，杜門謝客者三年，臺省交章薦其往拒逆瑾，卓識偉節，宜召擢大用。壬申，起供舊職。上疏勸學，謂：「文王『緝熙敬止』，咸和萬民，斯享靈囿之樂，元順帝廢學縱欲，盛有臺沼，我太祖代取之，人主可不深念？」或謂「元主之戒，傷于太直」，先生曰：「賈山借秦爲喻，漢文尚能用之，況主上過漢文遠甚，柟獨不能爲賈山乎？」疏入，上亦嘉納。未幾，乾清宮災，復應詔言六事：一曰逐日臨朝聽政；二曰還處宮寢，預圖儲貳；三曰郊社禘嘗，祗肅欽承；四曰日朝兩宮，承顔順志；五曰遣去義子、番僧、邊軍，令各寧業；六曰天下鎮守中官貪婪，取回別用。不報。先生復引疾去。崔仲鳧嘆曰：「古有直躬進退不失其道者，吾于呂仲木見之矣！」

歸而卜築邑東門外，扁曰「東郭別墅」，四方學者日集。都御史虎谷王公薦其學行高古，乞代己任，不報。渭陽公病，先生侍湯藥，晝夜衣不解帶，履恒無聲。如是一年，鬚髮爲白。比卒，哀毀踰禮。既葬，廬墓側，旦夕焚香號泣，門人感之，皆隨先生居。乃與平定李應箕、同邑楊九儀輩講古今喪禮。當襄事時，郡守致賻，受之，既而馳幣匄文，辭。門人問故，先生曰：「方卒哭而遽懷金爲文，吾不忍也。」既禫，釋服，復講學于別墅，遠方從者彌衆。別墅不能容，又築東林書屋居焉。鎮守閹廖饋以豚米，卻之。廖素張甚，乃戒使者曰：「凡過高陵毋擾，有呂公在也。」有客以兼金乞居間，先生笑而謝曰：「人心如青天白日，乃以鳥獸視耶？」其人慙曰：「吾姑試子耳。」門庭蕭然，無異寒素。

世廟即位，詔起原官。時朝鮮國奏稱：「狀元呂柟、主事馬理爲中國人才第一，朝廷宜加厚遇。」仍乞頒賜其文，使本國爲式。」其爲外國敬慕如此。上御經筵，先生進講，適值仁祖淳皇后忌辰，口奏宜存驂服。禮罷，賜酒饌，朝論韙之。癸未，分校禮闈，取李舜臣輩，悉名士。時陽明先生講學東南，當路某深嫉之，主試者以道學發策，有焚書禁學之議，先生力辨而扶救之，得不行。場中一士子對策，欲將今宗陸辨朱者誅其人，火其書，極肆詆毀，甚合問目意，且經書、論、表俱可，同事者欲取之。先生曰：「觀此人今日迎合主司，他日必迎合權勢。」同事者深以爲然，遂置之。念新天子即位，上書請講聖學，略曰：「學貴于力行而知要，故慎獨克己，上對天心，親賢遠讒，下通民志，天下中興。太平之業，實在于此。」不報。

在史館，與鄒東廓友善。甲申，奉修省詔，復以十三事上，言頗過切直。時東廓亦上封事，同下詔獄。一時直聲震天下，人人有「真鐵漢」之稱。尋謫東廓判廣德，先生判解州。

道出上黨，隱士仇欄兄弟遮道問學。有梓匠張提者，役于仇氏，聞先生講，喜甚，跽而求教。先生誨以善言，提大悟，昔嘗取人一木作界方，至是遂還其主。仇氏兄弟益爲感動。先生喜形諸詩云：「豈有征夫能過化，雄山村裏似堯時。」既至解，仰堯舜故址，慨然以作士變俗爲己任。解士子視聖學與舉業爲二，先生曰：「苟知舉業聖學爲一，則干祿念輕，救世意重。」于是講學崇寧宮，每誨諸士，雖舉業拳拳，不離聖賢之學。諸士皆欣然向道，以爲聖賢復出也。會守缺，先生攝事，不以遷客自解免。恤煢減役，勸農課桑，築堤以護鹽池，開渠以興水利，善政秩然。郡庠士及四方來學者益眾，乃建解梁書院居之，選少而俊秀者歌詩、習小學諸儀，朔望令耆德者講會典、行鄉約，廉孝弟節義者表其閭。求子夏後，教之學。建温公祠，正夷齊墓，訂雲長集。久之，政舉化行，俗用丕變。丁亥，轉南吏部考功郎中。解梁門人王光祖謂「先生在解三年，未嘗言及朝廷事」。爲考功，躬親吏牘。少司馬王浚川薦其性行淳篤，學問淵粹，遷南尚寶卿。久之，遷南太常少卿。往太常讌樂甚褻，先生悉革之。乙未，遷國子祭酒。

先生在南都幾九載，海內學者大集。初講于柳灣精舍，既講于鷲峯東所，後又講于太常南所，風動江南，環向而聽者前後幾千餘人。閩中林穎、浙中王健以謁選行，中途聞先生風遂止，乃買舟泛江從之遊上黨。仇欄不遠數千里復來受學。先生猶日請益于甘泉湛先生，日切琢于鄒東廓、穆玄菴、顧東橋諸君子。時東廓亦由廣德移南，蓋相得甚驩云。其在國學，益以師道自任，自講期外，尤日進諸生，諄諄發明，使人人知聖人可學而至。嘗取儀禮諸篇，令按圖習之，登降俛仰，鍾鼓管籥，洋然改觀易聽。有以孝廉著者揭榜示旌。喪者弔而賻，病者問而醫，死者哭而歸骸其鄉。又奏減歷俸以通淹滯，絕請托以杜倖門。凡監規之久弛者，罔不畢舉。六館僚屬，觀法清慎，諸生皆循循雅飭，一時太學有古辟雍之風。京邸搢紳多執弟子禮從學，而內使大興沈東亦時時聽講焉，其感人如此。人人稱爲「真祭酒」。

臺臣張景薦其德行、文學，真海內碩儒，當代師表。丙申，晉南禮部右侍郎。東南學者喜先生復至，益日納履其門，乃復講于禮部南所。時上將躬視承天山陵，累疏勸止，不報。署南吏曹，纂疏薦何瑭、穆孔暉、徐階、唐順之等二十人。入賀，會有論湛先生僞學者，先生白諸當路曰：「聖皇在上，賢相輔之，豈可使明時有學禁之舉乎？」事遂已。

時霍文敏爲南宗伯，與夏貴溪故有隙，時時噂詬夏，先生乘間諷曰：「大臣誼當和衷，過規之可也，背憎非體。」霍誤疑先生黨夏。已先生來闕下，夏已柄國，數短霍于先生，先生毅然曰：「霍君性雖少褊，故天下才也。公爲相，當爲國惜才。」由是夏亦誤疑先生黨霍。會廟災，自陳，遂致仕，然先生終未嘗以此向人自白也。歸而講學北泉精舍。越四年，壬寅七月初一日卒，距生成化己亥四月二十一日，年六十有四。卒之日，高陵人爲罷市。休寧門人胡大器先至高陵侍疾，遂視殮殯而執喪焉。四方門人聞者皆爲位而哭。

先生性至孝友儉樸。事繼母侯色養篤至。室無妾媵，與李淑人相敬如賓。事叔父博如父。歲饑，嘗分俸賙其族衆。姊劉家窶甚，時時濟之。憫外祖宋乏嗣，每展墓流涕。從舅瑾寓同州，特訪迓歸。平生未嘗干謁人，亦不受人干謁。不事生産。既歿，家無長物。

蓋先生之學，以立志爲先，慎獨爲要，忠信爲本，格致爲功，而一準之以禮。重躬行，不事口耳。平居端嚴恪毅，接人則和易可親，至義理所執，則鏗然兢烈，置死生利害弗顧也。嘗訪王心齋艮于泰州，趙玉泉初于黎城。每遇同志，雖深夜必往訪，苟非其人，卽一刺不輕投。教人因材造就，總之以安貧改過爲言，不爲玄虛高遠之論。門人侍數十年，未嘗見有偷語惰容。論者謂關中之學自横渠張子後，惟先生爲集大成云。

所著有四書因問、周易說翼、尚書說要、毛詩說序、春秋說志、禮問、内篇、外篇、宋四子抄釋、史館獻納、南省奏稿、詩樂圖譜、史約、高陵志、解州志及涇野文集别集傳世。

隆慶初，贈禮部尚書，謚文簡。

附録四

呂柟著述知見録

趙瑞民

呂柟著述頗多，然而各家傳記所載詳略不同，互有出入，公私著録亦不完備。據其裔孫呂吉人跋涇野子內篇乾隆四年刻本所云，「生平著述三十部奇」；　邑人樊景顔同書重刻紀事云，「先生書目三十六部」。今所傳呂柟著述遠不及此數，綜覈各家傳記所載及公私著録，尚且不止此數。其中有曾單行後編入文集者，有後人删選編次別爲一書者，情況比較複雜。今就所見所知，銓次如下，冀爲研究呂涇野者所取資。

涇野先生五經說（周易說翼、尚書說要、毛詩說序、春秋說志、禮問）

明王圻續文獻通考經籍考著録，不著卷數。四庫提要入存目，周易說翼三卷，尚書說要五卷，毛詩說序六卷，春秋說志五卷，禮問二卷，不舉總名。五種共計二十一卷。今通行惜陰軒叢書續編本五經說卷數與之同。毛詩說序，千頃堂書目、經義考、明史藝文志、續文獻通考經籍考作毛說序說。尚書說要，經義考、明史藝文志作尚書說疑。禮問，千頃堂書目、經義考作禮問內外篇，後者注「未見」。

千頃堂書目著録：「涇野經說，一作二十二卷。」虞山錢遵王藏書目録彙編著録呂涇野五經說，二十二卷。

周易說翼，傳是樓書目著録二卷，雍正陝西通志經籍著録四卷，叢書綜録著録呂涇野五經說嘉靖、道光二種刊本，作五卷。禮問，雍正陝西通志經籍著録四卷。

又，千頃堂書目、明史藝文志著録呂柟有經說，不著卷數。經義考、虞山錢遵王藏書目録彙編著録，作十卷。據經義考引陸元輔語：「涇野經說：周易說翼三卷，尚書說要二卷，毛詩說序二卷，春秋說志二卷，禮問一卷，共十卷。陝西正學書院刊行，其門人謝少南序之。」按：十卷本子目與二十一卷本相同，疑或刪節而成，或省並卷次而實爲一書，故附於此。惜陰軒叢書續編本二十一卷五經說即據明關中正學書院本翻刻，卷首有謝少南序文。

二十一卷本尚有嘉靖三十二年謝少南刻本，毛詩說序有嘉靖二十一年何叔防原刊藍印本，周易說翼有嘉靖間刻本，三卷，有王獻芝嘉靖十八年序文。

四書因問

明内閣藏書目録著録，六册。收入四庫全書，六卷。雍正陝西通志經籍著録，作七卷。按：明清官私書目俱作六卷，疑此「七」字爲「六」之誤。

清嘉慶三年藍田縣刻本，六卷。

清楊浚續刻呂涇野先生文集提及，道光十一年曾在四川鄂光幕中翻刻四書因問；高陵縣續志載，知縣龍萬育嘉慶三年重刻四書因問，并載龍氏刊刻序文大略，龍氏跋涇野子内篇嘉慶補刻本亦提及此事。二種刻本俱未見。

高陵縣志

明内閣藏書目録著録，二册。千頃堂書目著録，嘉靖辛丑（二十年）修，不著卷數。

清光緒十年刻本，七卷，附明楊九式撰呂涇野先生續傳一卷。

還有明嘉靖二十年，清嘉慶三年二種刻本傳於世，未見。

解州志

明内閣藏書目録著録，四冊。明史藝文志著録，四卷。

中國地方志綜録增訂本著録，不分卷，嘉靖四年修，康熙四年解縣喬庭桂重修，抄本。按：書未見。

陽武縣志

此書各家傳記未載。天一閣書目著録，七卷，刊本，明嘉靖五年呂柟修並序。中國地方志綜録增訂本著録三卷，嘉靖五年刊本。

駱兆平天一閣藏明代方志考録云：「陽武縣志三卷，明嘉靖五年呂柟纂修。陽武縣今與原武縣合併爲原陽縣。呂序：『陽武縣志，縣尹京人范子箕索刊者也。初，予得舊志於實齋王先生，編次頗無倫序，而蕪辭蔓事十居七八。實齋命予删定，乃得七篇，共三卷。』卷首弘治六年張天瑞舊序，嘉靖五年呂柟序，卷一地理、建置、祠祀，卷二田賦、官司，卷三人物。卷末范箕跋。明嘉靖六年刻本，國内僅見此帙。」據駱云，天一閣書目著録作七卷，當是七篇之誤。按：書未見。

涇野子内篇

明内閣藏書目録著録，「篇」字作「編」，六冊。收入四庫全書，二十七卷。

國史經籍志、千頃堂書目、明史藝文志著録，均作三十三卷。千頃堂書目著録，「涇野子」作「涇禁子」，「呂柟」作「黄柟」，蓋係寫刻之誤。

該書明刻本、清乾隆四年刻本、光緒七年刻本今俱存，乾隆刻本並有嘉慶三年、咸豐四年二種補刻本，各本俱爲二十七卷。

澹生堂書目、千頃堂書目、明史藝文志著録涇野先生語録，二十卷。雍正陝西通志經籍著録，並録馮從吾序：「涇野先生語録，言言皆自躬行心得中流出，最透悟，最精實，可與西銘、正蒙並傳不朽，余自髫年既嗜好不離。第原録歲久，板且漫漶，因僭爲訂正，而以先生傳附於後，燦然成一完録矣。舊名内篇，今更題曰涇野先生語録，志實也。」按：語録未見。

宋四子抄釋（周子抄釋、張子抄釋、二程子抄釋、朱子抄釋）

該書收入四庫全書，周子抄釋三卷，二程子抄釋十卷，張子抄釋六卷，朱子抄釋二卷，不舉總名，共二十一卷。今存明嘉靖十六年汪克儉等刻本、惜陰軒叢書本卷數與之同。

紅雨樓書目著録二程周朱張子鈔釋，二十卷，不著撰人。千頃堂書目著録呂柟五子抄釋，周子二卷，張子二卷，二程子八卷，朱子九卷。按：呂柟宋四子抄釋總序云：「朱子云：『程氏兄弟二人，其學既同，其言無異，遂統稱程子云。』故曰宋四子也。」作「五子」不符著者原意，著録誤。

四庫提要二程子抄釋提要云：「前有自序，稱初得二程全書於崔銑，以其中解説六經四書之語與門弟子問答行事之言統一爲一書，浩大繁博，初學難於觀覽，因鈔出心所好者，集爲八卷，凡二十九篇。而卷首所列程子門人姓氏，後有嘉靖辛卯柟門人休寧程爵重刊跋，乃稱涇野先生鈔釋程氏書凡十卷。此本爲嘉靖丙申鄧誥所刊，卷數與爵跋相合。豈柟作序時，其書尚止八卷，後或有所增益，而序文則未改歟？」按：呂柟嘉靖五年二程子抄釋序云：「暇嘗抄出心所好者，集爲八卷，凡二十九篇，稍釋其下，以備遺忘。而於詩文亦抄出數篇，以爲外篇。」是外篇不在八卷之數明甚。所見惜陰軒叢書本二程子抄釋，卷九爲文，卷十爲詩，並於卷九之首標注「外篇」字樣，正與序文所言相合。館臣讀書不審，提要之疑非是。

紅雨樓書目著録張横渠抄釋，十卷，不著撰人。

千頃堂書目著録呂柟周子演，一卷。紅雨樓書目著録周子全書二卷，呂柟演。按：續刻呂涇野先生文集卷二收呂柟周子演序，内容與其周子抄釋序相同，唯三處「釋」字作「演」，疑即一書。周子演未見刻本。

呂先生語録

叢書綜録著録，一卷，明葉廷秀輯評葉潤山輯著全書之一種。書未見。

呂涇野粹言

江蘇省立國學圖書館圖書總目著録，明陳繼儒輯古今粹言之一種。書未見。

涇野呂先生語要

明馮從吾編關中四先生要語録之一種，一卷。關中道脈四種書本。

涇野集

北京圖書館善本書目、叢書綜録子部儒家類著録，四卷。明于孔兼輯六子書之一，萬曆刻本。按：江蘇省立國學圖書館圖書總目亦著録涇野集，入集部，培元堂六子書之一種。書未見，不知二者是否爲一種。

論俗恒言

陝西省博物館館藏圖書目録著録，一册，無卷數，嘉靖二十六年刊本。按：是書傳記未載，亦未見書目著録。因該館修繕書庫，未見書。

明內閣藏書目録著録，一種全二十册，一種全六册。國史經籍志著録，三十三卷。澹生堂書目、千頃堂書目著録，三十七卷。明史藝文志著録，五十卷。

黄慰祖校訂四庫採進書目，著録三十六卷本三種，無卷數呂涇野集一種（都察院都御史黄交出。校訂作二十七卷，不知何據）；無卷數涇野全集一種（原著録於兩江第二次書目，校訂作三十六卷）；十八卷八册涇野先生文集一種（浙江省第四次汪啓淑家呈送）。

四庫全書存目收涇野集，三十六卷，云：「其門人徐紳、吴遵、陶欽重爲删補編次，刻於真定。此本卽真定刻也。」真定本刊刻於明嘉靖三十四年，刻本題「巡撫直隸等處監察御史門人建德徐紳、海寧吴遵、彭澤陶欽皐編刻」、「直隸真定府知府成都于德昌梓行」。此本未見後代翻刻。

雍正陝西通志經籍著録涇野文集，三十八卷，並録明萬曆二十年李楨刊刻序文。此本卽李氏編次刊刻。原刻本未見，清道光十二年楊浚重刊李楨刻本，今存。

又，道光十二年楊浚還編次刊行續刻呂涇野先生文集，八卷，今存。此本未見著録。楊氏刊刻序文云：刻三十八卷集後，「又託同鄉張補山别駕借得先生文集十五册，既無校刻姓氏，又無序文，總目祇有序、記、墓志、墓表諸篇，其他缺略尚多，就其中錯簡殘佚，不一而足，亦非當年善本。謹按：四庫書總目所載，先生集初刻於西安，既而缺佚，其門人徐紳等重爲删補編次，刻於真定，凡三十六卷。今所得之本，未識何時所刻，且原版漫漶不可讀。因思先生文集久經缺佚，若不急爲搜存，駒光過眼，久將並此而佚之，求如魯殿靈光，邈不可得，其追悔可勝言哉！遂查爲李北地（李楨）選本所無而篇幅無缺者，裒而集之，續以付梓，以冀先賢遺文免久缺佚。其錯簡殘佚者存，俟他日得真定元本，再爲重定。」

黄慰祖校訂四庫採進書目著録涇野文鈔，原無撰人卷數，注作八本。黄氏訂作「二十二卷，明呂柟著」。又一種涇野文鈔，二十二卷，禮部侍郎高陵呂柟著。按：書未見，當是文集節選本，故附於此。

千頃堂書目著録呂柟宣府昭德祠十二公傳一卷，注云「自李儀至王雲鳳凡十二人，皆巡撫其地」。按：書未見。三十八卷本文集卷二十二有巡撫宣府十二公傳，傳主與千頃堂書目所載相同。

趙定宇書目著録呂涇野十四遊記，一本，抄。雍正陝西通志經籍著録呂柟十四遊記，二卷，録胡大器序：「十四遊記者，涇野先生政暇遊山，隨所至而記之者也。前六篇在解州作，而條山、黄河之勝俱見之矣。後八篇在南都作，而鍾阜、長江之靈俱見之矣。」千頃堂書目著録司馬泰文獻彙編，卷六十九有呂柟南遊諸記，無卷數。按：遊記未見傳本。推測文獻彙編中南遊諸記即胡氏所云在南京所作遊記。三十八卷本文集卷二十有遊龍門記等八篇，續刻文集卷五有遊省中南竹塢記等四篇，可能即是十四遊記的篇章。

明史呂柟傳等記載柟有史館獻納、南省奏稿二書。國史經籍志、千頃堂書目著録史館獻納，一卷。千頃堂書目著録呂柟南省奏議，一卷。馬汝驥撰呂柟行狀亦作南省奏議。按：書未見。三十八卷本文集卷三十一有呂柟在朝任翰林院修撰與在南京任職時所上奏疏十一篇，傳記中述及的重要章奏俱在其内，想是二書内容於此亦略具其概。

別集

呂柟詩集之名。傳記有徑作詩集者，據該書王九思嘉靖二十二年序文及二十三年張良知跋，此集爲呂柟手訂，其時已名別集。國史經籍志、千頃堂書目著録，十三卷。今有清道光二十三年李錫齡惜陰軒校刻本，十三卷。

文瑞樓書目著録涇野詩集，十二卷。古今書刻著録呂涇野詩集，無卷數。

呂涇野集

叢書綜録集部著録，一卷，清范鄗鼎輯廣理學備考之一種，康熙中五經堂刊、道光五年洪洞張恢等修補刊本。按：書未見。

尚書因問録

國史經籍志書類問難目下，著録呂柟因問録，□卷。千頃堂書目著録於呂柟尚書説要之次，無卷數。經義考著録尚書説要，録張雲章語：「此涇野門人因扣擊而得之其師者，舉而筆之於編。焦氏經籍志、朱氏授經圖所載因問録，疑即此書也。」續文獻通考經籍考著録尚書説要，亦引此語。按：朱睦㮮授經圖不載呂柟尚書因問録，而千頃堂書目二書並列，張氏之説難以信從。書未見，姑録於此備考。

詩樂圖譜

千頃堂書目著録，十八卷，嘉靖丙申（十五年）序。明史藝文志著録作行樂圖譜，十八卷。雍正陝西通志經籍著録，不著卷數，並録呂柟自序。按：涇野子内篇卷二十三太學語載：「先生以禮樂久荒，慨然以興起爲己任。爰命盧堯文等考訂儀禮，衛良相等編次樂章。」「八月中，編次詩樂圖譜書成。」呂柟詩樂圖譜序云：「取詩經周南關雎以至商頌玄鳥可歌之詩八九十篇，被之八音，以爲圖譜者也。」（序並見三十八卷本文集卷三）由此知明史藝文志作行樂圖譜非是。書未見。

小學釋

明史本傳等記載。千頃堂書目著録，作小學釋詩，與行狀所載書名同，不著卷數。按：書未見。

史約

明史藝文志著録，三十七卷。雍正陝西通志經籍著録，不著卷數。按：涇野子内篇卷一雲槐精舍語載：「詩問：

『史約之作，何謂也？』先生曰：『尚書、春秋，上世之經也，志詳而事略，不兼其傳，大賢不能達其故；秦紀、漢書以下，後世之史也，事詳而志略，不載其蕪，白首不能舉其悉。』」據此可知史約編纂大指。雲槐精舍語係呂柟正德年間講學語録，史約在此時已成書則無疑。書未見。

監規發明

千頃堂書目著録，無卷數。按：涇野子内篇卷二十三太學語載：「監規久廢，諸生居監者破矩削繩，殊失祖宗建學育才之意。先生至，則振起其怠惰之習，以循舊規。衆皆駭其勞而畏其嚴也，勉強升散，屢有犯干。由是作監規發明以示衆，使愚蒙者易曉。」呂柟任國子監祭酒在嘉靖十四五年間，書卽作於是時。未見。

署解文移

千頃堂書目著録，不著卷數。按：嘉靖三年至六年，呂柟任解州判官，一度攝太守事。書未見。

扈蹕録

楊九式撰呂柟續傳記載，卷數不詳。未見著録，書亦未見。

宋氏族譜

馬理撰呂柟墓誌銘及行狀記載，卷數不詳。按：呂柟之母姓宋氏。雍正高陵縣志卷七：「賢媛宋氏，藩府教授宋公之女，呂渭陽公溥妻，狀元呂文簡公（呂柟隆慶初謚文簡）之母也。」書未見，亦未見著録。

魏氏族譜

墓誌銘、行狀記載，卷數不詳。按：呂柟岳母姓魏氏。康對山全集卷三十五南京國子監典籍李君墓表云：李崇光「配魏氏」，生女子四人，「長爲翰林修撰吾友呂仲木妻。」書未見，亦未見著録。

潛江縣志

千頃堂書目著録，四卷。按：嘉靖五年，呂柟撰周子抄釋、張子抄釋、二程子抄釋序文，均提及「巡按潛江初公」，疑潛江縣志即受初氏所託而修。書未見。

呂涇野粹言

華亭陳繼儒輯古今粹言之一種，江蘇省立國學圖書館圖書總目著録，不著卷數。書未見。

涇野子外篇

江蘇省立國學圖書館圖書總目著録，二卷，黑格抄本，有「靖廷」、「壽椿堂王氏家藏」、「靖廷校閱」三印。天一閣書目著録有涇野子，二卷，刊本，嘉靖二十七年門人呂顒序，馬汝彰後序，録馬序：「滇左轄定原呂公，乃先生門下士也。一日，出涇野子外編數卷相示，曰：『此吾師應酬之作，皆至理存□。吾將校而託諸梓，與內編并傳，子其序之。』余聞先正有言，我朝仕途中能以理學爲務者，惟薛大理一人。寥寥百年，接文清之心印，闡理學之正宗，非先生其誰哉！」按：內編顯係內篇之誤，外編亦應是外篇。著録作涇野子，與序文所云不符。天一閣書目所著録，當是涇野子外篇的刊本。抄本與刊本俱未見。

論解州略

雍正陝西通志經籍著録，一卷，並録胡大器序：「論解州略，乃涇野先生所撰輯，以道乎解梁士民者也。其言信而直，其事簡而略，猶衣食切於人，不可缺。解人親炙之久，宜乎風俗丕變，至於今不能忘也。」按：書未見。

告民條要

百川書志著録，不著卷數。按：書未見。

解州約

清乾隆四年高陵樊景顔重刻涇野子内篇紀事云：「後承劉先生命，訪先生（即呂柟）著作，得解州約、四書因問。」

按：書未見，亦未見著録。

寒暑經圖解

千頃堂書目、明史藝文志著録，一卷。按：書未見。

上陵詩賦曲頌

墓誌銘、行狀記載。書未見，亦未見著録。

渭陽公集

墓誌銘、行狀記載。按：枏父呂溥號渭陽。據康海所撰呂溥墓表（康對山全集卷三十四），其人並無著述。呂枏的渭陽公集，或是代其父撰述。書未見，亦未見著録。

漢壽亭侯集

墓誌銘、行狀記載。續傳亦載，作義勇武安王集。明內閣藏書目録著録義勇武安王集，全二册，不著卷數。注云：「元末巴郡胡琦編刻關王事蹟，我朝相繼守解者增補之，呂枏序。」按：書未見。

一九八四年二月

引書書目：

明馬理谿田文集，清道光十二年惜陰軒刊本。
明焦竑獻徵録，臺灣中國史學叢書影印曼山館刊本。
高陵縣志附楊九式撰呂涇野先生續傳，光緒十年刊本。
明史，中華書局標點本。
陝西通志，清雍正十三年纂修，乾隆間刊本。
康對山先生全集，清刻本。
明內閣藏書目録，適園叢書本。
清黃虞稷千頃堂書目，一九一三年張氏石印本。
明祁承㸁澹生堂書目，紹興先正遺書本。

清范氏輯天一閣書目四部附碑目，乾隆五十二年文選樓刊本。
明朱睦㮮授經圖，叢書集成初編本。
清金星軺文瑞樓書目，叢書集成初編本。
四庫全書總目，中華書局影印本。
黄慰祖校訂四庫採進書目，商務印書館一九六〇年出版。
清朱彝尊經義考，清乾隆間刊本。
明王圻續文獻通考經籍考，
明焦竑國史經籍志，
清宋定國、謝星纏國史經籍志補，以上三種俱爲商務印書館一九五九年出版明史藝文志補編附編本。
明周弘祖古今書刻，
明高儒百川書志，二種爲古典文學出版社一九五七年出版合訂本。
明徐𤊹紅雨樓書目，古典文學出版社一九五七年出版與寶文堂書目合訂本。
瞿鳳起編虞山錢遵王藏書目録彙編，古典文學出版社一九五八年出版。

圖書在版編目(CIP)數據

呂柟集·涇野子內篇/［明］呂柟著；趙瑞民點校整理．—西安：西北大學出版社，2014.10

（關學文庫/劉學智，方光華主編）

ISBN 978-7-5604-3522-0

Ⅰ.①呂…　Ⅱ.①呂…②趙…　Ⅲ.①理學—中國—明代—文集　Ⅳ.①B248.99－53

中國版本圖書館CIP數據核字(2014)第249888號

出品人　徐　曄　馬　來
篆　　刻　路毓賢
出版統籌　張　萍　何惠昂

呂柟集·涇野子內篇　［明］呂柟 著　趙瑞民 點校整理

責任編輯　陳　芳　　裝幀設計　澤　海
版式統籌　曹勁剛
出版發行　西北大學出版社
地　　址　西安市太白北路229號　　郵　　編　710069
網　　址　http://nwupress.nwu.edu.cn　　E－mail　xdpress@nwu.edu.cn
電　　話　029-88303593　88302590
經　　銷　全國新華書店
印　　裝　西安華新彩印有限責任公司
開　　本　720毫米×1020毫米　1/16
印　　張　19.5
字　　數　290千字
版　　次　2015年1月第1版　2015年1月第1次印刷
書　　號　ISBN 978-7-5604-3522-0
定　　價　68.00圓